As abandonadoras

Begoña Gómez Urzaiz

As abandonadoras

Histórias sobre maternidade, criação e culpa

Tradução:
Eliana Aguiar

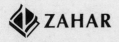

Copyright © 2022 by Begoña Gómez Urzaiz

Grafia atualizada segundo o Acordo Ortográfico da Língua Portuguesa de 1990, que entrou em vigor no Brasil em 2009.

Título original
Las abandonadoras

Capa
Elisa von Randow

Imagens de capa
Acima à esq.: DR/ Acervo Thomas Hawk;
acima à dir. e abaixo ao centro: Acervo Gary Lee Todd/ WorldHistoryPics;
abaixo à esq.: Deseronto Archives; abaixo à dir.: Acervo pessoal

Preparação
Tati Assis

Revisão
Natália Mori
Fernanda França

Dados Internacionais de Catalogação na Publicação (CIP)
(Câmara Brasileira do Livro, SP, Brasil)

Gómez Urzais, Begoña

As abandonadoras : Histórias sobre maternidade, criação e culpa / Begoña Gómez Urzaiz ; tradução Eliana Aguiar. — 1ª ed. — Rio de Janeiro : Zahar, 2024.

Título original : Las abandonadoras.
ISBN 978-65-5979-163-7

1. Maternidade – Aspectos sociais 2. Relacionamento familiar I. Título.

23-178317   CDD-306.8743

Índice para catálogo sistemático:
1. Maternidade : Sociologia 306.8743

Eliane de Freitas Leite — Bibliotecária — CRB-8/8415

Todos os direitos desta edição reservados à
EDITORA SCHWARCZ S.A.
Praça Floriano, 19, sala 3001 — Cinelândia
20031-050 — Rio de Janeiro — RJ
Telefone: (21) 3993-7510
www.companhiadasletras.com.br
www.blogdacompanhia.com.br
facebook.com/editorazahar
instagram.com/editorazahar
twitter.com/editorazahar

Para minha mãe, que sempre está.

E para Ciarán, Lope e Sean,
que quero ter sempre perto.

É bem sabido no mundo dos contos de fadas e no mundo da análise pós-freudiana que não é bom para uma criança ter uma bruxa má como mãe, sobretudo uma bruxa má encantadora.

JENNY DISKI

Nada é mais difícil que o familiar.

VIVIAN GORNICK

Sumário

Que tipo de mãe abandona seu filho? 11

Muriel Spark, vida de um escritor 23

Mães ruins do bem e mães ruins do mal 43

Gala Dalí e o tema da Mulher Magnética 63

Um ogro, uma princesa, uma imbecil: As mães
abandonadoras na carreira de Meryl Streep 77

Maternidade artesanal 94

Ingrid Bergman, uma tristeza diária 100

O terceiro filho de Doris Lessing 116

Momfluencers e a economia da turbomaternidade 139

Nora Helmer e Anna Kariênina, criaturas extraviadas 160

E se?: A canção cruzada de Joni Mitchell
e Vashti Bunyan 176

A culpa é das mães 191

Maria Montessori, o filho e o método 207

Mercè Rodoreda, pássaro do bosque 218

Se você tem filhos, meu bem   241

A conversa subterrânea   258

Agradecimentos   271
Referências bibliográficas   273

Que tipo de mãe abandona seu filho?

A FRASE TEM ALGO DE BÍBLICA e chega aos lábios já pronta, um pouco como "Quem seria capaz de matar uma criança?". Conjura também essa coisa sentenciosa e um pouco beata das palavras que aparentam senso comum, que presumidamente não têm ideologia. Todo mundo sabe que, quando alguém invoca o senso comum, o que está querendo mesmo é levar você a votar na direita.

No entanto, quase ninguém está livre de ter feito essa pergunta em alguma ocasião, ao ouvir ou ler sobre uma mulher que, num determinado momento, deixou os filhos para trás e seguiu sua vida de não mãe. "Um filho muda a sua vida!" é outra dessas frases genéricas, muito repetida e que se formula como algo incontestável. Se um filho muda a sua vida, ele não pode desmudá-la. É ontologicamente impossível, o filho não pode se desfazer.

Que tipo de mãe abandona seu filho? O pior tipo, sem dúvida.

A pergunta assaltou-me muitas vezes, contra a minha vontade, como se estivesse possuída pela moralista que creio não ser ou por um tipo de moralista que me incomoda.

Lembrei-me, por exemplo, do dia em que vi *Carol*, filme de Todd Haynes baseado no romance de Patricia Highsmith de mesmo nome. Sou capaz de recordar a data com exatidão porque foi um dia especial, o do segundo aniversário de meu filho mais velho. Tinha sido um fim de semana esgotante, de superprodução afetivo-maternal. No sábado, convidei a família para comer lá em casa, cozinhei para nove pessoas e sopramos as velinhas. No domingo, a ideia era fazer uma coisa simples, com amigos, no parque. Todo mundo sabe como acabam sendo essas coisas. Acordei bem cedo para fazer sanduíches de pastrami e empanadas de atum, que levei para as mesas de piquenique do parque junto com bebidas, aperitivos, bandeirinhas, velas, balões, pratos, uma pinhata, uma lata de batatas chips e copos bacanas. Por sorte, veio muita gente. Foi bonito e cansativo. Uma amiga levou uma torta de morangos com creme tão fotogênica que parecia tirada de um anúncio de seguradora. A perfeita metonímia de "momentos felizes com os seus". Todos trouxeram presentes, embora a gente tenha dito que não precisava. Quando meu celular me envia fotos daquele dia, coisa que ocorre de vez em quando na função "For you" — que exerce uma forma sutil de terrorismo emocional sobre mim —, fico comovida tal como a Apple pretende: me emociono feito uma mãe.

Quando vejo uma foto desse aniversário infantil e de qualquer outro dos muitos que organizei, só me vêm à mente o barulho, a alegria e o sol, e a pinhata em forma de crocodilo. Nunca a ansiedade dos preparativos, a aflição com os gastos, a fadiga monumental que travava cada um dos meus músculos quando terminei de recolher a última fitinha e tirei o último copo com desenhos de dinossauros.

No final daquela tarde, senti que tinha passado um tempo com todo mundo, menos com meu filho, ocupada em socializar e entabulando conversas superficiais de cinco minutos

Que tipo de mãe abandona seu filho?

enquanto controlava se ainda tinha gelo no isopor. A coisa se estendeu mais tarde em minha casa. Ainda assim, quando alguns amigos — sem filhos — sugeriram a possibilidade de ir ao cinema ver *Carol*, fui a primeira a me oferecer. Porque queria ver o filme — tinham se passado duas ou três semanas da estreia e eu tinha a sensação de ser a única pessoa que não tinha visto, e de que isso me excluía de qualquer conversa — e porque, na época, eu ainda defendia para mim mesma a ideia de que é possível fazer tudo, alcançar tudo, e bem. Estar em dia com as estreias cinematográficas, cuidar das crianças sem cansaço, entregar oito artigos por semana, esperar que pelo menos três deles não me envergonhassem se topasse com eles na internet meses depois.

O caso é que fui ao cinema ver *Carol* e não gostei tanto quanto pensava. Em parte porque foi difícil engolir o maneirismo de Todd Haynes; em parte porque estava arrasada e com uma ponta de culpa (nada grave, intensidade de culpa: média/ baixa) por não estar com meu filho vendo desenhos, abraçadinhos depois de um fim de semana exaustivo. Mas sobretudo, e só identifiquei isso depois, pelo final do filme, que me deixou uma sensação desagradável e pegajosa.

Tal como no livro de Patricia Highsmith, Carol termina abandonando o marido e a filha para viver com uma certa tranquilidade como uma mulher lésbica. Seu marido, um ser desprezível, a chantageia e ela não tem outra alternativa: ou renuncia à menina ou vive infeliz o resto da vida, negando-se o desejo autêntico e mentindo para si e para os outros.

As opções são claras, não? O filme não reflete nem um resquício de ambivalência maternal por parte de Carol/ Cate Blanchett. Isso é estranho numa autora tão acostumada a varrer as esquinas menos limpas da mente humana como Patricia Highsmith, que além do mais teve uma relação hiper-patológica com a própria mãe, a qual sempre lhe repetia como tinha tentado abortá-la bebendo terebentina. Seria legítimo que Carol sentisse uma certa rejeição por essa menina que simboliza suas amarras ao mundo do marido, como às vezes acontece quando se identifica um filho com a relação do qual é fruto. Mas isso não está no livro. Carol adora a filha, que não voltará a ver nunca mais. No filme de Haynes vemos a menina, Rindy, em duas ocasiões. No romance nem isso é necessário, Rindy não é uma pessoa real, mas uma abstração, um ideal platônico de menina de vestidinho e rabo de cavalo. O filme foi construído de forma que o espectador moderno e previsivelmente favorável não precise chafurdar muito no assunto. Sim, o final tem um travo amargo, mas também é o único possível.

Mas, então, por que me causou tanto incômodo? Por que minha cabeça chegou a esse lugar onde sempre pergunta a Carol como ela foi capaz de abandonar sua filha? A resposta não era evidente? Era sua única opção para poder viver.

Segui com essas perguntas anos mais tarde, quando, na celebração do centenário de Patricia Highsmith, notei que uma frase aparecia a toda hora em todos os artigos sobre o tema. "Em *Carol*, Highsmith deu a sua heroína lésbica um final feliz." Foi o que a própria autora escreveu no prólogo e no epílogo do romance, quando foi reeditado anos depois, transformado num clássico contemporâneo, e que quase toda a mídia repetiu. Mas como assim feliz — reagia eu cada vez que lia isso, debatendo comigo mesma —, se não volta a ver a filha nunca mais? Como é que isso pode ser um final feliz?

Que tipo de mãe abandona seu filho?

Constatei que não era a primeira vez que alguma coisa acionava em mim esse espírito julgador, que me incomoda e que detesto, que não casa bem com o feminismo da quarta onda que pratico e recomendo diariamente em artigos, tuítes e conversas. Nós, da minha geração, chegamos tarde ao feminismo, mas compensamos isso convertendo-nos em suas mais ardentes pregadoras. Onde estivermos, oferecemos sermões antimisóginos para quem quiser ouvir, e para quem não quiser também.

Vasculhando bem, vejo que esse mecanismo, esse detector de mães duvidosas, me assaltou ainda adolescente, na primeira vez em que li *Anna Kariênina* e recriminei Tolstói por não ter escrito mais sobre Serioja, o filho que Anna deixa para ir embora com Vrónski. Agora acho curioso que aos dezesseis anos já me preocupasse com o menino, em vez de perceber como seria opressivo para Anna continuar casada com Kariênin. Que desperdício de mente adolescente, que embrião de pensadora pequeno-burguesa, penso agora.

Minha lista invisível de mães negligentes, integral ou parcialmente, foi crescendo com os anos, como um registro no qual eu anotava, sem pensar muito, todos os casos que ia encontrando. Ingrid Bergman, Gala Dalí, Maria Montessori, Muriel Spark, Mercè Rodoreda, Anna Akhmátova, Doris Lessing, Susan Sontag. Não pratico a separação de poderes entre o artista e sua obra. A vida das pessoas que leio e sigo me interessa muito, mas ainda assim isso ia um pouco além da curiosidade padrão. Era como se eu estivesse compilando um arquivo inquisidor de mães que desertaram de suas funções, uma pastinha mental intitulada "As abandonadoras".

Comecei cedo essa pasta. Menina ainda, costumava ver a série *Píppi Meialonga*, transmitida aos sábados de manhã pela Televisión Española. Adorava as cores saturadas dos anos 1960, as ruas floridas daquela cidade sueca onde fazia sempre sol, e a própria Píppi. Mas a série também me provocava um certo desassossego. Onde estavam os pais de Píppi? Era incrível que a tivessem deixado sozinha na Vila Vilekula com uma mala cheia de moedas de ouro, mas por que não tinha ninguém ali para fazer uma omelete para ela na hora do jantar? O convite que Tom e Aninha, as crianças vizinhas, faziam a Píppi para ir morar com eles e seus pais, tão nórdicos e viçosos, embora bastante metidos, não me parecia má ideia. Provavelmente Píppi teria que renunciar a seu macaco e seu cavalo, perderia toda a liberdade e tudo aquilo que a tornava única, mas em compensação ganharia uns pais normais e um montão de brinquedos de madeira e suéteres mostarda de gola rulê, sempre limpos e dobradinhos na gaveta.

Só agora me dou conta de que entender assim a história de Píppi é justamente o contrário do que a autora pretendia e do que o mundo espera de uma criança. Essas histórias são uma celebração da anarquia infantil, da criatividade e do livre-arbítrio. Que espécie de menina se põe a entender tudo ao contrário? Uma menina reprimida e de vocação catequista? As histórias de Píppi Meialonga inscrevem-se, além disso, na infinita tradição das crianças sem mãe que protagonizam proezas, crianças com as quais as coisas acontecem. A aventura é uma ideia absolutamente livre de mães, diz Sara Ruddick no livro *Maternal Thinking*. Uma mãe, no fim das

Que tipo de mãe abandona seu filho?

contas, só está aí para impedir que coisas ruins aconteçam com suas crias, mas pode ser que nisso também impeça que as coisas boas aconteçam.

Quando eu era criança e via a série da Píppi na televisão, não sabia que a criadora dessa personagem, Astrid Lindgren, foi mãe solteira aos dezoito anos, depois de uma relação com o diretor do jornal onde trabalhava como estenógrafa. Seu amante era trinta anos mais velho e casado. Astrid, que tinha pouquíssimo dinheiro, teve que deixar seu filho, Lars, com uma família de acolhida na Dinamarca, durante três anos. A autora costumava referir-se ao período em que viveu sozinha em Estocolmo, sem o filho, como seu "passeio no inferno". Quando conseguia juntar dinheiro suficiente, dava uma escapada até Copenhagen para vê-lo, e quando finalmente conseguiu recuperar sua guarda e custódia, substituiu a culpa por tê-lo abandonado pela culpa por tirá-lo daquela família tão estável — semelhante à de Tommy e Annika —, que também amava e tratava bem o menino.

Ser mãe, afinal, é um acúmulo de culpas que vão se sobrepondo sem medo de entrar em contradição entre si. No universo da mãe, a culpa por deixar o filho, mesmo que temporariamente, é compatível com a culpa por recuperá-lo. Toda a obra de Lindgren está cheia de crianças sem pais, que inventam biografias alternativas para explicar essa ausência, assim como a própria Píppi, que conta para todo mundo que sua mãe é um anjo e seu pai, um pirata náufrago.

Nos livros de internato de Enid Blyton, produtos racistas, classistas e absolutamente irresistíveis que eu devorava em criança, os pais tampouco apareciam muito, embora nesse caso sua ausência fosse uma ausência socialmente aceita, porque as famílias tinham dinheiro suficiente para subsidiar o cuidado de seus filhos, como sempre se fez em toda parte.

As famílias de Darrell Rivers, protagonista da saga *Malory Towers*, e de Patrícia e Isabel O'Sullivan, de *As gêmeas*, internas no Colégio Santa Clara, deixavam as meninas na plataforma da estação do trem que as levaria à escola no início de cada livro e, no máximo, apareciam de novo no último capítulo para pegá-las. Quando criança, desconhecendo o sistema de classes britânico e suas particularidades educacionais, eu perguntava sempre por esses pais ausentes e questionava como aquelas meninas podiam aceitar de bom grado ir para um colégio interno na Cornuália para jogar lacrosse e fazer festas noturnas com leite condensado e latas de sardinhas e em troca não ver a família nunca. Sardinhas em lata e uma piscina congelada em troca de uma mãe? Não me parecia que as meninas saíssem ganhando, na verdade.

Malory Towers, o internato em que Blyton situou os seis romances originais da saga, é inspirado no Benenden School, colégio para o qual a autora mandou as próprias filhas graças à fortuna acumulada com os livros infantis. Ela teve duas filhas, Gillian e Imogen. Quando eram pequenas, apareciam algumas vezes na imprensa, fotografadas junto à mãe famosíssima, acariciando seus cães e brincando no jardim da casa familiar.

Já adultas, as duas irmãs romperam relações uma com a outra, e a cada vez que davam entrevistas aos biógrafos da mãe apresentavam versões completamente contraditórias da infância e da mãe.

A filha mais velha, Gillian, que era professora e morava numa casa cercada de memorabilia de Enid Blyton, tomando

Que tipo de mãe abandona seu filho?

chá toda tarde na mesa em que ela escreveu *The Famous Five* e *Secret Seven*, dizia sempre que ela era uma mãe maravilhosa. A filha mais nova, em compensação, disse a um biógrafo que Blyton era "arrogante, insegura, pretensiosa, uma mestra na hora de dizer coisas desagradáveis e difíceis e desprovida de qualquer traço de instinto maternal". "Quando criança eu a via como uma autoridade estrita. Adulta, tive pena dela", acrescentou Imogen.

Ocorre que tanto Enid Blyton quanto suas filhas perderam o contato com seus pais biológicos. O pai da autora, vendedor de facas Sheffield — a mulher que tanto contribuiu para perpetuar o estilo de educação das classes altas britânicas não nasceu nesse mundo e ganhou seu lugar ao sol escrevendo sobre a classe à qual queria pertencer —, abandonou a família quando ela ainda era pequena, e sua mãe fez com que mentisse aos vizinhos sobre o assunto. Muitos anos depois, o primeiro marido de Blyton, Hugh, também sumiu de cena, e as filhas perderam contato com o pai.

A experiência de perder um pai não por morte, mas porque ele desapareceu numa nova vida incompatível com a anterior — como aconteceu com Enid, primeiro, e com Gillian e Imogen depois — é comum. Pais que viram fumaça é algo que acontece o tempo todo e em todo lugar. Como dado biográfico, chega aos três ou quatro em cada dez na escala de fatos capazes de marcar uma vida. Mais que sofrer uma longa doença infantil, porém menos que passar por desastre econômico monumental. Não há quase nenhum ambiente que considere o abandono de um pai comparável ao abandono de uma mãe. Dos pais pode-se esperar que sumam; das mães, não.

Dizemos que é antinatural, mas isso não é certo, pois a natureza está cheia de mães ruins e de mães que desaparecem. As focas abandonam suas crias. Os cucos deixam os ovos nos ninhos de outros pássaros e fogem voando — enganam, assim, as outras mães para que criem seus filhotes. Existem centenas de espécies animais para as quais é normal ou habitual comer os próprios filhotes.

As mães humanas também vão embora, às vezes. Aconteceu em todas as épocas e acontece hoje também, com todo tipo de motivação. A maior parte das mulheres que deixam seus filhos faz isso por pura necessidade, para conseguir ganhar algum dinheiro em outro lugar, muitas vezes cuidando dos filhos dos outros ou fugindo de desastres geopolíticos. Algumas dessas mulheres tiveram a generosidade de contar-me suas histórias, que aparecem no penúltimo capítulo dessa pasta que levei muito tempo para conseguir chamar de "livro".

Há também mulheres, poucas, que renunciam à custódia dos filhos assim que nascem. Não é crime e pode ser feito de maneira anônima. Os profissionais de saúde são treinados e sabem que o protocolo nesse tipo de parto aponta que é necessário retirar o bebê rapidamente para evitar o contato com a mãe. E ela deve ser transferida para outro andar para que não ouça o choro dos bebês nem veja os corredores cheios de orquídeas. Nos hospitais, recomenda-se retirar as plantas do quarto durante a noite para que não roubem oxigênio dos recém-nascidos, e sempre me intrigou essa competição entre seres vivos delicados.

É fácil entender tudo isso instintivamente como um gênero de desgraça, que classificamos como mais um elemento do

Que tipo de mãe abandona seu filho?

grande self-service de atrocidades gerado pelo turbocapitalismo. Podemos até romanceá-lo em nossa cabeça, com a ajuda de toda a ficção que nos rodeia desde crianças, rica em mães que renunciam a seu pequeno e põem-lhe no pescoço uma correntinha que 25 capítulos depois servirá para reconhecê-lo.

Quando subimos mais um degrau na pirâmide de necessidades, a coisa se torna moralmente mais nebulosa. Concordamos em aceitar que se deixe uma criança para não a condenar à pobreza ou para tentar a vida no exterior quando não há outro jeito, mas deixar uma criança para escapar de um casamento infeliz? Infeliz como? Havia violência?, começa a perguntar a fiscal moral que carregamos dentro de nós. Deixar uma criança para não ter que reprimir a própria sexualidade, como acontece em *Carol*? Renunciar ao cuidado individual dos filhos e coletivizá-lo, como faziam, por exemplo, as mulheres nos kibutzim de Israel, como requisito para a utopia comunal? Deixar uma filha para viver um amor tórrido em outro país, como fez Ingrid Bergman? Deixar uma criança para poder escrever como fizeram, em algum momento da vida, Muriel Spark, Doris Lessing e Mercè Rodoreda? Deixar uma filha não se sabe muito bem por quê, como fez Gala Dalí?

Nesses casos as dúvidas desaparecem e corremos o risco de acabar — como aconteceu comigo, que fui, constato agora, uma menina pró-establishment — emitindo juízos morais um tanto revoltantes.

Uma de minhas intenções ao escrever este livro, que a rigor e segundo as regras da escrita moderna não estou totalmente autorizada a escrever — comunico desde já que meus pais não me abandonaram nem eu abandonei meus filhos; sou uma mera espiã nesta calamidade —, é pesquisar de onde me veio esse impulso censurador. Por que é tão difícil para mim assumir que alguém queira se separar por um tempo ou para sempre de seus filhos, posto que me considero tão trabalhada no feminismo, acho que compreendo bem a complexidade humana e empatizo com todo tipo de desvio da norma?

Escrever permitiu que eu passasse um tempo explorando essa pasta, "As abandonadoras", que se transformou em outra coisa. Tentei entender os porquês dessas mulheres reais e fictícias, assim como os seus quandos e comos. Quis também me perguntar por que continua causando tanto medo a ideia de uma mãe que, por um tempo, faz como se não o fosse. Tentei ser generosa e não dogmática ao responder à pergunta que me persegue: que tipo de mãe abandona um filho?

Muriel Spark, vida de um escritor

A MELHOR MANEIRA DE LEVAR uma vida de escritor já foi testada e amplamente documentada ao longo da história: casar-se com uma mulher-de-escritor. Nada libera tanto o tempo e o espaço mental necessários para dedicar-se a encher páginas quanto conviver com alguém que se encarrega de solucionar tudo o que é mundano, inclusive o pequeno detalhe de trazer para casa o dinheiro da comida, como fez Mercedes Barcha quando Gabriel García Márquez largou o jornalismo para concentrar-se nos romances. De Patricia Llosa, que fazia tão bem as malas de Mario Vargas Idem, até Vera Nabokov, paradigma da revisora/ editora/ *coach*/ administradora/ agente, que até lambia os selos das cartas de Vladimir, existe um amplo catálogo de diligentes consortes literárias. A esposa de John le Carré datilografava seus romances e, enquanto isso, aproveitava para dar-lhes forma e editá-los. Um 2 em 1 imbatível.

Na história da literatura recente, a autora que chegou mais perto de conseguir um arranjo igualmente eficiente foi Muriel Spark, no final de sua vida. A hiperprolífica autora de *A primavera da srta. Jean Brodie*, que escreveu mais de vinte romances e outros tantos títulos de poesia, ensaio, memórias e biografias, viveu os últimos trinta anos de sua vida — quando já tinha obtido sucesso e dinheiro — com sua secretária e acompanhante, Penelope Jardine, numa antiga igreja transformada em residência na cidade de Oliveto, na Toscana.

Spark sempre teve homens como amantes e um marido. E as duas, Penelope e Muriel, sempre negaram que aquela fosse uma relação romântica ou uma espécie de "casamento de Boston", um arranjo lésbico sotto voce como os de antigamente. Elas diziam que era simplesmente uma solução doméstica satisfatória. Dormindo juntas ou não, Jardine desempenhou com maestria quase nabokoviana — de Vera, é claro — o papel de mulher de escritor, gerenciando com diligência um portfólio de tarefas caseiras e administrativas que iam desde falar com agentes até supervisionar contratos de tradução, confirmar ou rejeitar o comparecimento a festivais literários, reservar passagens de avião e dirigir o velho bmw quando as duas viajavam pela Europa. Muriel sentava-se sempre no lugar do copiloto, dedicando-se a extrair minigarrafinhas de conhaque do porta-luvas. Não há registros de que Jardine tenha recebido um salário por todos esses trabalhos. O bom das esposas é que elas não cobram.

Spark é considerada uma das grandes convertidas da literatura britânica, uma judia de nascimento que abraçou o catolicismo, como seus amigos e benfeitores Evelyn Waugh e Graham Greene. Mas talvez a conversão mais significativa que ela experimentou na vida não tenha sido religiosa, mas de gênero. Muriel Spark conseguiu, com muito trabalho e tenacidade, ser um escritor. Para isso, foram necessárias duas coisas: conseguir essa companheira tão resoluta e eficaz, Penelope, e transferir os cuidados de seu único filho, Robin.

Quando morreu, em 2006, a escritora deixou claro em testamento que nenhuma de suas propriedades iria para Robin, que continuava vivo e era pintor em Edimburgo. A imprensa soube do fato e tratou de cobri-lo com entusiasmo, pois um filho deserdado em favor de uma acompanhante do mesmo sexo — Jardine ainda é a legatária de toda a obra de Spark — sempre tem um componente folhetinesco interessante. Mas, para quem conhecia bem a vida da autora e de sua família, nada daquilo foi surpresa. Foi apenas o último capítulo de um desencontro doloroso que teve início muito antes, num tempo (finais dos anos 1930) e num lugar (Rodésia do Sul, hoje Zimbábue) tão distantes que parecem pertencer a uma vida distinta, a um outro romance.

Em 1939, com a Segunda Guerra Mundial já em marcha, Muriel Spark, que já tinha enviado um par de textos a revistas literárias, separou-se *de facto* do marido, deixou o filho de quatro anos num convento de freiras católicas da cidade de Gwelo e embarcou numa viagem longa e perigosa até sua cidade natal, Edimburgo. O reencontro de mãe e filho demoraria mais de dois anos, mas eles nunca voltaram a viver juntos. O menino foi criado pelos avós, a quem Spark enviava dinheiro mensalmente para seu sustento.

COMECEI A LER SOBRE MURIEL SPARK para escrever uma resenha de um de seus livros, que havia sido reeditado. Soube então de sua estranha relação com o filho Robin e não pude deixar de me envolver com essa parte de sua biografia, que alguns considerariam menor e que não tinha nada a ver com o livro sobre o qual eu iria escrever. Há vários caminhos para chegar à conclusão de que a relação com seu único filho não é relevante, deslizando por várias correntes de pensamento. Isolar esse dado como algo anedótico pode ser reflexo tanto de um pensamento inteiramente patriarcal — quem se importa com filhos? —, quanto de uma vingança feminista, embora talvez ligeiramente "maternófoba". "Spark era muito mais que uma mãe" etc.

Não entro em nenhuma das duas correntes. Sempre quis saber o que as pessoas que me interessam fazem com suas vidas e seus corpos. E não entendo um feminismo que não trate também do maternal. Parece lógico que ao patriarcado só interessa que sejamos mães de uma maneira muito concreta.

Naquela altura, eu tinha dois filhos com idades muito semelhantes à de Robin quando se separou da mãe. O mais novo um pouco menor, o outro um pouco maior. E a ideia de deixá-los sozinhos num convento, aos cuidados de desconhecidos, em outro continente e com um conflito mundial em marcha me parecia delirante e ligeiramente monstruosa.

Por outro lado, nessa mesma época eu estava há quatro meses confinada por conta da pandemia com meu companheiro e meus filhos num apartamento em Barcelona, tratando entre outras coisas de dar forma a um livro e conciliá-lo com as dezenas de artigos que publico ao mês — Spark, uma fantástica gestora de sua própria carreira, falou sobre isso: nada incentiva tanto a escrita quanto a necessidade de cobrar pelo que você escreve. Havia momentos, uns 37 ao dia, nos quais a possibilidade de ficar um pouco sozinha e dedicar sessenta minutos ininterruptos ao trabalho num estado de máxima concentração parecia inalcançável. E de fato era. Quem cuida de crianças pequenas, e todos que o fizeram sabem disso, vive num estado de assalto perpétuo. O que quer que passe por sua cabeça será invadido e saqueado a qualquer momento e

Muriel Spark, vida de um escritor

a certeza de que esse assédio está na iminência de acontecer faz com que pensar, abstrair-se, vire uma atividade furtiva.

De dia essa dificuldade de administrar as horas me arrancava lágrimas de frustração; de noite, mantinha-me em vigília, pensando em todos os suplementos que estavam desaparecendo dos jornais em que escrevo, nas minhas colaborações rescindidas, nas taxas que tinham minguado, no livro que me encomendaram e que não avançava, que escreverei amanhã sem falta, no intervalo em que o menor dorme a sesta e o maior monta quebra-cabeças. Ah, essa hora, sim, seria muito produtiva.

"Pelo menos as crianças estão bem", escrevíamos constantemente nos chats de mães naquela época. "Fazemos o que podemos", repetíamos entre nós. "Estamos onde temos que estar."

Dispúnhamos de um sortimento bastante limitado de frases feitas à disposição, que íamos passando umas para as outras. As palavras pareciam cada vez mais puídas, mais gastas, como aquele suéter típico que passa de primo para primo na família até os cotovelos ficarem ruços e a sanfona dos punhos afrouxar.

Havia alguma verdade residual nessas nossas palavras, acho eu. Mas prevalecia a sensação de estar fazendo tudo mal, o tempo todo. Se o *mindfulness*, teoria de bem-estar individualista que triunfou nos anos da pré-pandemia, é definido em parte como a capacidade de habitar plenamente o momento, de centrar-se no aqui e agora, minha experiência desde que sou mãe é justamente o contrário e se intensifica nos picos de estresse.

Desconfio que não ficaria rica se escrevesse um manual de *mindlessness*, disciplina inventada na qual me considero uma especialista: como se sentir sempre no lugar errado, com a mente em outro lugar. Lá e depois, em vez de aqui e agora.

Atinge-se o ápice do *mindlessness*, escreveria eu em meu manual de autossabotagem para principiantes, quando você fica tensa diante do computador depois de dez horas de trabalho e entende que deveria estar fazendo massinha de modelar com as crianças ou no mínimo preparando o jantar para elas. Também é *peak mindlessness* ler um livro para seu filho e olhar de vez em quando o relógio do celular calculando se meia hora de historinha já é suficiente, se alguém está fazendo as contas de tudo isso e sentenciará a favor da demandante.

MURIEL SPARK CASOU-SE EM 1937 com um professor de matemática treze anos mais velho e que ela mal conhecia. Chamava-se Sidney Oswald Spark e Muriel não demoraria a referir-se a ele por suas iniciais, criando uma piada privada para si mesma: SOS — Socorro, casei-me com um estranho.

Como os Spark, SOS, a quem chamavam de Solly, também era judeu não praticante e tinha nascido na Lituânia, assim como Barry, o pai da escritora. Aos 32 anos, trabalhava como professor de matemática em Edimburgo. Conheceram-se num dos bailes do Club Overseas, que Muriel frequentava com seu único irmão, Philipp. Apesar da diferença de idade e do caráter algo taciturno de Solly, ele e Muriel se acertaram. Os dois gostavam de falar de livros e ouviram juntos no rádio a transmissão da abdicação de Eduardo VIII, que deixava o trono inglês pela promessa de uma vida mais exótica e mundana ao lado de Wallis Simpson. Sidney também estendia diante de Muriel, e isso é crucial, a possibilidade de um vago futuro mais além da provinciana Edimburgo. O professor tinha o projeto de ir para a África, para as colônias, dar aulas. Na Rodésia, prometia ele a Muriel, os serviços eram muito mais baratos, poderiam ter criados e ela não precisaria cumprir o papel de empregada doméstica.

Era uma oferta tentadora para uma moça que já via com clareza que a vida que lhe cabia em função de seu lugar de nascimento e sua classe social era pequena para ela. Quando menina, no colégio, sua professora preferida, a srta. Kay, a fascinava com os relatos de suas viagens ao Egito, a Roma e à Suíça. A professora carismática levou Muriel e sua amiga Frances para assistir à última atuação de Anna Pavlova no Teatro Empire de Edimburgo e tomar chá no elegante salão McVities. Spark apropriou-se de uma expressão (e de muitas outras coisas) da professora, que emprestou a sua personagem mais famosa, a srta. Brodie, essa mulher ao mesmo tempo ingênua e manipuladora que dá todo o sentido à *Primavera da srta. Brodie*. Para Jean Brodie, assim como para a srta. Kay, as boas coisas eram o *"crème de la crème"*. É impossível não ler essas palavras com o acento que lhes dá Maggie Smitth no filme baseado no livro. Smith as pronuncia com um erre fabuloso, muito mais escocês que francês: "Minhas alunas são o *crrrème de la crrrème*", diz ela. E condensa aí toda a pretensão de Jean Brodie, uma mulher tão ridícula quanto real.

Depois de um ano de corte sem sexo, Muriel e Solly se casaram, passaram uma noite de núpcias que a noiva descreveria mais tarde como "um serviço de porco" e foram viver na Rodésia. O primeiro lugar em que o precário casal se instalou foi Fort Victoria (Masvingo), uma cidade pequena e poeirenta. O país, um desses inventos coloniais dos britânicos, tomou seu nome do político e magnata Cecil Rhodes e existia há cerca de cinquenta anos, apenas. Sua população somava 1,5 milhão de africanos e uns 55 mil colonizadores europeus, que se comportavam como se aquele sistema baseado no racismo mais elementar fosse durar para sempre.

Poucas semanas depois de chegar a Fort Victoria, sos já começou a ter problemas com as autoridades educacionais que o contrataram como professor. Sofria de claros desequilíbrios mentais e gerava conflito aonde quer que fosse.

"Por que não me disse antes?", perguntou ela, referindo-se à sua precária saúde mental. "Porque você não teria se casado comigo", respondeu ele. Era uma lógica inapelável.

Pouco depois dessa confissão, Muriel engravidou. Ele lhe propôs um aborto, ela recusou, embora também não tivesse grandes desejos de ser mãe e menos ainda de, trazendo um filho ao mundo, perpetuar aquele casamento, que ela já via como um erro.

Robin Spark nasceu em 9 de julho de 1938, no hospital de Bulawayo (Rodésia), depois de um dia e meio de trabalho de parto duríssimo. Eis como Muriel relata os acontecimentos em suas memórias, intituladas *Curriculum Vitae*, publicadas em 1992:

Eu estava no limite de minhas forças e não esperava que nem eu nem o bebê conseguíssemos sobreviver. Foi um milagre que os dois saíssemos fortes e saudáveis. Eu tinha uma unha quebrada. Meu marido me trouxe um kit de manicure e flores. Ele começou a dar sinais de uma desordem nervosa grave, que o acompanharia pela vida inteira. Tinha ataques violentos e continuava a brigar com todo mundo.

Uma autora tão sofisticada e astuta quanto Muriel Spark não constrói um parágrafo assim por casualidade. Nasce um único filho. Uma unha se quebra. O marido começa a se transformar num pesadelo. Tudo condensado em trezentas palavras, menos do que se usava para resumir o argumento de filmes quando os jornais ainda tinham seção de cinema, menos do que se escreve num e-mail de trabalho para adiar uma reunião e marcar nova data. Essa síntese tão compacta diz tudo.

O biógrafo da escritora, Martin Stannard, sustenta em *Muriel Spark: The Biography*, que Robin sempre seria para a mãe um subproduto de seu infeliz casamento, que ela nunca foi capaz de separar o menino do pai e que quando olhava o filho via antes de mais nada a cara daquele homem medíocre e violento que em duas tardes ficou pequeno demais para ela.

A cronologia da vida de Spark nos anos que se seguiram é nebulosa e ela mesma contribuiu para a confusão nos diversos relatos que fez de seus anos na África. Imediatamente após o nascimento do menino, o leite de Muriel secou e ela caiu em algo que na época ninguém, menos ainda um médico de Bulawayo, teria diagnosticado como depressão pós-parto. Muriel e Solly nunca mais dormiram juntos, conforme ela mesma escreveu. Ele chegou a agredi-la fisicamente e ela teve que esconder o revólver que o marido guardava em casa, como quase todos os brancos na África, por medo de que atirasse nela. Não era nenhum absurdo. No hotel em que vivia no momento com Solly e o bebê, Muriel encontrou uma antiga amiga dos tempos de colégio em Edimburgo. Ruiva como ela, Nita McEwan era conhecida como sósia de Muriel. Certa noite, a escritora ouviu um som estranho. Pela manhã, descobriu que o marido de Nita a assassinara a sangue-frio com um tiro, suicidando-se depois. Ela escreveu sobre isso no conto "Bang-bang You're Dead", no qual a protagonista, Sybil, sobrevive porque seu marido por engano assassina a vizinha, muito parecida com ela.

Muriel por fim conseguiu separar-se de sos, ao menos para efeitos práticos. Ele trabalhava num destacamento militar em Gwelo e ela encadeou vários empregos como datilógrafa e secretária em várias empresas de Bulawayo. Dividia apartamento com May Haygate, uma amiga que também tinha uma filha pequena e um marido no Exército. Em dezembro de 1939, a escritora tentou divorciar-se legalmente. Não era nada fácil. Segundo a legislação colonial, nem a instabilidade mental nem a crueldade de que acusava o marido eram motivos suficientes para o divórcio, que ela só obteria legalmente quatro anos depois. Apenas o adultério e a deserção eram considerados argumentos válidos. "Ele não ia me abandonar, de modo que eu o abandonei", escreveu anos mais tarde. "A vida na colônia estava consumindo meu coração."

Muriel precisava sair da África, mas com a guerra em marcha era terminantemente proibido viajar com crianças. Assim, ela deixou Robin, que tinha quatro anos, num convento em Gwelo e mudou-se para Salisbury, na Rodésia do Sul, à espera da conclusão do divórcio.

"Resolvi, pelo bem de minha lucidez, ir para a Inglaterra sozinha, primeiro", explica em *Curriculum Vitae*, onde descreve o trâmite da separação de seu filho de maneira muito expeditiva, como um arranjo prático e emoldurando-o num contexto de desordem internacional:

Conheci umas bondosas freiras católicas no convento das dominicanas de Gwelo. Muitas crianças separadas de seus pais pela guerra ficavam ali em regime de internato. Saber que Robin estaria seguro no convento me tranquilizava. Até o meu marido, que estava num hospital psiquiátrico, fez valer seus direitos e mostrou-se satisfeito com as freiras de Gwelo. Robin podia brincar com os filhos dos meus amigos ali. Uma cuidadora muito amistosa o levava para sua casa quase todo dia e me dava notícias por carta.

É claro que Spark tem pouca vontade de falar do assunto, mas também é claro que sente uma certa necessidade de justificar sua decisão perante o leitor. As freiras eram bondosas. O menino estava feliz. Fui porque tinha que ir.

Em suas memórias, Spark salta, com uma elipse, os dois anos em que mãe e filho ficaram separados em continentes distintos. "Meu plano era preparar Robin para viver com meus pais, que desejavam ficar com ele assim que a guerra terminasse e a proibição de transporte acabasse", continua ela. "Isso funcionou muito bem. Cheguei à Inglaterra em março de 1944. Meu filhinho juntou-se a mim em setembro do ano seguinte e meus pais o receberam com grande alegria."

Como leitora contemporânea, abarrotada de *memoirs* e literatura autoficcional, me chama a atenção como são reservadas e pudicas as memórias de Muriel Spark em tudo que diz respeito ao filho, como ela mantém sob controle qualquer traço de sentimentalismo e acaba escrevendo algo quase desapegado. Não é raro, sucede com as memórias de escritoras sublimes, como Edith Wharton, que parece incapaz de aplicar à história de sua própria vida o feitiço que lhe sobra na ficção. Mas no caso de Spark há algo mais. Quando ela escreveu as memórias já estava evidente que sua relação com Robin era péssima, e talvez ela não tivesse vontade de escrever sobre esse vínculo fracassado.

Nota-se no livro seu desejo de encerrar o assunto e deixar claro para o leitor que não houve nenhum problema, que seu filho nasceu e não foi em momento algum uma carga, um entrave, uma questão. A poeta Elaine Feinstein, que escreveu o prólogo da reedição do livro em inglês, chega a dizer que Spark "não parece muito afetada" pelo abandono. Outra julgadora, a Feinstein.

Spark dedica muitíssimas páginas de suas memórias a assuntos como, por exemplo, os desentendimentos na *Poetry Review*, revista que editou, colocando contra si todos os poetas decrépitos da Inglaterra; as vicissitudes na edição de seus livros; os acordos firmados com os editores; as circunstâncias em que escreveu alguns de seus romances. Mas não entrega uma única linha sobre a gravidez. E por que deveria fazê-lo, aliás? Para ela, escrever sobre o que aconteceu em seu útero corresponderia, para um escritor dos anos 1950/60 (os mais frutíferos de sua carreira), a narrar seus problemas de irrigação do cólon. Algo sujo e bastante vulgar.

Mesmo no início dos anos 1990, quando essas memórias foram publicadas, o fato de uma escritora tratar desse lado de sua experiência ainda era estranho. Hoje não, hoje acontece exatamente o contrário e o sarrafo de exigência de intimidade é muito mais alto para as mulheres que escrevem do que para os homens. Delas se espera que derramem seus fluidos corporais nas páginas e empapem de confissões seus romances, seus ensaios e até suas entrevistas promocionais, e quanto mais viscosas as confissões, melhor. Do contrário, o leitor e também, claro, o entrevistador sentem que estão lhe surrupiando algo, que só estão lhe dando as sobras. Sei disso porque muitas vezes sou essa entrevistadora que pede sangue, ou pelo menos suor.

É um tema recorrente nas conversas literárias entre mulheres; autoras jovens como Olivia Sudjic escreveram sobre isso, sobre como se espera que a escritora, e sobretudo a escritora debutante, entregue sua vida em pedacinhos para que o leitor faça um centro de mesa com eles.

Escrever e publicar um romance são experiências antitéticas. O material, seja qual for o tema, é pessoal por natureza. A autora defende esse material e a si mesma do mundo real. Por vezes durante anos, protegendo-se contra vazamentos, contaminação, exposição. Depois, quando chega a hora da publicação (e divulgação!) do trabalho, esse movimento de mostrar-se a descoberto é, sobretudo para uma romancista debutante, um Retorno de Saturno que pode ser repentino e doloroso, inclusive para alguém bastante extrovertido em sua vida não literária. Além das múltiplas mentalidades funcionais que elas precisam abrigar dentro da sua própria, as romancistas precisam, então, de personalidades dissociadas.

Mas Spark, claro, não estava nesse negócio em 1992 e, se tinha uma relação traumática com o filho, não sentia nenhuma necessidade de incorporar esse segmento de sua vida a seu legado literário. Não escrevera 22 romances para que falassem dela como mãe e não como autora, devia pensar ela, apoian-do-se numa jurisprudência fundamental: nenhum escritor era julgado como pai. Isso só viria a ocorrer muito mais tarde, com Pablo Neruda e Arthur Miller, que se desfizeram de seus filhos doentes; quando gente como Susan Cheever começou a escrever memórias sobre as figuras de seus pais, os quais nunca acharam que seus problemas com a escorregadia glória literária tivessem alguma coisa a ver com o fato, perfeita-mente normal, de ter filhos.

DEPOIS DO TEMPO QUE PASSARAM separados, Robin e Muriel não voltaram a ter uma relação que fluísse. Existia na famí-lia uma vaga ideia de que o menino iria se reunir à mãe em Londres, quando ela conseguisse juntar dinheiro suficiente, mas isso nunca chegou a ocorrer e com os anos foi crescendo entre ambos um ressentimento e uma espécie de estranheza mútua.

A conversão de Muriel ao catolicismo aumentou as dife-renças e separou ainda mais as duas partes da família. De um lado os judeus Camberg, em Edimburgo. Do outro, a católica Spark, em Londres e alhures. A decisão de Muriel de manter por toda a vida o sobrenome de sos, aquele marido falido, é algo bastante habitual no mundo anglo-saxônico, mas muito se especulou sobre as vantagens que poderiam advir de passar a vida com um nome que soava bem mais *anglo* e menos semítico que o Camberg recebido ao nascer. Em 1952, quando Muriel já era uma escritora de êxito, Robin quis celebrar seu bar mitzvah, sua confirmação judaica. A mãe enviou-lhe cinquenta libras, que recebeu junto com o prêmio literário do *Observer*, para que os avós oferecessem um almoço depois da cerimônia, mas, sabendo que estaria lá o ex-marido, que tinha retornado da Rodésia sem ter ficado rico, como muitos outros, não quis comparecer. O que só fez aumentar a tensão entre mãe e filho.

Houve outros episódios no mesmo estilo, que evidenciavam como Muriel e Robin se entendiam mal. Todos os anos, ela se obrigava a passar férias com a família na cidadezinha de Morecambe, empreendendo bolorentas excursões por Lake District. Continuava a organizá-las na esperança de criar aquilo que agora, no âmbito da maternidade abastada, seria chamado de *bonding*, a criação de vínculos, a partilha de um tempo de qualidade. Dessas penosas viagens Muriel saía apenas enregelada de frio — por que tinha de ir aos malditos lagos, se o que ela gostava mesmo era da Itália e de Nova York? — e com uma crescente sensação de que não tinha nada a ver com seu próprio filho.

Um de seus amantes daquela época, o diletante Howard Sergeant, foi visitá-la em Edimburgo quando Robin tinha sete anos. Apesar de ser uma mulher adulta, divorciada, que custeava muitos dos gastos daquela casa, Muriel não podia se apresentar com um namorado assim sem mais nem menos, de modo que Sergeant hospedou-se no Caldonian, um dos mais elegantes hotéis da cidade. O namorado escreveu a respeito da dinâmica que presenciou:

Foi muito interessante ver Muriel em seu círculo familiar. É obvio que se sentia fora do lugar e que sua família a irritava. Até mesmo Robin a deixava nervosa e ela demonstrava pouca paciência. Creio que é resultado de seus conflitos internos. A sra. Camberg adotou naturalmente o papel de mãe de Robin, que vê Muriel apenas como alguém que aparece ocasionalmente para visitá-lo e lhe traz presentes. Robin é mal-educado e desagradável com Muriel.

[...] Ela analisa a situação, mas não resolve o conflito, em parte porque isso implicaria maiores responsabilidades, em parte porque ela preferia ser financeiramente responsável, mas não ter outras amarras. Ao mesmo tempo, guarda ressentimentos contra Robin e a sra. Camberg. Não parece haver muito sentimento maternal em Muriel.

Essa dinâmica descrita por Sergeant, da avó que exerce a função de mãe e vê a mãe biológica como uma intrusa que se intromete nas rotinas da criança, é bem conhecida de muitas mulheres que tiveram que deixar seus filhos aos cuidados de suas próprias mães para ir trabalhar em outro país. À medida que o tempo passa, esse espaço existente entre a avó e a criança, esse vazio que corresponderia às mães, vai se estreitando e ficando cada vez mais incômodo. Ninguém sabe mais o que fazer com elas. Elas incomodam.

Enquanto tudo isso acontecia, Muriel vivia em Londres e depois em Nova York, onde passava temporadas trabalhando numa sala dos escritórios da *The New Yorker*. Esses anos formam o período mais excitante e luminoso de suas memórias. Daquela saleta ela via um anúncio de neon vermelho no Rockfeller Center que piscava Time/ Life, referindo-se à revista. "Quando diz *Time*, escrevo; quando diz *Life*, tenho vontade de sair pela cidade", contou a um amigo. Na realidade, teve tempo de fazer as duas coisas, viver e escrever. Em Nova York, hospedava-se num apartamento do Hotel Beaux

Arts e em um mês terminou um de seus melhores romances, *The Girls of Slender Means*.

Enquanto isso, em Edimburgo, sua mãe, Cissy, que tinha acabado de enviuvar, cuidava de Robin. Spark poderia ter escrito com tanta leveza e concentração se tivesse que preparar duas ou três refeições por dia para uma criança pequena? Não dá para saber, mas não é provável. Havia nela uma combinação incomum de talento, determinação, capacidade de trabalho e fome de glória. Não demorou a construir esse ego de escritor tão necessário para avançar no sistema editorial. Mas até a escritora/ mãe com o ego mais bem equipado tem que parar de vez em quando para catar as peças do Lego que caíram no chão. Mesmo a escritora/ mãe mais segura de sua missão verá que as frases simplesmente não fluem como deveriam depois de uma noite em claro cuidando de uma gastroenterite infantil. É fácil deduzir, então, que teria escrito, mas não tanto.

Durante o período de confinamento por causa do coronavírus, continuei a entregar todos os artigos que me pediam, obrigada a trabalhar mais para cobrar menos. Também contribuí para manter meus filhos alimentados, vestidos (quase sempre) e num estado de razoável saúde emocional.

O que não fiz foi acabar o livro que deveria ter escrito naqueles meses. Pensei que as circunstâncias o deixavam sem sentido. Ou foi o que tentei dizer a mim mesma. Naqueles dias, parecia que nada do que tinha acontecido no mundo pré-covid teria validade depois. Contudo, logo vimos que, mal as varandas dos bares reabriram e os programas de rádio pararam de falar o tempo todo de pandemia, retomamos tranquilamente os mesmos debates que tínhamos interrompido.

Com certeza, também abandonei aquele projeto porque me faltou arrojo para priorizá-lo diante de todo o resto. Poderia, sem dúvida, ter acordado às cinco da manhã e aproveitado melhor as horas quietas, como fizeram tantas escritoras acostumadas a trabalhar em silêncio e na penumbra enquanto os filhos dormem. Poderia ter feito menos quebra-cabeças, menos biscoitos, poderia ter me autossabotado um pouco menos com sobrecargas de trabalho, me esforçado para reorientar o manuscrito para algo que fizesse sentido depois do coronavírus, jogar nele toda a minha energia e ainda buscar mais um pouco em algum lugar para cultivar uma voz de autor e um ego à altura.

Além do mais, não é que eu exercesse a maternidade com excelência. Continuava a ser uma mãe distraída, dada a arrebatamentos, pouco constante, nada paciente. "Pelo menos as crianças estão bem", voltava a escrever para as outras mães quando eram elas que estavam num baixo-astral e precisavam de uma frase para usar e jogar fora. Naquela altura da pandemia, não é que as palavras desse tipo estivessem gastas: elas não passavam de um farrapo encardido que continuávamos a entregar umas às outras sem a mínima convicção. Havia uma segunda parte que nunca escrevíamos depois de "as crianças estão bem" — a que dizia: "E vamos nos contentar com isso?".

MURIEL FEZ EXATAMENTE O QUE FIZERAM muitos homens: custear as despesas dos filhos à distância. Quando Robin completou dezenove anos, foi passar as férias com ele em Nice,

Muriel Spark, vida de um escritor

pensando que um ambiente mais relaxado poderia azeitar a relação entre os dois, mas esses dias acabaram sendo desastrosos. A mãe pensou que, agora que podiam conversar como adultos, a relação melhoraria se ele se afastasse daquilo que ela via como o provincianismo de Edimburgo e escolhesse algo mais mundano, mais *crème de la crème*. Ela o convidava para temporadas em Londres, passeando com ele, orgulhosa, pelas festas. No entanto, essa relação de amizade que ela imaginou, entre duas pessoas que mal se viram durante vinte anos, nunca chegou a se produzir.

No desencontro final deles, a questão judaica voltou a aparecer. Tanto nas entrevistas como em suas memórias, a autora sempre atestava que, em sua casa, o judaísmo era praticado da forma mais relaxada possível, que os Camberg eram judeus culturais ou "judeus gentílicos" — escreveu inclusive um relato autobiográfico intitulado *The Gentile Jewesses* —, com pouca ou nenhuma inclinação para os ritos da religião. Por sua vez, Robin, que cresceu bastante apegado ao judaísmo, fazia uma ideia muito distinta da história familiar e queria lançar contra a mãe a ideia de uma conversão vergonhosa ao catolicismo, movida por uma espécie de auto-ódio. Ou talvez tenha simplesmente encontrado por essa via a maneira mais prática de matar a mãe.

Em 1998, Robin Spark convocou a imprensa para comunicar que tinha a certidão de casamento de seus avós, sua *ketubah*, dizendo que o matrimônio havia sido celebrado na sinagoga do Leste de Londres. A existência do documento implicava que tanto o pai quanto a mãe de Muriel eram judeus de origem, e não somente o pai, como ela dizia. A imprensa de Londres cobriu amplamente essa história aparentemente desimportante porque ela significava que a famosa escritora poderia ter mentido e porque os temas "conversão católica" e "briga mãe/ filho" acumulam morbidez suficiente para garantir uma matéria de cinco colunas.

Com a paciência esgotada, a autora respondeu à imprensa: "Meu filho meteu-se nessa história porque quer publicidade. Não vende suas pinturas horríveis e eu, em compensação, sou muito bem-sucedida. Ele nunca fez nada por mim, exceto ser um peso". E depois desse episódio renunciou para sempre a voltar a vê-lo ou manter algum tipo de contato. Todas as vezes em que teve que ir a Edimburgo a trabalho, geralmente para receber homenagens por ser a autora escocesa viva mais reconhecida no mundo, hospedava-se com Penelope Jardine num hotel.

Seria demasiado simplista concluir que Muriel Spark trocou o filho por uma carreira literária. O alcance do seu feito como escritora é enorme por si só, mas mostra-se ainda mais espantoso se considerarmos que era uma mulher da classe trabalhadora, periférica de nascimento — sua relação com a Escócia é quase tão complexa quanto a que teve com Robin —, sem formação universitária nem padrinhos além dos que conquistou com seu próprio talento. É fácil supor que junto a uma vida plena e uma carreira de sucesso ela teria gostado de ter, além ou em meio a tudo isso, uma boa relação com seu único filho. Mas isso não aconteceu. Nem mesmo nas vidas mais ricas, como a dela, cabe tudo.

Mães ruins do bem e mães ruins do mal

HÁ UM GÊNERO JORNALÍSTICO que consumo desde os vinte anos com avidez e às vezes com alguma vergonha: os textos em primeira pessoa sobre experiências de vida, escritos quase sempre por mulheres. Tiveram seu apogeu no início da década de 2000, nos tempos pré-Twitter, quando Facebook era só um lugar para anunciar festas, com os meios digitais não necessariamente vinculados a grandes corporações.

Solidificou-se nesses anos uma indústria da primeira pessoa, cuja influência é inegável em grande parte da literatura de prestígio que se publica hoje, nos ensaios e memórias, nos quais "o pior que lhe aconteceu é o melhor que você tem a oferecer", como disse a jornalista Jia Tolentino antes de ser uma escritora reconhecida, quando cuidava precisamente da edição desse tipo de texto para o portal feminista Jezebel. Esses artigos em primeira pessoa floresciam especialmente nos meios digitais, como o próprio Jezebel ou o xoJane, que levou o gênero ao paroxismo ao publicar artigos intitulados "Aconteceu comigo: minha amiga entrou para o Estado Islâmico" ou "Meu ginecologista encontrou uma bola de pelo de gato em minha vagina".

Era também a época em que eu pensava que seria mãe porém mais tarde, quando tivesse alcançado um estado superior como pessoa, a Versão Mãe. Eu acreditava vagamente que, com os anos, iria me atualizando, como o ios do celular, e em algum momento alcançaria esse ponto ótimo, que é finalmente compatível com a maternidade. É claro que isso não acontece nunca. Você segue em frente com todos os seus defeitos e até acumula alguns novos e, se um dia decidir que vai ter filhos, dedica-se a escondê-los de sua descendência.

Muitos dos ensaios que eu lia então tinham a ver com a maternidade, e desconfio que os utilizei como manual e também, em certos casos, como uma forma de homeopatia, ou como um ex-voto. Quem sabe lendo isso, tomando uma pequena dose desse particular horror maternal, serei inoculada e isso não vai acontecer comigo? É assim que funciona o pensamento mágico.

A imprensa digital oferecia esses textos às dúzias, um atrás do outro: como descobri que meu bebê tem autismo, como meu casamento desmoronou quando meu filho nasceu, como perdi todas as minhas amigas sem filhos, como minha vagina ficou irreconhecível. E eu os consumia com voracidade, entre horrorizada e fascinada, em todos os níveis de levantamento de sobrancelhas em que se classificavam os produtos culturais: *lowbrow, middlebrow* e vagamente *highbrow*.

Quando fiquei grávida e soube que queria mesmo ter aquele filho, todos esses textos formavam um magma viscoso em minha cabeça e serviam para fomentar medos novos e específicos. Medo de parar de ler — que vinha dos tuítes e comentários supostamente jocosos de mães que contavam que não conseguiam terminar um romance há três anos —, medo de virar uma pessoa com a qual ninguém queria conversar, medo de não ter nada a dizer, medo, em suma, de ser somente uma maldita mãe.

Mães ruins do bem e mães ruins do mal

Nas duas primeiras semanas dessa gravidez, antes de começar a contar para todo mundo, eu funcionava de maneira mais ou menos normal durante o dia e, quando chegava a noite, sentava no sofá e chorava. Sem muito drama, mas com método e constância. Eram os anos de programas tipo *Espanhóis pelo mundo*. Cada canal tinha o seu formato no gênero e bastava ligar a tv e logo surgia um sujeito de Múrcia vivendo no Azerbaijão, seguido por uma mulher de Castelldefels, muito feliz na Nova Zelândia. Vê-los me causava angústia. E eu? Quando irei viver em Nova York ou Berlim, tal como planejaram, e às vezes conseguiram, todas as pessoas da minha geração? A aspiração menos original do mundo. Um desejo clichê. Que reviravoltas vou introduzir em minha vida se ela vai se definir só pela obrigação da rotina, se a única coisa que me espera é ser uma mãe, ancorada aqui, presa à circunstância?

Durante essas dez ou quinze noites, sentei-me no sofá branco (anos mais tarde tive que reestofá-lo em azul, as crianças não combinaram bem com branco) ao lado do meu companheiro, que não chorava — ao contrário, fazia esforços para não me incomodar com sua incontestável e pura alegria —, e fui me despedindo, uma a uma, de todas as vidas que não teria, de todas as hipóteses, já que, como acreditava então, só havia uma certeza, a mãe de todas as certezas.

Não tinha consciência de que as gestações têm muito pouco de previsível. Essa, particularmente, terminou na pior combinação possível para uma gestação: mal e avançada. E, depois dessa perda, restou apenas uma necessidade animal de ter um filho. A partir desse momento, e até voltar a ficar grávida, bem pouco depois, todas as outras hipóteses de vida me pareciam descartáveis. Quase todas as pessoas que ficaram obcecadas por engravidar durante um tempo sabem a que ponto isso toma a imaginação e não deixa espaço para mais nada.

Enquanto isso, continuei lendo artigos em primeira pessoa. Como caí no alcoolismo ao me tornar mãe. Como combatemos o pior diagnóstico que podíamos receber. Como aprendi a amar meus quadris de mãe.

A única coisa que nunca li, porque não estava disponível nem nos sites que eu frequentava nem através do algoritmo, foi "Por que deixei meus filhos" ou "Como tomei a decisão de abandonar meus filhos". É mais fácil topar com um texto em primeira pessoa sobre manter relações sexuais com o próprio pai biológico (existem muitos, inclusive um par de documentários) do que ler sobre uma mulher que resolveu voluntariamente deixar de criar seus filhos.

A primeira coisa que o Google oferece, quando se busca "por que deixei meus filhos" em inglês, é um artigo bastante breve publicado em 2019 na revista *Today's Parent*. A autora começa a expor seu caso, tentando de alguma maneira obter a absolvição do leitor com uma dose justa de autoflagelação, como se costuma fazer em textos desse tipo. Ela conta que se casou com um homem controlador, teve que abandonar o trabalho e adiar seu sonho, que era de escrever ficção — o marido não permitiu que fizesse um mestrado em escrita criativa —, não podia sair de férias com amigas, sair para jantar ou ir ao cinema. Diante disso, resolveu pedir divórcio e o juiz só lhe concedeu 40% do tempo com as crianças, que tinham então onze e oito anos.

Na versão padrão desse tipo de artigo, a fórmula indica que devem terminar com uma espécie de autoaprovação, com

Mães ruins do bem e mães ruins do mal

uma demonstração de que, ao fim e ao cabo, a pessoa que escreve fez o que era certo. E esse texto não é uma exceção. A autora admite que a separação foi dolorosa para as crianças, mas que finalmente conseguiu estabelecer uma relação melhor com eles e sentir-se menos anulada.

Medium, a plataforma do autodenominado "jornalismo social" que nasceu com a ideia de hospedar textos pessoais e na qual se encontram textos muito variados — como relatos em primeira pessoa de famosos e comunicados de empresas envolvidas em incidentes fatais —, tampouco oferece muita literatura a respeito das mães abandonadoras, apesar dos milhões de testemunhos ali publicados. Desde um genérico "Embora já não goste de meu marido, ainda o quero" até o muito específico "O que aprendi sobre culpa com o medo de bicicleta que meu filho autista sente".

No meio de todo esse emaranhado de textos confessionais, há somente um artigo de 2016, de uma autora chamada Michon Neal, explicando por que ela resolveu viver a quilômetros de distância de seu filho de três anos. É uma razão de peso: precisa afastar-se da pequena cidade na qual ainda vivem o homem que a estuprou e as pessoas de seu entorno. Neal confessa que só viu o filho duas vezes no ano, que pensa nele cada vez que cruza com uma criança e que às vezes também é doloroso para a criança. "Não quero que cresça pensando que as mães não têm vida própria além dos filhos, que um pai não a tem. Não quero que sacrifique seus sonhos, sua lucidez, sua saúde ou seu valor por ninguém. Não quero que fique louco tentando fazer a coisa certa", conclui no obrigatório parágrafo autoafirmativo de todo ensaio pessoal. "Sou uma mãe ruim por passar um ano afastada dele?", pergunta-se. "Não é fácil, mas creio que ele vale a pena e eu também."

Há um outro texto em primeira pessoa com o título "Por que abandonei meus filhos", publicado na revista *Salon*, em 2011. Logo no primeiro parágrafo, fica claro que a autora, Rahna Reiko Rizzuto, não exatamente abandonou seus filhos, mas aceitou uma bolsa que a obrigava a transferir-se dos Estados Unidos para o Japão durante seis meses e, portanto, seus filhos de cinco e três anos ficaram com o pai. Se um escritor ou jornalista homem e heterossexual quisesse publicar algo assim, encontraria já de cara uma certa resistência por parte do editor.

— Vejamos. Você disse que recebeu uma bolsa.

— Sim, de fato.

— E que vai partir por um tempo para fazer a pesquisa para sua tese.

— Sim, exato.

— E que seus filhos ficarão com a mãe.

— Sim, isso mesmo.

— Desculpe, mas não estou entendendo. Onde está a história?

Aprendemos na faculdade que o raro, o pouco frequente, é sempre notícia. O jornalismo mudou bastante desde então, mas nem tanto.

Rahna Reiko Rizzuto aceitou sua bolsa. Foi sozinha para o Japão e em apenas dois meses seu casamento naufragou. O casal se separou e a escritora renunciou à custódia dos filhos. Mudou-se para uma casa na mesma rua de seu ex-marido e concentrou-se em exercer a maternidade em "blocos de tempo", nos quais pode se dedicar, diz ela, a ser "esse tipo de mãe dos anos 1950 que idealizamos e que espera as crian-

Mães ruins do bem e mães ruins do mal

ças quando voltam da escola com uma bandeja de biscoitos recém-saídos do forno".

Depois do divórcio, quando se deu conta de que, na realidade, nunca quis ser mãe, ela pôde exercer a maternidade como os pais separados tradicionalmente faziam antes que a guarda compartilhada se impusesse, ou seja, pegando os filhos em alguns feriados e na metade das férias.

Mais tarde, Rahna Reiko Rizzuto escreveu um livro intitulado *Hiroshima in The Morning* (2010), com uma premissa no mínimo arriscada: mesclar o trabalho que de fato foi fazer no Japão — entrevistar os sobreviventes da bomba atômica — com suas próprias experiências, a separação dos filhos e seus sentimentos ambíguos em relação ao que supunha que fosse o ser mãe. E aconteceu que o livro acumulou elogios e foi finalista do National Book Critics Circle Award nos Estados Unidos. Mas também angariou para a autora uma enxurrada de abusos e insultos, fora e dentro das redes. Os vizinhos atravessavam a rua para não ter que cumprimentá-la. Na internet, recebeu centenas de comentários hostis e aquele tipo de ameaça de morte e de agressão sexual que é moeda corrente contra as mulheres no discurso digital. Foi chamada de "lixo" e "pior que Hitler". Completos desconhecidos paravam a escritora na rua para perguntar: "Como pôde abandonar seus filhos?". O que era bastante chocante, pois muitas vezes diziam isso diante dos filhos, que estavam ali com ela, no setor de frutas e verduras do supermercado.

Reiko Rizzuto escreveu:

A hostilidade e o abuso voltados contra a mãe-que-vai-embora claramente não dependem do fato de ela ir. Queremos que as mães sejam grandes sofredoras, que ponham os interesses de seus filhos à frente dos seus e deixem seu próprio bem-estar para o final, se sobrar tempo. Precisamos que prepare o jantar, lave a roupa e leve as crianças para a escola com os deveres feitos e a casa limpa e os biscoitos da merenda prontos e o agasalho comprado. Nossa sociedade sofre, as escolas estão arruinadas, as finanças da família espremidas e a pessoa a quem pedimos que negocie tudo isso é a mãe. É um trabalho enorme, grande demais para uma pessoa, especialmente quando, além disso, ela tem que trabalhar e ter uma vida. Porém, mais uma vez, fazer alguma coisa a respeito supõe uma ameaça.

Desde o momento em que publicou o livro, as mídias fizeram dela uma espécie de porta-voz das mães que escolheram não viver com seus filhos. A promoção de seu ensaio desprezou, é claro, tudo o que se referia a Hiroshima e concentrou-se na carniça de sua história familiar. Com isso, a autora aceitou o pacto de que falariam dela, mas em troca correria o risco de que lhe dissessem as duas palavras que ninguém quer ouvir: mãe ruim.

Mãe ruim *do mal*, claro, não mãe ruim *do bem*. Ser mãe ruim do bem é reconhecido e aceito e é o pão de cada dia de muitas mães *instagrammers* e de algumas mães blogueiras, antes. O discurso da mãe ruim do bem configura a koiné utilizada nos grupos parentais do WhatsApp, um tom ligeiramente cômico e modestamente autolacerante que parece fácil de aprender, mas engana, pois é pautado por regras muito específicas. Há uma linha sutil que separa o que se pode e o que não se pode dizer. É importante aprender a reconhecer essa barreira, porque quem se equivoca gera uma falha comunicativa, um *glitch* no sistema.

Na Espanha existe um grupo muito poderoso chamado Club de las Malasmadres, que nasceu no Facebook e acabou se tornando uma espécie de lobby, no sentido mais benigno do termo. Publica estudos muito úteis sobre maternidade e conciliação e recebe muita atenção midiática e política. Um pouco antes de tornar-se presidente do Governo, Pedro Sánchez compareceu de bermuda e camiseta fluorescente a um ato organizado pelo Club de las Malasmadres e aproveitou para fazer promessas políticas sobre a universalização da educação de zero a três anos e o tipo de iniciativas legislativas que se costuma pensar que só importam às mulheres.

Para além desse coletivo concreto, a ideia de "mãe ruim" que triunfa na internet é uma mãe que compra na Amazon a fantasia para a peça do teatro escolar em vez de costurá-la pessoalmente, ou que leva para a festa de aniversário um bolo desses genéricos e não um caseiro feito com farinha especial, ou que num sábado chuvoso deixa as crianças de pijama oito horas seguidas diante das telas e conta tudo isso num tuíte, que sempre recebe muitos *likes*. A mãe ruim do bem é a que subverte leve e travessamente as expectativas reconhecíveis da criação normativa dos filhos das classes médias, mas sem exagerar. Manejar o estereótipo da mãe ruim do bem, muito representado nos últimos anos nas ficções televisivas do gênero mãe-em-apuros (há listas e mais listas do cardápio da Netflix dedicadas ao assunto), implica medir com muito cuidado até onde se pode levar a transgressão das expectativas. Nunca, sob nenhum pretexto, o guarda-chuva da mãe ruim do bem protegeria uma mulher que escolhesse voluntariamente não viver com seus filhos.

Na realidade, há muitas outras maneiras de granjear ódio nas redes por ser uma mãe ruim. Minhas únicas experiências nesse campo são bastante leves, mas quando ocorreram me causaram muita angústia, como toda troca de hostilidades digitais. Não costumo escrever sobre meus filhos nem sobre temas que tenham a ver com maternidade, embora leia muitos desses artigos. Sou um público passivo do tema maternal. Logo que tive filhos, fazia isso (ou melhor, não fazia) por uma mistura de estratégia e autonegação. Nunca mencionava meu filho como motivo para não poder aceitar um trabalho, preferindo alegar excesso de tarefas, doença ou qualquer outra coisa a lembrar a meus empregadores de que, além de uma redatora versátil e sempre alerta, eu também era mãe. Tentava resistir a ser catalogada como a moça que escreve coisas "de mães", alguém que não sabe de nada, que perde tudo o que importa porque está ocupada demais falando de BLW em chats de mães. É espantoso ou deprimente, dependendo do ponto de vista, o modo como se desvaloriza a coisa maternal numa profissão tão feminizada quanto o jornalismo. Entendi isso instintivamente quando cheguei, com vinte e poucos anos, à minha primeira redação da grande mídia. Todos os homens tinham filhos, mas nenhuma das mulheres. Em vinte anos, nem uma única redatora ou fotógrafa (essa era fácil: não havia fotógrafas) se viu na situação de pedir uma licença-maternidade naquele jornal.

Conforme pude observar, a tendência à dissimulação é cortada pela raiz com a chegada do segundo filho. Já não há possibilidade de engano. Com dois filhos, o mundo percebe você irremediavelmente como uma mãe. Não há quem lhe tire

Mães ruins do bem e mães ruins do mal

daí, e todo esforço para tentar sair conduzirá à melancolia. Faz sentido. Se você teve dois filhos, não há possibilidade de acidente. Você mesma se meteu nisso e ainda por cima reincidiu.

Nas poucas vezes em que descumpri minha própria norma de não escrever sobre assuntos maternais, saí escaldada. E não se trata de casualidade. Publicar artigos a respeito da criação dos filhos é uma garantia quase segura de controvérsia. Pode-se escrever sobre o independentismo na Catalunha, discutir se é preciso fazer um cordão sanitário em torno da extrema direita, analisar se um pedaço da Espanha está vazio ou esvaziado, questionar a gestação por substituição. Pode-se adotar uma posição inamovível a respeito de quase qualquer coisa. A legislação concernente à transexualidade. A reforma trabalhista. A renda mínima. O controle dos aluguéis. O Pin parental. A deriva do sionismo. Nada convida tanto ao debate visceral como as coisas que fazemos com nossos filhos na intimidade do lar.

Certa vez, recebi acusações em massa de fomentar o alcoolismo fetal ao escrever sobre o trabalho de Emily Oster, economista especialista em dados e autora de três livros sobre gestação e criação dos filhos. O método que a tornou famosa, que representa uma forma otimizada e produtivista de maternar que tem também um lado aterrador, consiste em questionar a maneira como alguns estudos são utilizados para impor medidas que infantilizam as mulheres em vez de iluminar áreas nebulosas. Um dos temas que ela aborda em seu primeiro livro, *Expecting Better*, é a conhecida recomendação de não beber álcool durante a gravidez. Oster conclui que não há evidências claras de dano ao feto pelo consumo muito moderado de álcool, apenas pelo alto consumo.

Equivoquei-me em várias coisas ao escrever esse artigo. Para começar, ao propô-lo, posto que nunca deveria ter escolhido esse tema para uma seção em que os textos são muito curtos e não há espaço para nuances. Depois, ao não revisar o título e o subtítulo que puseram — é prática comum na mídia que o jornalista não escolha o título de seu próprio texto. É verdade que revisei o texto dezenas de vezes antes de enviá-lo, suavizando os verbos, regulando as expressões e fazendo todo o possível para evitar uma polêmica que já podia intuir, mas foquei tanto na outra parte do artigo, que falava do aleitamento materno — um tema que, abordado onde e quando for, está fadado a gerar um cataclisma de opiniões numa escalada de tensão na qual nunca, ninguém, sob nenhum pretexto mudará uma vírgula na opinião que já trazia de casa e na qual todas as participantes sairão chamuscadas —, que não dediquei atenção suficiente a desativar o perigo potencial do outro tema, do álcool na gravidez.

O artigo gerou uma breve mas sonora polêmica. Vários leitores me chamaram de irresponsável e homicida e, como sempre acontece, lançaram-me suas aspas: "jornalista", você se denomina "jornalista". Tem gente que pensa que nada dói tanto quanto umas aspas.

Saí da enrascada abandonando o Twitter por uns dias e enviando minhas explicações — que o texto não dizia nenhuma mentira e que Oster baseava todos os seus dados em evidências — ao ombudsman do jornal, que pediu que eu as enviasse por conta da enxurrada de queixas que recrudescia, algumas vindas de associações de médicos.

Superado o episódio, fiz questão de jurar a mim mesma que não voltaria nunca mais a tratar de nenhum tema relacio-

Mães ruins do bem e mães ruins do mal

nado à gravidez, à maternidade ou à criação dos filhos, pois a remuneração pelo artigo jamais cobrirá as noites maldormidas quando você ouve seu celular vibrar no escuro e tem certeza de que cada uma dessas vibrações intermitentes é um novo insulto. Uma amiga jornalista que, como todas as minhas amigas jornalistas, também encarou em várias ocasiões a turba digital, descreveu muito bem a estranha sensação dissociativa que ocorre quando sua vida continua mais ou menos normal enquanto você é atacada no Twitter: "Meu filho estava no tablet vendo Peppa Pig e a cada dois segundos apareciam notificações chamando-me de 'puta imunda de merda'. Ainda bem que ele ainda não sabe ler".

Aconteceu algo parecido comigo quando entrevistei Sophie Lewis, socióloga marxista que desenvolveu uma teoria abolicionista da família. O artigo foi publicado, deliberadamente, perto do Natal. "Tomara que você apodreça sozinha com seus gatos", me desejavam no Twitter enquanto eu terminava de embrulhar os presentes, preparando-me para a época do ano mais extenuantemente normativa com minha normativa família biparental.

Também em época natalina tive a ideia de escrever o que achei que era um artigo leve, simpático, sem nada de especial, sobre a experiência de ver *Soul* com meus filhos. Embora tenha gostado do filme, disse que preferia a parte em que o protagonista, Joe, está na Terra, com sua mãe, seus alunos e suas frustrações trabalhistas, à complicada arquitetura metafísica do resto do roteiro, e que as crianças em geral têm entendido cada vez menos os filmes da Pixar. Por expressar semelhante opinião radical fui *trending topic* num dia pós-natalino no qual o Twitter tentava discutir sobre algo que não a pandemia, então ainda vigente e encarando sua perigosíssima segunda onda. Várias centenas de usuários expressaram seu pesar por meus filhos, que em boa hora eu tive a ideia de mencionar no artigo, por terem uma mãe tão obtusa que ignora o fato de que as crianças também têm sentimentos. "Pelo menos Salvador Illa acabou de dizer que vai deixar o ministério para concorrer às eleições catalãs. Vamos ver se com isso esquecem você", tentou me animar uma amiga.

Quando você é vítima de atenção viral, algo que não recomendo a quem não sofre de transtorno narcisista, os amigos e conhecidos enviam pêsames e abraços, e quanto mais eles consolam, mais você se angustia. Algo terrível deve estar acontecendo aí fora, pensa enquanto se entrincheira atrás do seu cadeado e resiste à tentação de verificar as menções a você, que por esses dias marcam 50+, a forma dessa rede social dizer que você está numa enrascada. A partir de um certo número, o Twitter nem se incomoda em contar a quantidade de gente que quer insultar você, só informa que são mais de cinquenta e que estão na porta de sua casa armados de bastões.

Em qualquer caso, minhas polêmicas bastante risíveis — há calvários digitais muitíssimo piores, cujas vítimas são, de maneira desproporcional, as mulheres e as pessoas LGBTQIA+ — ofereceram uma amostra minúscula do que deve ser receber o pior epíteto de todos nas redes: mãe ruim.

Em 2005, ou seja, quatro ou cinco internets atrás, a escritora e roteirista Ayelet Waldman escreveu um artigo para a famosa seção "Modern Love" do *The New York Times*, com uma premissa que, de cara, já convidava a tormentas: no caso em que, numa espécie de hipotética escolha de Sofia, tivesse

Mães ruins do bem e mães ruins do mal 57

que optar entre perder o marido (o escritor Michael Chabon, com quem ela continua casada) ou um de seus quatro filhos, escolheria o segundo. "Se uma boa mãe é aquela que ama seus filhos mais que tudo no mundo, não sou uma boa mãe. Na verdade, sou uma mãe ruim. Amo meu marido mais que meus filhos", escreveu no início de seu ensaio.

Embora não existisse Twitter na época, para sorte de Waldman, os leitores indignados encontraram uma maneira de dizer a ela o quanto a consideravam monstruosa, desumana, satânica por fazer tal afirmação. Ela se defendeu no programa de Oprah Winfrey e mais tarde capitalizou sobre a polêmica com um livro intitulado *Bad Mother*.

Desde então, muitas mulheres optaram pelo título de mãe ruim na internet. Por excesso ou escassez, por prender demais os filhos ou exatamente pelo contrário. A mãe ruim de 2011 foi Amy Chua, "autorrotulada" depois como "mãe tigre". Chua escreveu um artigo no *Wall Street Journal* defendendo seu estilo de criação dos filhos, o dos pais chineses que aspiram a perfeição dos filhos e não perdem tempo com bobagens como o bem-estar emocional. O texto — imagino o editor jogando-o nas redes como quem lança uma granada de mão e foge correndo da explosão, perseguido pelas labaredas — vinha acompanhado por uma foto de Chua com suas duas filhas, uma tocando violino, a outra piano, e começava com uma lista das coisas que as meninas não tinham permissão de fazer: parar para brincar com outras crianças, dormir na casa das amigas, participar de uma apresentação escolar, queixar-se por não poder participar.

Todas essas coisas podiam desviá-las da excelência acadêmica e, portanto, eram proibidas na casa dos Chua. O compromisso dessa mulher com seus métodos educacionais e com seu próprio desejo de ficar famosa foi bem longe. No livro que escreveu, é claro, para capitalizar sobre o sucesso do artigo, ela ampliava a noção de mãe tigre e contava, por exemplo, que uma vez chamou sua filha de "lixo" por desobedecê-la, que ameaçava queimar suas bonecas, que certa vez uma das meninas desmaiou de exaustão depois de praticar horas a fio no piano, deixando marcas de seus dentes nas teclas.

Depois desse episódio, Chua e o marido, Jed Rubenfeld, também professor de Yale, ambos membros poderosos do sistema judiciário dos Estados Unidos, foram incorporados ao panorama midiático do país como *trolls* conservadores — escreveram a quatro mãos um livro descaradamente racista sobre o motivo pelo qual alguns grupos étnicos triunfam quando emigram e outros não — e, mais tarde, ele foi expulso por dois anos da universidade por assédio sexual às alunas e ela foi acusada de escolher só alunas bonitas "como modelos" para estagiárias de um juiz conservador do Supremo Tribunal. O fato de ambos terem caído em desgraça foi comemorado no lado oposto com o doce sabor do *Schadenfreude*. Lá estava aquela péssima mãe finalmente recebendo o merecido. O deleite só seria maior se as duas meninas tivessem se dado mal. Até o momento, o que se sabe é que ambas fizeram direito em Yale.

Se Chua foi a mãe ruim de direita, coube a Lenore Skenazy sê-lo em versão progressista. Ela gerou polêmica em 2009 por deixar seu filho de nove anos pegar o metrô sozinho em Nova York e por defender a "criação em liberdade". Foi chamada de "pior mãe da América" e também monetizou a fama com um livro, um blog e aparições na mídia. É claro que em Nova

Mães ruins do bem e mães ruins do mal 59

York muitas crianças de nove anos pegam o metrô sozinhas e fazem seu jantar. São quase sempre filhos de mães solteiras e trabalhadoras, e nunca ninguém pediu a elas que escrevessem livros e artigos sobre o assunto.

Existe outra maneira de ser considerada uma mãe duvidosa, que não tem muito a ver com o estilo de criação dos filhos e sim com a atitude em torno da maternidade. A fotógrafa alemã Sarah Fischer provocou uma agitada discussão em seu país quando publicou, em 2016, um livro intitulado *Die Mutterglück-Lüge*, a mentira da felicidade materna, no qual afirma que amava muito a sua filha de dois anos, mas ao mesmo tempo se arrependia de tê-la tido. Fischer explica no livro que parou de viajar pelo mundo e de ganhar prêmios por seu trabalho para ficar em casa cuidando da filha, uma opção majoritária na Alemanha — o país que inventou a palavra *Rabenmutter*, "mãe corvo", para referir-se às mulheres que priorizam seu trabalho —, e lista também o que obteve em troca: "perda de controle, tédio, aumento de peso, peitos caídos, fim do romance, falta de sono, emburrecimento, carreira em decadência, perda de libido, pobreza, cansaço e falta de entusiasmo".

O livro de Fischer, que lhe custou insultos e ataques de todo tipo, bem como ameaças de morte, não é o único no gênero. À medida que se consolida em nossa era o culto à maternidade, cresce também o desejo de esquadrinhar seus rincões obscuros, o que gerou uma paraindústria editorial, com títulos de grande sucesso midiático como *Mães arrependidas*, da socióloga israelense Orna Donath, que reúne o testemunho de 23 mulheres que diziam coisas que as palavras de Sophia, mãe de dois meninos, de um e cinco anos, expressam bem: "Não quero tê-los, é sério, não quero tê-los a meu lado. Mesmo que morressem, Deus não permita, continuariam comigo a todo momento. O luto por eles, sua lembrança e a dor seriam insuportáveis. Mas perdê-los agora daria um certo alívio".

A maternidade moderna, agora que se abriu a torneira para falar e escrever sobre ela, incorporou as turbulências como parte da experiência do maternar e mostra-se ávida por explorá-las. Elas dão bons SEO: o Google as ama.

No entanto, e apesar desse apetite público pela exploração do lado tenebroso da experiência materna, ainda são pouco frequentes as histórias em primeira pessoa de mulheres que abandonam seus filhos. No Mumsnet, popular fórum britânico de discussão entre mães, já chamado de um poder à sombra (não há candidato a Downing Street que não passe por uma sabatina no Mumsnet) e que é também um gerador de ideologia (o fórum é considerado responsável, por exemplo, pelo boom no Reino Unido da chamada doutrina Terf, o autodenominado feminismo que exclui as mulheres trans), as mães falam sobre os temas mais frívolos e mais profundos, desde a deriva do departamento de design da Mark & Spencer até conselhos para controlar a ovulação. Na longa história do Mumsnet, foram entabuladas centenas de milhares de conversas sobre qualquer coisa remotamente relacionada com a maternidade, a criação dos filhos e a família. Mas nem ali as mães abandonadoras tiveram lugar. De todos os threads que é possível consultar em seu arquivo digital, há somente um em que uma mulher anuncia que está disposta a romper com o marido e que está pensando em deixar um dos filhos com ele, pelo menos até que digerisse a notícia. As mulheres que

Mães ruins do bem e mães ruins do mal 61

responderam no fórum desdenharam a questão que a pessoa colocava (a melhor forma de ir embora) e centrou-se nesse aspecto. Todas, cada uma delas, pediram que não o fizesse. Como você vai escolher?, perguntavam com o mesmo desprezo com que vários tuiteiros desejaram que eu morresse entre gatos (sou terrivelmente alérgica, isso não seria difícil) ou perdesse a custódia dos meus filhos, que eles supunham privados da excelência da Pixar.

Nos fóruns da Mumsnet, impõe-se, de uma maneira geral, a empatia com a pessoa que expõe seu problema. O protocolo invisível dessa web exige, já de partida, em relação à mãe que confessa, uma cortesia semelhante à que impera em grupos de apoio como Alcoólicos Anônimos. Mas nesse caso o protocolo foi pelos ares. Todas as participantes alinharam-se como uma só pessoa para transmitir àquela mulher, nos termos mais duros possíveis, que aquilo que ela pretendia fazer era execrável e antinatural. Ter dois filhos e abandonar um deles era algo além de qualquer compreensão, disseram-lhe sem rodeios.

Com esse tipo de precedente, normal que não haja relatos em primeira pessoa sobre mães que vão embora sem que exista violência ou um imperativo econômico. Mas não só: tampouco existem estatísticas. Na Espanha, 83% dos lares monoparentais são encabeçados por mulheres. Nos 17% restantes encontram-se os viúvos, os pais separados que têm a guarda completa e os homens que resolveram ser pais solo. Nesse número deve haver também algumas casas em que a mãe partiu. Todas elas são "mães ruins do mal" que, até agora, preferiram não falar. Suas histórias permanecem não ditas e ninguém pode encontrá-las na internet ou numa livraria buscando espelhar-se ou escandalizar-se.

O que emergiu foi, isso sim, uma literatura da mãe triste que excursiona por um tempo em sua vida sem filhos, para recordar como era. Costumam viver isso, no início, com um sentimento ilícito de infidelidade, mas também como um gesto de audácia. Em *A filha perdida*, de Elena Ferrante, Leda abandona suas filhas durante três anos para viver um romance com um colega de universidade e dar continuidade à sua carreira acadêmica. Em *I Love You But I've Chosen Darkness*, Claire Vaye Watkins escreve sobre uma mulher chamada Claire Vaye Watkins, romancista como ela, que deixa seu bebê por um ano porque quer "comportar-se como um homem", um homem "ligeiramente mau". Nesses livros de mães errantes já não há necessidade de que a protagonista passe por um arco de redenção. Por certo existe culpa, uma culpa caprichosa e multiforme, não constante, que visita a mãe triste quando menos se espera. E algumas epifanias defeituosas. Ninguém descobre nada, ninguém aprende nada; as relações entre essas mães "não naturais", como se descreve Leda, e seus filhos não são pacíficas, mas tampouco catastróficas. Chapinham numa lama muito mais parecida com a vida.

Gala Dalí e o tema da Mulher Magnética

EXERCER O PAPEL DE MULHER MAGNÉTICA é algo difícil de administrar, só pode ser. A mulher magnética tem dificuldade para fazer amigas. A mulher magnética ri pouco ou ri fora de hora, para desconcertar. A mulher magnética está, além disso, condenada a decepcionar, pois quando enfim abre a boca dificilmente estará à altura do que se espera dela. É bem mais conveniente para ela ficar calada.

Gala Éluard ou Gala Dalí ou Elena Ivanovna Diakonova era, de qualquer ponto de vista, uma mulher magnética. E mais, uma Mulher Magnética™, uma das quinze ou vinte senhoras homologadas como tal no cânone historiográfico do século XX, sobre as quais se escrevia sem cessar, antes que o jornalismo e a indústria editorial começassem a atentar para mulheres menos incríveis, menos bem relacionadas, definitivamente menos magnéticas.

Geralmente, era citada com relação a seus maridos. É curioso que na maioria das biografias sua vida começa aos dezenove anos, quando conheceu Paul Éluard, como se sua infância e adolescência tivessem sido apenas um trâmite preparatório para o que importa: começar a conhecer homens importantes.

Os trabalhos recentes sobre ela vão na direção contrária, por exemplo a biografia escrita por Estrella de Diego e a história romanceada intitulada *La intrusa*, publicada em 2018 por Monika Zgustova, assim como a exposição do Museu Nacional de Arte da Catalunha, em Barcelona, no mesmo ano, intitulada "Um quarto próprio em Púbol". Todas essas releituras da figura de Gala afastam-se do relato tradicional construído durante o século xx. Evitam chamá-la de musa, pois hoje sabemos que é uma palavra redutora e patriarcal, e tratam de reabilitá-la como benfeitora fundamental de seus famosos cônjuges e como uma espécie de artista sem obra ou uma artista que dedicou toda a vida a aperfeiçoar sua melhor obra: ela mesma. Estrella de Diego, que fez vários estudos sobre Gala, defende inclusive que ela pode ser considerada coautora de parte da obra de Éluard. Porém mesmo essas interpretações ainda se movem dentro da ideia-padrão da Mulher Magnética™. Tiram dela o título de musa, mas não o de encantadora de serpentes.

Outra coisa que acontece com as mulheres magnéticas é que seu status não casa muito bem com a maternidade. Nada é mais alheio à ideia de uma cariátide, que existe para fascinar e ser admirada, que imaginá-la subjugada e entregue a um pequeno ser que tem como uma de suas missões arrebatar-lhe o brilho. Não por acaso, as mulheres magnéticas viveram tradicionalmente apenas em ambientes artísticos ou nas classes altas, que podem terceirizar o cuidado dos filhos. Existe um conto especialmente cruel de Dorothy Parker, "Horsie", que expõe a dicotomia entre a mulher fascinante e a mulher normal. No relato, Horsie, ou "equina", é o apelido que os Cruger, casal endinheirado, perfumado e belo, deram à srta. Wilmarth, enfermeira neonatal que contrataram para cuidar de sua nova bebê, Diane. Tudo o que Camilla Cruger é — irônica, ociosa, o tipo de pessoa para quem se inventou a palavra "amuo" — a pobre Horsie não é. Uma tem magnetismo de sobra, a outra nunca o conheceu nem conhecerá.

A maternidade faz uma aparição insidiosa e lateral no conto, que trata, na verdade, da injustiça da beleza (a injustiça de não a ter, basicamente), mas é o que lhe dá outra dimensão, pois permite concluir que ser magnética é incompatível com ser uma mãe funcional e operativa, ou seja, uma boa mãe.

No relato, Camilla mal se relaciona com a filha e não quer pegá-la no colo, enquanto a enfermeira Wilmarth, por sua vez, trata da pequena e toda noite informa os pais de seus progressos, se dormiu bem e quantos gramas de peso ganhou. Mas a informação não encontra um público muito interessado. Camilla chama a bebê de "inútil" e seu marido amaldiçoa a criança como culpada por deixar sua mulher, que é "pálida como a luz da lua" e "sempre ostentou uma altivez tão delicada quanto a renda que lhe cobria o peito", prostrada na cama ou em sua chaise longue cor de abricó, e por obrigá-lo a jantar toda noite com Horsie, cujo status eles consideram elevado demais para que faça as refeições com a cozinheira e o chofer.

As mãos da enfermeira Wilmarth são "grandes e firmes, limpas e secas, com as unhas curtas" (unhas de mãe ou de babá), enquanto as de Camilla são "como lírios pesados numa brisa lânguida", unhas de mulher magnética.

Essa é uma das muitas menções a flores que aparecem no conto, que está como que perfumado do princípio ao fim. Em seu último dia na casa, os Cruger presenteiam Horsie com um ramo de gardênias, uma cruel piada interna, pois as gardênias são as flores usadas nas coroas dos cavalos vencedores de corridas. A pobre Horsie não entende a zombaria, claro, e vai embora daquela casa feliz com suas gardênias. O leitor sabe que muito tempo vai passar, talvez a vida inteira, antes que alguém ofereça flores a ela novamente.

TENDEMOS A CRER QUE NOS CONTOS infantis não existem mães que sejam também mulheres magnéticas; que no folclore popular, agora filtrado por Disney Pixar, só existem dois tipos de mãe: ou mortas ou abnegadas. E as magnéticas, as mulheres vaidosas, viciadas no próprio reflexo, são quase sempre madrastas. Como a de Branca de Neve, que manda assassinar a enteada quando esta a alcança em beleza, ou a de João e Maria, que prefere matar as crianças que não são suas, já que não há comida para todos: como carece do gene primordial da mãe, o do sacrifício, ela prefere comer que dar de comer aos filhos do marido.

No entanto, nas versões primitivas desses contos de Grimm, essas personagens eram designadas como mães, mães um pouco contranatura. Num texto sobre sua própria experiência como madrasta, a escritora Leslie Jamison explica que os Grimm escreveram essas fábulas extraídas do folclore popular pela primeira vez em 1812 e que revisaram as mesmas histórias numa outra edição, bem mais tardia, de 1857. Nessa segunda versão, muitas das mães cruéis, agressivas e manipuladoras são transformadas em madrastas ou mães por usurpação, como a de Rapunzel, que a sequestra ainda bebê e a educa fazendo-a crer que é sua mãe. Isso permitia que a criança mantivesse o ideal materno e concentrasse nessa figura externa, que não é de seu sangue, não somente a maldade mas também a vaidade. Se essas mulheres têm algo em comum é pretender, já no limite de sua idade reprodutiva, continuar seduzindo não só o pai/ marido que triangula a família, mas qualquer um que apareça em sua frente.

O MAIS PROVÁVEL É QUE GALA, ou Elena, nunca tenha desejado ser mãe. No diário de apenas 106 páginas que escreveu e que foi encontrado em 2004 no castelo de Púbol, onde vivia com Dalí, sua única filha, Cécile, sequer aparece. Ela fala, em compensação, da rejeição que sentiu ao ver pela primeira vez a sua irmã menor, Lidia, que nasceu quando ela tinha sete anos. "Era um pedaço de carne vermelha, congestionada, intumescida, ululante. Vê-la me causava grande repugnância."

Nessas páginas, Gala descreve também os abusos violentos que sofreu nas mãos de um de seus irmãos, Vadka. Quando era menina, escreve ela, Vadka começou a fazer "obsessivas, irresistíveis visitas, cheias daquela paixão obscura, torturada, infeliz" a seu quarto durante a noite. É interessante, mas não surpreendente, que a revelação desse fato não tenha mudado muito a visão que se tem de Gala. Talvez ela preferisse assim, pois seu temperamento não casava bem com a imagem de vítima.

Quando Gala e Paul Éluard se conheceram, ninguém os chamava assim. Ele respondia por Eugène Grindel e era o filho adolescente de uma família pequeno-burguesa de Saint--Denis, mãe costureira e pai empresário fundiário. Ela ainda era Elena. Os dois tinham apenas dezessete anos e estiveram juntos no sanatório de Clavadel, perto de Davos, enviados por suas famílias para tratarem uma tuberculose. Um dia, ele pegou um papel, desenhou um triângulo e escreveu: "Retrato do jovem poeta adolescente". Passou o desenho para ela e a "pequena russa", como mais tarde seria chamada pela família dele, respondeu: "Hoje você janta comigo". Ele contou que queria ser poeta e que sua família se opunha ao projeto, e a jovem assumiu o papel de inspiração e crítica, princípio e fim dos poemas dele. Existe uma foto muito famosa dos dois em Clavadel, bem parecidos, fantasiados de pierrô para um baile, fingindo serem gêmeos.

O jovem casal teve que se separar em abril de 1914, três meses antes que a Europa inteira fosse pelos ares. Eugène foi convocado, embora tenha sido designado para tarefas na retaguarda, graças à saúde precária. Mesmo assim, teve bronquite, anemia e apendicite crônica e passou quase todo o ano de 1915 num hospital militar perto de Paris. Durante todo esse tempo, os namorados não deixaram de trocar cartas e poemas. Tinham um plano. Ela convenceu a mãe e o padrasto que a deixassem ir estudar na Sorbonne. Supreendentemente, em plena guerra, eles concordaram. Acompanhada pela governanta suíça da família, foi de navio de Moscou a Helsinki, de lá para Estocolmo, onde embarcou para Londres, seguiu para Southampton, atravessou para Dieppe e chegou a Paris. Casaram-se em fevereiro de 1917, aproveitando uma licença militar dele, e passaram a lua de mel num hotel. Semanas mais tarde, explodiu a revolução na Rússia e ela perdeu o contato com a família. Pouco depois ficou grávida de Cécile, que nasceu em maio de 1918. Dizem que ela queria um menino, que se chamaria Pierre.

Isolada, com o marido poeta no campo de batalha e vivendo com os sogros, Gala/ Elena achou a maternidade insuportável.

Gala Dalí e o tema da Mulher Magnética 69

Quando Paul finalmente regressou, seu jovem poeta tuberculoso estava mudado. Era agora um homem comum, disposto a trabalhar no escritório do pai e transformar-se numa versão ligeiramente modificada do progenitor, a levar uma vida tranquila nos subúrbios de Paris com sua mulher russa e a filha pequena. Em *La intrusa*, Monika Zgustova cita a palavra russa *"byt"*, tão curta e, no entanto, tão eficaz: ela engloba todo o doméstico, o familiar, o material, tudo que não é *bytie*, espiritual. *Byt* era tudo o que não interessava àquela mulher jovem e sedenta. E dentro desse tédio doméstico Gala incluía também a filha Cécile. Como separar uma coisa da outra, se tudo andava junto: a menina e menos poesia, a menina e o sexo piorado, a menina e o tédio da vida burguesa da qual pensava ter escapado ao casar-se com um escritor?

A curto prazo, a solução que encontrou foi dividir o cuidado da filha com as outras mulheres da família, as tias e a mãe de Éluard, que acabaram criando a menina. Ainda assim, ela também não tinha muita coisa para fazer, exceto incentivar seu marido para novas aventuras. Junto com André Breton, Louis Aragon, Tristan Tzara e outros, eles fundaram a revista *Littérature*. Ela gostava desse ambiente, embora não fosse nada fácil ganhar a simpatia daqueles intelectuais que a consideravam esquisita e difícil.

Mas as coisas animaram-se bastante no verão de 1921, quando os Éluard foram para Colônia conhecer Max Ernst, aproveitando umas férias (sem Cécile). Ele estava casado com a historiadora da arte Louise Straus e tinha um filho, Jimmy, mas não demorou a entrar numa relação a três com Gala e Éluard: outra vez o triângulo, como em Clavadel, só que agora mais concorrido.

No verão seguinte, mais uma vez o casal deixou a menina Cécile com os avós e partiu em férias para o Tirol com Hans Arp, Tristan Tzara e as respectivas companheiras. Max Ernst ficou morando com o casal e acabou separando-se da mulher, mas Gala não conseguia viver essa situação com comodidade, apesar da tranquila aquiescência do marido. No final daquele verão, o alemão instalou-se no palacete do casal Éluard em Eaubonne. Paul pegava o trem para Paris todo dia de manhã para trabalhar nos escritórios do pai, enquanto Max e Gala ficavam em casa, ele pintando e ela observando, com a pequena Cécile correndo ao redor. Gala estava encantada com a transformação do palacete, que não parecia mais a casa de um corretor de seguros e uma dona de casa, e sim a de três artistas que viviam uma relação poliamorosa. Ernst pintou afrescos em todas as paredes. Uma mulher nua e aberta no meio com as vísceras à mostra, que assustava Cécile e, em cima da cama da menina, um pato com rodas. No quarto principal, grandes mãos humanas e tamanduás devorando formigas. "Vivíamos ali todos juntos e de maneira bastante natural. Não lembro que me parecesse estranho", disse Cécile, já idosa, numa entrevista ao *Guardian*. O arranjo durou um par de anos, não muito harmoniosos, em que o grupo surrealista culpou Gala pelo desespero crescente de Éluard. Depois de uma viagem a Saigon, quando o trio passou três semanas junto no Hotel Casino, Ernst juntou suas coisas e partiu, deixando os afrescos. Muitos anos mais tarde, Cécile e um de seus quatro maridos conseguiram recuperá-los, convencendo os novos donos do palacete a retirar da parede os papéis pintados. Pediram que Ernst assinasse as pinturas e as venderam a Farah Diba, que estava organizando uma co-

Gala Dalí e o tema da Mulher Magnética 71

leção de arte contemporânea. Hoje o testemunho daquele triângulo surrealista pode ser visto no Museu de Arte Contemporânea de Teerã.

Depois desse episódio, Paul e Gala voltaram a funcionar como casal, mas não por muito tempo. O precário equilíbrio rompeu-se mais uma vez no verão de 1929, quando o casal aceitou o convite de um jovem pintor que não conheciam muito bem, Salvador Dalí, para ir à sua cidade, Cadaquès, por algumas semanas. Dessa vez, Cécile iria junto e teriam também a companhia de René Magritte e sua mulher, Georgette, e do galerista Camille Goemans e sua esposa. O que aconteceu ali já foi contado várias vezes. Dalí caiu fulminado por aquela aquela mulher efébica, que não fazia nenhum esforço para agradar ninguém. Ela ficou intrigada com aquele sujeito que pintava mulheres com excrementos nas calças. Na biografia romanceada que escreveu, Zgustova imagina que, em suas primeiras conversas, eles falaram de Cécile e de como, na cabeça de Gala, a menina se confundia com sua irmã menor, aquela criatura que lhe pareceu tão repugnante quando nasceu. Ela desejava um menino e não conseguia gostar daquela menina, que todos supunham ser o desejo de todas as mães. No final do verão, Cécile teve febre tifoide, o que permitiu que Gala ficasse um pouco mais no Hotel Miramar de Cadaqués. No entanto, como não estava acostumada a desempenhar aquele papel, não tinha paciência para ficar cuidando da menina e saía fugida para passear de barco com o pintor. "Depois de conhecer Dalí, ela não teve mais interesse em mim", Cécile costumava dizer nas entrevistas que deu, já com 95 anos, quando a mídia descobriu que aquela anciã que teve todas as vanguardas na sala de casa estava viva. "Ela nunca foi muito calorosa, nem antes. Era muito misteriosa, tinha seus segredos", dizia a respeito da mãe.

Naquele mesmo outono, enviaram a menina para morar com a avó paterna, que, na realidade, era quem cuidava dela desde que nasceu. Talvez a mãe tenha pensado que seria mais bem cuidada, já que ela e Dalí passaram seu primeiro inverno em Port Lligat, numa cabana de pescadores de 25 metros quadrados. Será que ela pensou que aquilo não era lugar para uma menina? Em qualquer caso, logo depois Dalí começou a ganhar dinheiro, muito dinheiro. E o casal trocou a cabana de pescadores sem eletricidade pelo quarto 1610 do Hotel St. Regis em Manhattan, onde se hospedava no inverno. Os turistas amontoavam-se na porta para tentar ver o pintor espanhol bigodudo passeando com uma capa dourada cheia de abelhas ou uma caixa de moscas, como diziam todos os jornais.

Também não havia lugar para Cécile no universo em que Salvador e Gala passaram a viver: o mundo das verdadeiras celebridades, no qual Mickey Mouse ou um relógio derretido se equivaliam. A menina vivia com a avó, via o pai com uma certa frequência e dava-se muito bem com a nova esposa de Éluard, Nusch. Mãe e filha só se encontravam cerca de uma vez por ano. O dinheiro era uma fonte de tensões entre os pais da criança. Paul queria que Gala enviasse mais dinheiro para sustentar a menina, que, aliás, era comum, nada fascinante, pouco magnética aos olhos da mãe, que cada vez o era mais aos olhos do mundo inteiro. Quando estavam juntos, Gala e Salvador Dalí eram um perfeito monstro de duas cabeças e assinavam alguns trabalhos assim, como se fossem uma só pessoa: Gala Salvador Dalí. Separados, ela era uma "performer no controle de sua imagem", como disse Estrella

Gala Dalí e o tema da Mulher Magnética

de Diego, que a considera uma artista disfarçada de modelo, um dândi em versão feminina. Nenhuma dessas tarefas, nem a de performer nem a de dândi, coaduna muito bem com o que tradicionalmente se espera de uma mãe.

Houve um par de episódios desagradáveis na longa não relação de mãe e filha. Em junho de 1940, com o Exército alemão avançando sobre Paris, Cécile, então com 22 anos, fugiu da capital. Sabia que, naquele verão, sua mãe tinha alugado um palacete em Arcachón, a cinquenta quilômetros de Bordeaux. As rodovias estavam abarrotadas de pessoas que tentavam fugir de Paris para o sul. Quando conseguiu chegar lá, a criada que abriu a porta achou que se tratava de uma impostora e disse que a senhora não tinha filha alguma. Quando já ia fechar a porta, pensou em verificar a história com os convidados que estavam na casa, jogando xadrez, Man Ray e Marcel Duchamp. Os dois surrealistas confirmaram que Cécile era, de fato, filha de Gala e ela pôde ficar alguns dias na casa de Arcachón, enquanto os nazistas invadiam Paris.

Muitos anos mais tarde, as portas da casa de sua mãe voltaram a se fechar para Cécile. Era 1982 e ela havia recebido a notícia de que sua Gala, que tinha 88 anos, estava morrendo. Instalou-se em Port Lligat para vê-la pela última vez, mas os empregados, dessa vez guiados pela própria Gala, informaram que a mãe não queria vê-la, e Cécile teve que voltar à França sem se despedir. Segundo Joan Bofill, documentarista barcelonês que há anos prepara um filme sobre Cécile Éluard e que a entrevistou muitas vezes, quando já era bastante idosa, não se sabe muito bem se Gala ainda estava suficientemente consciente para rejeitar a filha ou se foi iniciativa de alguém da casa que poderia ter interesses próprios.

Dentro da triste história de divórcio entre mãe e filha, há uma peça discrepante, que se juntou ao quebra-cabeça nos últimos anos. Segundo revelou o jornalista José Ángel Montañés em seu livro *El niño secreto de los Dalí*, tanto o pintor quanto Gala tiveram uma relação muito próxima com outra criança, Joán Figueiras, que perfilharam e que passava muito tempo na casa. Eles o chamavam de "Juanett Buniquet", traziam presentes para ele das viagens — certa feita, Walt Disney lhe deu um equipamento de beisebol — e iam com ele para Barcelona, hospedando-se sempre no Ritz. Montañés conta no livro que Gala foi uma madrinha amorosa do menino, finalmente um homem, como ela gostaria que Cécile tivesse sido.

Nem mesmo ao morrer Gala quis ressarcir a filha, e a excluiu de seu testamento. Cécile só recebeu 50 milhões de pesetas e algumas obras depois da morte de Dalí porque fez um acordo com o Governo espanhol. Ela, que morreu em agosto de 2016, está enterrada ao lado de Nusch, a segundo esposa de seu pai. Quando lhe perguntavam se Nusch tinha sido sua segunda mãe, ele respondia que não, que isso não existe. "Eu tive uma mãe, a pior." Nas conversas de Bofill com Cécile, já anciã, ela demonstrava uma admiração total pelo pai, a quem idealizava, embora também ele, num gesto de último minuto, a tenha deixado fora do testamento. Quanto à mãe, ela sempre se expressava com uma dose de rancor e outra de admiração distante.

A impressão é de que até a filha incorporou a lenda da mulher magnética que cercava Gala. Quase todos vemos nossas mães tão de perto que mal distinguimos seus contornos. São tão próximas que é difícil dar-lhes magnitude, recordar que são seres complexos, além de mães. Para Cécile, Gala era justamente o contrário. Ela a via de longe, de muito longe, de modo que Gala manteve algo que as mães raramente conservam, ainda mais diante dos próprios filhos: o enganoso mecanismo do fascínio, o mistério. Essa invenção não deixa de ser uma cilada sibilina criada para difamar as mulheres dando a impressão de enaltecê-las. Às vezes, são as próprias mulheres que contribuem para edificar essas categorias: as Camillas e as Horsies, as magnéticas e as desmagnetizadas. Sempre com a esperança de cair do lado bom.

Nos meus vinte anos, quando a vida é mais expansiva e as amizades periféricas são mais viáveis, fui bem próxima da mulher mais Camilla que conheci fora de um filme. Ela havia cultivado uma trabalhada imagem de pessoa complexa e sombria, com amores difíceis e grandes dilemas que não lhe deixavam tempo para tratar de nada que não fosse ela mesma. Seus problemas eram sempre um trabalho full time. Minha Camilla, com seu cabelo ruivo chanel, inclusive vestia-se como se protagonizasse seu próprio filme *noir*, sem cair nas modas da época, que todas abraçávamos com diversos graus de entusiasmo. Aos 25 já era muito consciente do valor cinematográfico de uma gabardina bem amarrada.

Nossos grupos de amigos deixaram de encontrar-se e perdi contato com ela. Muito tempo depois, cruzei com ela onde menos esperava, num desses eventos diurnos aos quais os pais de crianças pequenas comparecem porque são um bom álibi para se beber de dia. Esses eventos costumam ser muito bem organizados. Sempre tem comida sem alergênicos para as crianças, oficinas de dj e de pintura facial. De manhã apresentam-se as bandas infantis e, à tarde, os grupos de que os pais gostavam quando tinham uma vida social mais digna.

O principal problema desses eventos é que, na fila dos vermutes ou esperando a vez para uma atividade, encontramos invariavelmente com rostos de outra época, caras vistas muitos anos antes em bares e shows, quando tinham mais colágeno nas maçãs do rosto, a pele mais firme e as pupilas mais brilhantes. Constatar o despencar desses rostos faz pensarmos imediatamente na queda do nosso, o que, afinal, estraga um pouco a experiência de beber vermute num recinto fechado com outros 1500 adultos esgotados e sua prole.

Num desses sábados, não lembro se na fila do banheiro ou da oficina que ensinava a fazer máscaras de David Bowie em EVA, ou se tentando comprar *noodles* num trailer, vislumbrei minha Camilla. Ela arrastava um menino de idade semelhante à do que eu também carregava naquele momento. Como pode?, pensei. Ela não, ela não pode estar metida nisso. É como se alguém me dissesse que Gene Tierney dirige a comissão de inclusão de seu fã-clube ou que Barbara Stanwyck sabe todas as músicas de *Frozen*. Não tinha sentido algum que aquela mulher magnética, que tantas vezes em nossa juventude fez com que eu me sentisse um nada, estivesse em semelhante lugar. E no entanto era ela, sem dúvida. Seu cabelo ainda brilhava, ela conservava uma elasticidade considerável nas maçãs do rosto, na cara como um todo. Tinha olheiras, com certeza, mas escondidas por óculos escuros que também não seguiam a moda do momento, nem nenhuma outra. Usava sapatos Oxford em vez dos tênis de 90% dos presentes. Não me viu ou fez que não me viu, pois seu filho exigia toda a sua atenção e ela não podia, não mais, olhá-lo de cima, como se não o visse.

Um ogro, uma princesa, uma imbecil: As mães abandonadoras na carreira de Meryl Streep

Desde que foi canonizada pela indústria e pelo público como *a* atriz de sua geração, Meryl Streep teve oportunidade de fazer de tudo nas telas. Foi freira, operária, primeira-ministra, tsarina da moda, romancista romântica, estrela do rock, bruxa, raposa (em *O fantástico sr. Raposo*) e mãe, muitas vezes mãe.

Encarnou uma mãe solteira por escolha em *Mamma mia!*; uma mãe doente, cruel e viciada em comprimidos em *Álbum de família*; uma mãe acomodada e multitarefas capaz de assar croissants no meio de um barato de maconha na comédia *Simplesmente complicado*; e uma mãe detestada e negligente, acusada de causar a morte de seu próprio bebê, em *Um grito no escuro*, filme que narra a famosa história em que um dingo, cão selvagem australiano, comeu um bebê em 1980. O país inteiro acreditou que a criança tinha sido morta pela mãe porque ela não se mostrava suficientemente compungida na tv, ou sua tristeza não era do tipo exigido pelo público. Muitos anos depois, Kate McCann, mãe de Madeleine McCann, foi vítima do mesmo preconceito. Foram publicados artigos sobre o fato de ela trocar demais de roupa e usar prendedores coloridos no cabelo enquanto buscava a filha desaparecida. Uma mãe de luto, uma mãe não culpada não enfeita o cabelo, disseram furiosamente diversos articulistas e sobretudo muito comentaristas caseiros.

Meryl Streep, a mãe do cinema, também foi uma mãe abandonadora e capaz de abandonar seus filhos em três filmes que, em sua época, polarizaram os espectadores e que continuam atuando como teste moral para quem se depara com eles agora: *A escolha de Sofia*, *Kramer vs. Kramer* e *As pontes de Madison*.

O primeiro, baseado no romance de mesmo título de William Styron, serviu para que Streep demonstrasse, como o fez outras vezes, que é capaz de imitar qualquer sotaque, no caso o polonês, e para apresentar aos espectadores (que o receberam com grave entusiasmo e certa dose de obrigação, a clássica combinação reservada aos filmes do Oscar) o tipo de dilema que é excitante encontrar na ficção, pois permite entregar-se ao jogo perverso do o-que-eu-faria.

Tanto no romance quanto no filme, conhecemos a personagem Sofia, ou Zofia, como não mãe, como uma mulher solteira que vive numa pensão no Brooklyn, no início dos anos 1950. Sofia entra numa clássica situação de pré-romance triangular com seu namorado, Nathan, que diz ser biólogo na Pfizer, e o novo hóspede da pensão, recém-chegado da Virgínia, o aspirante a escritor Stingo, que é também o narrador do livro e do filme.

Apenas na segunda metade do filme ficamos sabendo que Sofia teve dois filhos, os quais perdeu em Auschwitz, e somente perto do final ela explica a Stingo o que aconteceu realmente. Quando foi arrastada a um campo de concentração, apesar de ser católica e filha de um jurista antissemita, um dos oficiais nazistas, um médico, a submeteu, por puro

Um ogro, uma princesa, uma imbecil 79

prazer sádico, a uma escolha impossível. Zofia desce do trem junto com milhares de outros presos levando a filha, Eva, de cerca de três anos, nos braços e o filho Jan pela mão. Nesse momento, o oficial nazista lhe faz uma oferta: ela pode escolher uma das crianças para enviar ao campo das crianças. A outra será levada imediatamente para a câmara de gás. Do contrário, levariam os dois.

De início ela se nega: como poderia fazer isso? Mas em questão de segundos, vendo que vão mesmo levar as duas crianças, toma uma decisão. Entrega a menina ao oficial nazista, que a leva rapidamente, separando-a para sempre da mãe. No filme, a atriz que fazia Eva, Jennifer Lawn Lejeune, que tinha então quatro anos, lança um uivo selvagem quando a arrancam dos braços de Meryl Streep, que tinha conquistado sua confiança, brincando com ela durante dias. Dizem que foi ideia de Streep e não do diretor, Alan J. Pakula, deixar que na cena se ouvissem apenas os gritos da menina e que ela se limitasse a abrir a boca numa careta surda. Esse gesto, que quem quer que tenha visto o filme recorda, deve ter garantido pelo menos 30% do Oscar que lhe deram pelo papel.

Nem o livro de William Styron nem o filme de Pakula explicam em momento algum por que Sofia escolheu ficar com Jan, que acaba morrendo também no campo de extermínio, e não com Eva. A teoria mais conhecida é que o menino era maior e mais forte e tinha, portanto, mais possibilidades de sobreviver. A decisão — no final inútil, pois os nazistas acabam matando tanto o menino quanto a menina — marca o destino de Sofia, que sobrevive ao Holocausto mas não à própria consciência e acaba se suicidando.

Quem a acompanha na morte é Nathan, que na verdade não é um biólogo, mas um bibliotecário com esquizofrenia que realiza com Sofia uma complexa manobra de culpa e vitimização. Primeiro ele a devolve à vida — quando a conhece, recém-chegada aos Estados Unidos, famélica e destroçada — e depois a pressiona a deixá-la. Numa cena-chave, Nathan, judeu obcecado pela Shoah, tortura Sofia perguntando-lhe o que ela, católica, teria feito para não ser morta, com que favores sexuais salvou a própria pele.

A leitura feminista de *A escolha de Sofia*, iniciada em 2001 por uma professora de literatura e estudos de gênero chamada Lisa Carsten, culpa Styron por revitimizar sua protagonista, por insinuar que Sofia merece esse destino cruel, que ela teria sido a causa de seu problema ao responder em perfeito alemão, e não em polonês, ao médico nazista, tentando regatear com a morte ("são sou judia e meus filhos tampouco"). A obra, que é mais próxima da literatura popular (foi um incontestável best-seller) que do seleto grupo de livros considerados aptos para o deleite acadêmico, foi muito mais analisada de um ponto de vista étnico-religioso do que em relação à maternidade. Cynthia Ozick, por exemplo, criticou Styron por, na intenção de transformar o Holocausto numa tragédia humana e não especificamente judaica, ter escolhido uma protagonista católica, roubando aos judeus o protagonismo na Shoah.

De Sofia, só se escreveu que é uma mãe culpada. Para começar, fica bem claro que tanto Styron quanto Pakula legitimam a intuição popular de que uma mãe não pode sobreviver ao sacrifício voluntário de um de seus filhos. Uma mãe natural, concluem, acaba se autopunindo com a morte se não

Um ogro, uma princesa, uma imbecil 81

for capaz de salvar seus filhos. E o fato de haver uma guerra e um genocídio no meio da história não muda a essência da equação. Sofia não pôde salvar os filhos e, portanto, acredita que também merece morrer.

No filme, Stingo, apaixonado por Sofia, tenta salvá-la e redimi-la. Ele a pede em casamento e quer administrar junto com ela a granja que herdou na Virgínia. É aí que ela tem que lhe contar sua tragédia. Jamais poderia lhe dar filhos, diz, pois não os merece depois do que fez com a menina Eva.

Passados alguns meses da estreia do filme, Meryl Streep subiu ao palco gravidíssima para receber seu Oscar pelo papel e o público, que nunca supera completamente sua propensão a misturar os intérpretes com seus papéis, sentiu-se tranquilizado por aquela barriga e também pelo aspecto rosado e transbordante de saúde exibido pela atriz. Tudo tinha terminado bem para aquela frágil moça loura prestes a ter seu próprio bebê.

Tinham se passado apenas três anos desde o outro Oscar de Maryl Streep, esse como melhor atriz coadjuvante, por sua interpretação de outra mãe com fundo trágico, a Joanna de *Kramer vs. Kramer*.

Na passagem dos anos 1970 para os anos 1980, fazia quase duas décadas que Betty Friedan tinha publicado *A mística feminina*, mas a narrativa da esposa frustrada ainda era capaz de atrair no mainstream. Uma das sagas de literatura juvenil de maior sucesso nos Estados Unidos, *Homecoming*, de Cinthya Voigt, publicada em 1981, começa com uma mãe que abandona seus quatro filhos num posto de gasolina. Em 1979, no mesmo ano em que *Kramer vs. Kramer* estreou, Marianne Faithfull teve um êxito improvável com sua versão de "The ballad of Lucy Jordan". A canção conta a história de Lucy, uma mãe suburbana de 37 anos, que se deita na cama depois de levar as crianças para a escola e pensa que nunca atravessou Paris num carro conversível com o vento batendo nos cabelos. A última estrofe, em que um homem lhe oferece gentilmente a mão para subir num longo carro branco, foi interpretada como um suicídio, mas a própria Faithfull explicou que Lucy está entrando numa ambulância que vai levá-la para um hospital psiquiátrico: ela perde o juízo tentando viver uma vida convencional.

Joanna Kramer é mais mundana que Lucy Jordan. Vive no Upper West Side e não no bairro com cercas de madeira branca em que imaginamos Lucy. E com certeza esteve uma ou várias vezes em Paris, talvez com uma bolsa de um semestre obtida quando estudava na Smith University, lendo Baudelaire nos cafés e fazendo essas coisas que as americanas jovens fazem em Paris. Mas o problema de Joanna é, na essência, o mesmo de Lucy Jordan, e o dilema que se coloca para elas também é o mesmo: partir ou enlouquecer.

É incontestável que, quando estreou, *Kramer vs. Kramer* tocou num nervo social. Arrecadou mais que qualquer outro filme em 1979, mais que *Alien*, mais que *Rocky II*, mais que *Apocalypse Now*. O filme era debatido na imprensa em termos sociológicos e geracionais. Nos mais de quarenta anos que se passaram desde a sua estreia, várias leituras foram se projetando sobre ele, algumas contraditórias. Foi interpretado como uma alegação a favor dos chamados "direitos dos homens", que teriam em Ted Kramer uma bandeira: o homem que, quando se vê obrigado a cuidar sozinho do filho, consegue fazê-lo como a melhor das mães. Nessa mesma

Um ogro, uma princesa, uma imbecil 83

linha, houve também uma leitura de *Kramer vs. Kramer* como filme bandeira do *backlash* antifeminista, uma reação à segunda onda do feminismo, acusado de ter dinamitado a família tradicional.

O divórcio como fracasso social era uma ideia que flutuava no ar no início dos anos 1980 nos países ricos. Não na Espanha, claro, onde foi legalizado em 1981 e onde divorciar-se ainda era uma coisa modernizante e aspiracional, um tema que servia não para dramas mas para comédias como *¡Qué gozada de divorcio!*, de Mariano Ozores. Nos Estados Unidos, porém, escrevia-se muito e em tom grave e preocupado sobre as "crianças das chaves", como Elliot e seus irmãos, protagonistas de *E.T.*, filhos de pais divorciados que, ao voltar da escola, tinham que abrir a porta de casa com as próprias chaves, porque não havia nenhuma mãe para recebê-los. A mãe estava trabalhando e o pai estava em outra casa, talvez já com novos filhos de uma nova esposa, menos distraída, menos liberada.

Kramer vs. Kramer começa com Joanna prestes a deixar Billy. Que tipo de mãe abandona seu filho? Justamente essa, uma loura esbelta que usa gabardinas clássicas da Burberry e pintou o quarto do filho com nuvens para que ele pensasse que estava dormindo no céu. Na noite em que decide partir, Joanna bota Billy para dormir e diz que o ama. Em seguida, arruma uma mala com o imprescindível e inclui um casaco usado do menino. Quando vi o filme já era mãe e entendi no ato o porquê: para poder cheirar o casaco quando a saudade ficasse insuportável, é claro.

Ted Kramer chega nesse momento, eufórico depois de uns tragos com seu chefe na agência de publicidade. Ao cabo de cinco meses de batalha, ganhou uma conta importante

84 *As abandonadoras*

e vai ser promovido a diretor de criação. Esse deveria ser, como dirá mais tarde, um dos cinco dias mais felizes de sua vida. Na descrição do filme que a Netflix apresenta em seu menu, Ted é chamado de yuppie, o que é historicamente inadequado. Para começar, essa palavra só se popularizou quatro anos depois, em 1983. Além disso Ted, com seus cabelos estudados, suas calças de veludo e seus cartazes de anúncios antigos no escritório, não se ajusta ao estereótipo daquilo que seria chamado mais tarde de yuppie: é claramente um eleitor democrata, um filho dos anos 1960 que, sabe-se lá por quê, não encontrou modo de incluir o feminismo em sua renovação ideológica.

Joanna tenta várias vezes dizer que vai embora de verdade, mas Ted não ouve. Ela deixa as chaves e os recibos da tinturaria e avisa que é sério, que está mesmo partindo. Já no elevador, explica ao marido que, se não for, vai acabar se jogando pela janela, e que não leva o menino porque não está sendo boa para ele, que está sem paciência. Incrédulo, Ted fica no apartamento sozinho com o filho, provavelmente pela primeira vez desde que ele nasceu.

A partir daí, perdemos Joanna de vista até o último terço do filme, quando ela retorna da Califórnia refeita, com sombra azul nos olhos, um terapeuta e um bom trabalho. Tem muita coisa reacionária no filme, mas esse detalhe vai arrancar um meio sorriso de qualquer feminista acostumada a ler as notícias sobre injustiça salarial: Ted acaba perdendo o emprego de publicitário por conta das muitas horas que precisa dedicar ao filho e, no mesmo dia em que é despedido, consegue outro emprego onde recebe 5 mil dólares a menos. Em compensação, sua mulher, recém-retornada ao mercado de trabalho depois de seis anos cuidando do filho, tem um salário maior que o dele. A penalização econômica de ser mãe migrou dela para ele, que é quem cuida do filho agora.

A parte central do filme é toda de Ted e Billy. O primeiro deixa de ser o tipo de pai que não sabe qual é a turma do filho (e tem que perguntar na porta da escola) para ser aquele que sabe de cor as frases que o menino tem que dizer na peça do teatro escolar. Essa transição de pai desapegado a pai atento é metaforizada na famosa rabanada, a *french toast* que Ted não consegue preparar para o primeiro café da manhã dos dois sozinhos e que, após dezoito meses de convivência, os dois fazem em silêncio, como uma dupla perfeitamente compenetrada. Ovos, leite, pão, manteiga, frigideira.

A ideia do "homem que assume a criação de crianças pequenas" foi muitíssimo frutífera para o cinema popular dos anos 1980 e adotou todo tipo de ângulos e registros para se expressar, o que indica que ainda era algo suficientemente chocante para ser tema de um filme, mas que ao mesmo tempo parecia plausível. De fato, Al Pacino recusou o papel de Ted Kramer, que ficou com Dustin Hoffman, porque já estava apalavrado com *Autor em família*, que na América de língua espanhola chamou-se *¡Qué buena madre es mi padre!*, sobre um homem que é abandonado pela esposa — outra mãe abandonadora — que o deixa com os cinco filhos de pais diferentes, nenhum deles seu.

Em 1983, Michael Keaton obteve um sucesso notável com *Dona de casa por acaso*, no qual interpretava um engenheiro que perde o trabalho e tem que ficar em casa cuidando dos filhos, pois sua esposa encontra trabalho antes dele. E um pouco mais tarde veio *Três solteirões e um bebê*, em que três solteiros bem-sucedidos o suficiente para pagar uma cobertura junto ao Central Park têm que cuidar da filha de um deles quando a mãe a abandona em sua porta. A explicação é que ela não tinha dinheiro para cuidar da bebezinha, e sua decisão não é muito problematizada. É uma comédia dos anos 1980 e alguém tinha que introduzir o bebê na história.

O filme — um remake do francês *Três homens e um bebê*, de argumento idêntico — estreou nos Estados Unidos no fim de semana da Ação de Graças de 1987 e fez um sucesso descomunal. Em minha própria casa, era um dos VHS mais gastos, junto com sua sequência, *Três solteirões e uma pequena dama*. Também vi *Kramer vs. Kramer* ainda criança, na TV e sem ninguém por perto, atraída pela ideia de um filme de adultos que se divorciam, tema número um em minha lista de prioridades, dado que meus pais também eram divorciados. Não lembro muito do que vi, só que chorei bastante, que me senti um pouco o menino Billy e que não entendi o final. Desejava, certamente, que os pais acabassem juntos, como acontecia em meu filme predileto, *O grande amor de nossas vidas*.

Mas enfim, Joanna Kramer regressa a Nova York, transformada, como ela diz, num "ser humano completo" e quer recuperar o filho. É aí que acontece o julgamento que dá nome ao filme, o julgamento pela custódia de Billy. Os dois advogados jogam sujo. O de Joanna usa contra Ted a perda do emprego e o de Ted acusa Joanna, obviamente, de ter sido capaz de abandonar o filho. Apesar de ainda não ser, na época, a superestrela que seria em pouco tempo, Meryl Streep interferiu no texto e escreveu para si mesma o monólogo crucial do filme, que não estava no roteiro original e que muito provavelmente

Um ogro, uma princesa, uma imbecil   87

serviu para garantir o seu primeiro Oscar. Trata-se de um episódio fundamental naquilo que se transformaria na "lenda de Meryl Streep". Quando leu o romance de Avery Corman em que o filme é baseado, a atriz achou que Joanna era "uma ogra, uma princesa, uma imbecil", segundo disse depois em entrevista. Impôs então como condição para aceitar o papel poder dar alguma profundidade à personagem, uma razão para abandonar o filho que fosse além de um ensejo para uma fábula moral capaz de fazer um homem demasiado autorreferente ver o que a vida tem de autêntico.

O diretor, James Benton, havia escrito esse monólogo, em que Joanna deve convencer os juízes a devolver-lhe o filho Billy, como uma versão feminina do solilóquio de Shylock em *O mercador de Veneza* ("Se nos feris, não sangramos nós?"): "Só porque sou mulher não tenho as mesmas esperanças e sonhos que um homem? Não tenho direito a uma vida própria? Minha dor é menor só porque sou mulher?". Benton suspeitava, e foi o que disse a Maryl Streep, que esse era o tipo de texto que um homem escreveria para uma mulher, mas não uma mulher para si mesma, e propôs que o refizesse. No dia seguinte, quando filmaram, Streep interpretou as palavras que escreveu para si mesma:

Sei que deixei meu filho, sei que isso é terrível. E acreditem, terei que viver com isso todos os dias da minha vida. Mas para poder abandoná-lo tive que acreditar que era a única coisa que podia fazer. E que era o melhor para ele. [...] No entanto, desde então busquei ajuda e trabalhei muito duro para me tornar um ser humano completo. Não creio que eu deva ser castigada por isso. E não creio que meu menino deva ser castigado. Billy só tem sete anos. Precisa de mim. Não digo que não precise do pai, mas realmente creio que precisa mais de mim. Fui sua mãe durante cinco anos e meio e depois Ted assumiu esse papel por dezoito meses. Mas não sei como alguém pode acreditar que tenho menos direito a ser mãe desse garotinho do que o sr. Kramer. Sou a mãe dele. Sou a mãe dele.

Essas palavras finais, repetidas, têm a função de atuar como argumento de autoridade. Sou a mãe dele, preciso dizer mais? Em *Aftermath*, o livro em que narra seu divórcio, a escritora Rachel Cusk, que não se parece nem um pouco com Joanna Kramer, esgrime uma argumentação similar para justificar por que ela, e não o marido, um fotógrafo que deixou o trabalho para cuidar das filhas, deve ficar com as meninas. "São minhas filhas, me pertencem", diz ao ex como único argumento. "E você se diz feminista?", responde ele com todo o desprezo que um recém-separado pode colocar em apenas cinco palavras.

"Um homem e uma mulher são, no entanto, diferentes. A maternidade não é a paternidade", escreveu Marguerite Duras, que nunca quis ser mãe, em *A vida material*.

Na maternidade a mulher cede seu corpo a seu filho, a seus filhos, eles estão ali como sobre uma colina, como num jardim. Eles a comem, batem nela, dormem em cima dela e ela se deixa devorar e, às vezes, adormece com eles ainda sobre si. Na paternidade não acontece nada parecido.

É por aí que Joanna Kramer segue também. Seu monólogo tem algo disso, de que "uma mãe sempre será outra coisa

Um ogro, uma princesa, uma imbecil 89

que um pai", e o juiz compreende isso sem ter lido Marguerite Duras. Não lhe custa muito aderir ao entendimento ancestral de que os filhos pertencem às mães, e ele decide conceder-lhe a guarda.

Há, contudo, uma reviravolta na cena final do filme, pensada para que a história tenha um final satisfatório para o espectador. É bom lembrar que esta foi, desde o início, a história de Ted Kramer, muito mais que de Joanna ou mesmo de Billy. Chega o dia em que o menino deve partir para viver com a mãe. O espectador já passou a provação de ouvir o pequeno perguntar se o pai não vai mais ler para ele toda noite e onde vão ficar os seus brinquedos. Ted e Billy estão esperando Joanna, mudos e tristes, de malas prontas.

E Joanna aparece, muito alterada, e pede para falar com o ex-marido a sós. Diz que mudou de ideia. Que ia pintar nuvens em seu novo apartamento para que Billy se sentisse em casa ao acordar e, nesse momento, percebe que Billy já tem uma casa e é lá que deve ficar. "Eu o amo tanto", repete entre soluços. Joanna continua a ser uma mãe abandonadora, e agora para sempre, ainda que vá ver o filho nos fins de semana e na metade das férias. Perde o filho, sim, mas sua reputação está a salvo, pois o filme se esforça para deixar muito claro que Joanna está fazendo um sacrifício para o bem de Billy, embora o sacrificado seja o próprio Billy. Trata-se de uma jogada de mestre, mas paradoxal. A personagem de Joanna possui a essência da maternidade tradicional, que é a renúncia às próprias prioridades. Só que nesse caso a prioridade é o menino. E é assim que Joanna, apesar de ser uma mãe abandonadora, duas vezes abandonadora para ser exato, ganha a simpatia do público.

No cinema, Meryl Streep voltou a deixar seus filhos muitos anos depois num filme menor de seu catálogo, *Ricki and The Flash: De volta pra casa*, dirigido por Jonathan Demme e escrito por Diablo Cody. Aqui a atriz, já com 66 anos, interpreta Ricki/ Linda, uma mulher que abandona o marido, os três filhos e a vida convencional que levava num subúrbio de Indiana para dedicar-se à música. Ela obtém um sucesso relativo, toca com sua banda em diversos bares, mas só quando o trabalho como caixa de supermercado lhe permite. Muitos anos depois, sua filha mais velha, Julie, sofre uma crise nervosa causada pelo fracasso de seu casamento e o ex-marido de Ricki, interpretado por Kevin Kline, pede a ela que volte. Como era de se esperar, os três filhos, já adultos, recebem a mãe dissidente com recriminações e uma escala de emoções que vai do desprezo à indiferença. O fato de terem chamado a filha mais velha de Streep, que é um clone da mãe na sua idade, para interpretar Julie acrescenta uma camada de metatexto ao filme. Por razões difíceis de entender, os quatro filhos, e mais crucialmente as três filhas, de Meryl Streep resolveram tentar uma carreira no cinema, mesmo sabendo que nada de bom poderia vir daí, que seriam sempre comparados à mãe e que o público não conseguiria deixar de pensar nela quando visse o rosto deles.

Mas não é *Ricky* o filme do "merylverso" que se deve comparar com *Kramer vs. Kramer*. O oposto de Joanna Kramer é Francesca Johnson, protagonista de *As pontes de Madison*. Apenas treze anos separam um filme do outro. Treze anos na vida de um ator homem não são suficientes para uma mudança de paradigma. Você continua interpretando salvadores da humanidade que se jogam de lugares improváveis se é

Um ogro, uma princesa, uma imbecil 91

Tom Cruise; ou senhores com algum tipo de neurose e pelo menos um avô judeu se é Paul Giamatti. Mas no caso de uma atriz, mesmo uma atriz chamada Meryl Streep, esses treze anos cruciais em que se cruza a casa dos trinta servem para que deixe de interpretar jovens mães desejáveis, como Joanna, e passe a dar vida a matriarcas menopáusicas que veem a vida escapar como areia por entre os dedos.

Francesca foi uma noiva da guerra, uma italiana que conheceu seu Johnny, que no caso se chamava Richard, quando o Exército americano chegou a Bari, casou-se com ele e como consequência teve que passar o resto de sua vida numa granja em Iowa, no condado de Madison. Lá, ela faz o que dela se espera. Mantém a cozinha impecável, prepara o jantar ouvindo ópera (o detalhe com o qual o diretor, Clint Eastwood, nos faz saber que essa fazendeira carrega dentro de si uma mulher culturalmente inquieta) e cuida dos filhos adolescentes. Até que, num fim de semana em que está sozinha em casa porque a família foi a uma feira estadual de gado, aparece Eastwood, na forma de Robert Kincaid, um fotógrafo da National Geographic, divorciado, que rodou o mundo e volta a acender nela a chama do desejo.

Durante quatro dias, Francesca e Robert vivem um romance em versão compacta: se conhecem, se apaixonam, transam, brigam — "Então, mais ovos ou prefere trepar no chão mais uma vez?", pergunta ela jogando-lhe na cara a sua pose de marinheiro sem porto, nessa que é, com certeza, uma das vinte melhores frases que Meryl Streep já pronunciou no cinema —, dizem um ao outro que são o amor de suas vidas. Quando chega o momento em que o marido e os filhos vão voltar, o dilema de Francesca fica exposto na mesa da cozinha.

Abandonar ou não abandonar. Se deixar o marido e for para a Itália, tal como Robert a tenta a fazer, vai ter que renunciar também aos filhos, embora eles não apareçam muito nos argumentos, porque esvaziariam a potência do drama romântico, embaçariam demais o que se quer apresentar como uma escolha impossível mas simples. O fazendeiro ou o fotógrafo.

Na realidade, todo o filme, baseado no best-seller de Robert James Waller, é narrado do ponto de vista dos filhos de Francesca, que depois de sua morte encontram algumas cartas em que ela lhes conta a história e extraem desse idílio algumas receitas para seus próprios casamentos ameaçados. Não satisfeito em reservar para si o papel de galã à la Gary Cooper, Eastwood coloca esses traços de masculinidade não desconstruída, que marca seu cinema, também no filho de Francesca, Michael, que, ao tomar conhecimento do romance três décadas depois de acontecido tacha a mãe de adúltera descarada: "Sinto como se ela estivesse enganando a mim em vez de papai. Quando você é o único filho homem, pensa que sua mãe não deveria mais desejar sexo", solta tranquilamente. Já a filha fica surpresa ao descobrir que a mãe era a Anaïs Nin dos milharais.

Mais uma vez, como em *Kramer vs. Kramer*, a questão central aqui é a renúncia. O clímax emocional do filme não está no primeiro beijo nem no momento em que Robert e Francesca transam, mas no final, quando ele se despede sob a chuva e ela, sufocando o pranto, não abre a porta do carro de seu marido, mas fica ali, com os pés enterrados para sempre em Madison, Iowa, com seu silencioso marido fazendeiro e seus dois filhos. Francesca tem pelo menos a generosidade de não jogar sobre os filhos o peso de seu próprio sacrifício. Ao contrário, uma vez morta, parece dizer-lhes: não façam como eu fiz.

Um ogro, uma princesa, uma imbecil 93

Ao final, o que se desenha na filmografia dessa mulher, que levou meio século definindo o gosto *middlebrow* — um filme de Meryl Streep explica bastante bem aquilo que se considera simultaneamente bom, bem-sucedido e comercial —, é uma imagem bastante deprimente da maternidade. Observando Francesca, Ricki, Sofia e Joanna, essas ogras, essas princesas, essas imbecis, deduz-se que a única maneira de ganhar no jogo de ser mãe é perdendo. E fica claro que a essência da maternidade aceitável é a renúncia. A renúncia ao filho, como em *Kramer vs. Kramer*; à realização pessoal, como em *Ricki*; ao sexo e ao amor, como em *As pontes de Madison*. Ou à própria vida, como em *A escolha de Sofia*.

Fora da tela, em compensação, Streep parece levar uma vida abençoada pelo equilíbrio e pelo acréscimo. Alheia a qualquer dilema. Superado o drama de perder seu companheiro, o ator John Cazale, quando tinha 29 anos e ele 42, a atriz logo conheceu o escultor Don Gummer. Dizem que a família de Cazale a obrigou a deixar o apartamento que dividiam em Nova York e, no dia da mudança, seu irmão apareceu para ajudar e trouxe um amigo chamado Don. Seis meses depois, Meryl e Don se casaram no jardim da casa dos pais dela. Estão juntos há quase cinquenta anos, encabeçando as listas de casais mais sólidos de Hollywood e aumentando cada vez mais a vantagem sobre os demais aspirantes. Streep conseguiu parir quatro filhos sucessivamente na década mais brilhante de sua carreira e, segundo sua amiga Viola Davis, quando ela faz torta de maçã não compra massa pronta no supermercado: prepara ela mesma, com suas próprias mãos, porque afinal ela é Meryl Streep.

Maternidade artesanal

ANOS ATRÁS, quando não tinha filhos, conheci uma mulher que tinha um filho e um trabalho que exigia muito dela. Vivia fora da cidade e levava cerca de cinquenta minutos para chegar no trabalho, carregando suas marmitas, no plural. A do café da manhã, a do almoço e ainda, para não sucumbir à oferta da máquina do escritório, algo para beliscar no meio de tarde: frutas cortadas e duas panquequinhas de arroz, acomodadas num pote plástico redondo.

No total, essa mulher passava onze ou doze horas fora de casa nos dias de trabalho e quando chegava, à noite, seu filho já estava dormindo. Ela me contou que entrava na cama e dormia com ele, abraçando-o, esperando que o tempo passado com o filho inconsciente contasse para alguma coisa, que, caso houvesse alguém lá fora administrando o marcador, ela ganhasse pelo menos 0,25 de presença maternal por cada hora que passava ali, sofrendo luxações variadas numa caminha de oitenta centímetros com lençóis de Ursinho Pooh e aspirando aquele hálito meio quente que as crianças emitem quando dormem.

Naquele momento, achei que tudo ia mal na vida daquela mulher, que estava administrando suas coisas muito mal e que em dois meses teria um ataque. É o que devo ter dito a alguma amiga, com certeza, com a arrogância que as pessoas sem filhos adotam ao falar da criação dos filhos dos outros.

Maternidade artesanal 95

Estava completamente enganada. A mulher se aguentou no trabalho, cada vez mais enlouquecedor, durante vários anos, até que foi promovida a um cargo com responsabilidades ainda maiores e, além de tudo isso, teve outro filho depois dos quarenta.

Não voltei a ter uma conversa tão franca com ela, de modo que não sei se continuou se enrodilhando na cama do maior, se agora faz isso na do menor ou se abandonou o hábito, que já não me parece nem estranho nem trágico, mas algo que eu poderia fazer a qualquer momento.

Agora falo o mesmo idioma que aquela mulher, entendo essa psicose e assino embaixo. Já desci exasperada de ônibus urbanos que me pareciam lentos demais e avaliei as outras opções (Táxi? Correr pela rua como uma maluca?) para ver se ganhava mais dois ou três minutos para ficar com meus filhos, depois de passar o dia inteiro fora de casa; chorei em quartos de hotel em viagens de trabalho ao constatar que já era tarde demais para fazer um Facetime com as crianças, que dormiam em seu próprio fuso horário do outro lado do mundo. E, ao mesmo tempo, cinco minutos depois desses instantes de frustração e pena, me veio uma sensação de placidez, como o efeito de um relaxante muscular instantâneo, só por estar naquele quarto de hotel sozinha, de roupão e sem ter que fazer o jantar delas. Uma noite sem botar o brócolis na panela de pressão às 19:50; uma noite sem bater os ovos para a tortilha às 20:02; uma noite sem ter que negociar o shampoo e em seguida o enxágue, sempre problemático, antes das 19:42.

Quase todas as mães assoberbadas que me rodeiam enfrentam o empenho absurdo de realizar seus trabalhos, proteger o que resta de suas vidas afetivas e confeccionar com as próprias mãos essa maternidade artesanal que julgamos desejável. Nossa maternidade, dizemos a nós mesmas, será como as cenouras feias mas moralmente superiores da prateleira de orgânicos. Será como os mingaus caseiros. Não será industrial nem de potinho.

Todas têm, temos um app mental ativado, que poderíamos chamar de calculadora do tempo de qualidade. Funciona mais ou menos como um conversor de moedas, mas com horas e minutos. Caso alguém que combine os conhecimentos de software e sociologia resolva desenvolver esse aplicativo para Android e Apple, a coisa deveria funcionar assim: cada minuto passado com o filho fazendo atividades não essenciais (ou seja, refeições e banhos não contam ou contam menos) gera uma pontuação, que seria mais alta ou mais baixa em função da intervenção de telas — as telas desvalorizam. Mas existem variantes: todo mundo sabe que um filme tem mais valor que uma série de desenhos, que uma animação japonesa da Ghibli dá mais pontos que um filme da Pixar, que por sua vez pontua mais que um da Illumination e assim sucessivamente. *Patrulha canina* provavelmente rebaixa.

Nesse aplicativo, tudo que reforça o vínculo mãe/ filho e estimula o bem-estar infantil emocional da criança conta pontos — Fazer bolinhos: 2,5 pontos. Terminar um quebra-cabeça: 3 pontos. Pintar aquarelas: 4. Pintar com lápis de cera: 2,5. As mais ambiciosas podem obter sucessos do tipo "escrever uma peça de teatro a quatro mãos com a criança e interpretá-la com marionetes de feltro e madeira de origem sustentável".

Maternidade artesanal

Há duas coisas a fazer com os pontos acumulados. A primeira é deleitar-se com a convicção íntima de não estar indo tão mal, ou melhor que a mãe do Mateus da turma 05, em todo caso. E a segunda é trocá-los por horas de trabalho e atividades próprias, terceirizando o cuidado da criança para outros humanos ou para telas, conforme o saldo disponível na casa.

Um aplicativo assim não faria mais que ordenar e passar a limpo os cálculos que fazemos continuamente e que às vezes nos levam a situações difíceis de explicar. Na economia do tempo de qualidade, o tempo da mãe sempre tem uma qualidade tendente à baixa.

Como muitos autônomos, costumo trabalhar domingo à tarde. Se tudo corre realmente bem e consigo adiantar a hora do almoço, passo os olhos nos jornais na sobremesa, não vejo nem meio filme, sento na frente do computador até as quatro, consigo completar o artigo semanal que preciso escrever nesse dia e talvez ainda me sobre algum tempo para ficar com meus filhos na última hora da tarde, antes de dar o jantar e botá-los na cama. Essa é uma situação realmente ótima no app mental que desenhei para mim e que não consigo desinstalar. Porém, mais ótimo ainda seria escrever um artigo e meio ou dois, mandar as notas fiscais, fazer biscoitos de aveia com nozes junto com os meninos para a merenda da semana inteira. Se você pretende triunfar no aplicativo, é importante estabelecer objetivos modestos.

Num desses domingos, consegui incluir uma ida ao balanço quase ao anoitecer, com o parquinho vazio, pois os pais normais do meu bairro, assalariados e com fins de semana regulares, levam as crianças ao parquinho de dia, não de noite. Caso é que, estando ali, recebi uma mensagem de uma amiga, outra mãe assoberbada e culposa que conheci através de meu filho maior. Seu trabalho é muito mais sério que o meu. Estamos falando de uma pessoa bem-sucedida e respeitável que, além do mais, obteve tudo isso por méritos próprios. Minha amiga estava voltando de um fim de semana fora, na casa da mãe, carregada com várias malas e bolsas e trazendo a filha pela mão. Quando eu disse que estava no parque de noite, em vez de compadecer-se ela achou uma ideia maravilhosa, perfeitamente normal, e resolveu dar uma passada também, embora não tivesse a menor vontade. "Daqui a pouco vou começar a trabalhar. Se formos ao parquinho agora e as crianças brincarem juntas um pouco, minha filha já vai ter socializado, não?", perguntou a sério. Respondi que sim, que aqueles minutinhos contavam como socialização da menina, que é filha única. Sua mãe, a minha amiga, carrega uma culpa extra por conta dos irmãos-fantasma que não deu à filha. Esses vinte minutos de parque noturno a eximiam, sem dúvida, do delito que achava que ia cometer por ter que trabalhar mais tarde, privando a menina de atenção direta.

E então as duas, mãe e filha, apareceram no parque com a mala de rodinhas do fim de semana, o cansaço da viagem de ônibus e uma bolsa de ráfia cheia de tupperwares preparados pela avó. Por que essa mulher não vai para casa, larga as bagagens, prepara um sanduíche para a filha e começa a trabalhar? Que necessidade tem de ver a filha deslizar pelo escorrega do parquinho nas horas-despojo do dia mais desperdiçado da semana?

Maternidade artesanal

Isso é o que pensaria uma pessoa razoável ou sem filhos, alguém como eu quando acreditava que uma mulher está levando sua vida muito mal se durante a semana só vê o filho quando ele já está dormindo. Somar pontos, é isso que ela faz, garantir no domingo o perdão preventivo para todos os desacertos maternos que certamente cometerá no resto da semana; andar na corda bamba do trabalho e dos cuidados sem tentar se jogar; fazer tudo um pouco mal; esquecer qualquer grandeza.

Ingrid Bergman, uma tristeza diária

NÃO É MUITO COMUM UMA ruptura familiar transformar-se em assunto de Estado. Mas essa não era, tampouco, uma família normal. Em 1940, Ingrid Bergman escreveu a Roberto Rosselini a famosa carta que acendeu a faísca do romance entre eles, muito antes que se vissem pessoalmente. Lida agora, parece que Bergman a escreveu sabendo que seria reproduzida mil vezes. É sucinta e compacta. Feita do material com que são feitas as citações postadas no Instagram. É a carta de uma verdadeira *groupie* e um apelo à vaidade de um homem como Rossellini, que, depois de recebê-la, não teve outro remédio senão a) pensar num filme para aquela mulher, b) deixar a esposa e c) abandonar também a amante, que não era outra senão Anna Magnani.

A carta dizia assim:

Caro sr. Rossellini:

Vi seus dois filmes *Roma, cidade aberta* e *Paisà*, dos quais gostei muitíssimo. Se estiver precisando de uma atriz sueca que fala inglês muito bem, que não esqueceu o alemão, que mal se faz entender em francês e que em italiano só sabe dizer *"ti amo"*, estou pronta para ir encontrá-lo e fazer um filme com o senhor.

Ingrid Bergman

Ingrid Bergman, uma tristeza diária

Por meio de uma escalada de cartas cada vez mais íntimas, Rossellini e Bergman criaram juntos o filme *Stromboli*, que rodariam na ilha do mesmo nome. Ela seria Karin, mulher lituana que se casa com um pescador das ilhas Eólias para ser libertada do campo de internação de refugiados após a Segunda Guerra Mundial.

Durante as filmagens, Ingrid e Roberto apaixonaram-se, ou a bem dizer, consolidaram o que já tinham começado por carta. Ela pediu divórcio ao marido, o sueco Petter Lindström, também por carta, e ele negou. Enquanto se desenrolava uma tensa negociação, Ingrid ficou grávida de Rossellini e ele proibiu que ela voltasse aos Estados Unidos, por medo de perdê-la. No meio dessa disputa estava Pia, menina de dez anos que ficou nos Estados Unidos enquanto a mãe, a quem ela não voltaria a ver em dois anos, fazia um filme italiano. No total, Ingrid e Pia estiveram separadas por seis anos. Viam-se muito de vez em quando, em desconfortáveis visitas organizadas por Petter em hotéis de Londres. Pia, que se tornou jornalista, descreveu os encontros como tristes e impessoais.

Enquanto esse drama ocorria em sua casa, a história do adultério de sua mãe adquiria dimensões difíceis de imaginar. A mídia, liderada por Louella Parsons, rainha má da fofoca em Hollywood, demoliu a estrela sueca, que eles acreditavam santa, como sua Joana D'Arc, ou monja, como a que interpretou em *Por quem os sinos dobram*. Em março de 1950, um senador democrata pelo Colorado, Edwin C. Johnson, um moralista contrário às políticas do New Deal de Franklin Delano Roosevelt, levou o assunto para o Congresso dos Estados Unidos:

Sr. presidente, agora que esse estúpido filme sobre uma mulher grávida e um vulcão explodiu na América, [...] vamos nos limitar a suspirar aliviados porque essa coisa horrível acabou e esquecer o assunto? Espero que não. Devemos encontrar um modo de proteger as pessoas do futuro desse tipo de ocorrência.

Johnson propôs uma lei que fazia o Código Hays parecer brincadeira, a qual determinava que os filmes precisariam de uma aprovação baseada na moralidade de seus diretores e protagonistas. Acrescentou, esperando angariar apoio entre seus colegas mais conservadores, que Ingrid Bergman havia "perpetrado um assalto contra a instituição do casamento" e que era uma "poderosa influência do mal". Solicitou ainda que não permitissem que Bergman voltasse a filmar nos Estados Unidos.

Tudo isso por romper um casamento? Hollywood já tinha vivido escândalos piores, a começar pela inclinação de Errol Flynn e Charles Chaplin a manter relações com adolescentes e, no caso de Chaplin, a casar-se com elas — suas sucessivas esposas tinham dezesseis, dezesseis, 21 e dezoito anos no dia do casamento. Também nesse ano, 1949, outra estrela de estatura comparável à de Bergman, Rita Hayworth, começou um romance com um homem casado, o Aga Khan, e casou-se com ele em seguida, já grávida, como aliás a própria Ingrid iria fazer em breve. No entanto, desde *Gilda* Hayworth já tinha uma imagem hipersexualizada e, embora seu idílio tenha gerado manchetes, conseguiu seguir com a carreira mais ou menos como antes.

A própria Pia Lindström, numa entrevista a Larry King e no documentário *Eu sou Ingrid Bergman*, deu uma explicação

Ingrid Bergman, uma tristeza diária

bastante plausível para o motivo pelo qual a história de sua mãe afetou tanto o público médio dos Estados Unidos, que a tomou como algo pessoal. "Minha mãe foi embora para fazer sexo com um italiano. Foi como se o país inteiro dissesse: depois de tudo o que fizemos, você resolveu agora que não gosta da América?" A opinião pública havia feito seu próprio croqui mental do que devia ser a atriz sueca: uma estrela europeia que eles viam como próxima e terrena, apesar de sua beleza. Gostavam, também, da história contada nas revistas sobre seu casamento com um médico sueco com pinta de sério, afastado do brilho do espetáculo. Os dois tinham se conhecido em Estocolmo, em 1933, quando ela tinha dezoito anos e ele 25, logo depois de obter o registro como dentista. Casaram-se em 1938 e um ano depois tiveram a filha, Pia. Quando David Selznick ofereceu a Ingrid um contrato em Hollywood, Lindström incentivou-a a ir e ficou na Suécia alguns meses com a filha, até terem condições de ir a seu encontro. O público projetava uma imagem aceitavelmente moderna, escandinava. Pensando bem, aquela primeira viagem da mãe sem a filha já antecipava que ela iria exercer a maternidade a seu modo.

A verdade é que, nesse lar, Bergman sentia "uma tristeza diária", tal como escreveu em seu diário. A atriz manteve diários a vida inteira, em parte porque estava convencida desde muito jovem de que o que fazia era importante, de que um dia seu nome seria conhecido por todos. Bergman tinha um desses curiosos estilos de prosa que se beneficiam dos curtos-circuitos mentais dos multilíngues. *"A daily sadness"* é um achado de autor, ou de alguém que escreve em sua segunda língua. Uma tristeza diária não é o mesmo que uma tristeza cotidiana. Estar triste a cada dia não é igual a estar triste sempre. É muito pior.

Lindström já dava provas de uma pronunciada inclinação calvinista que o fazia suspeitar do prazer e dos luxos, e era muito severo com Ingrid. Quatro anos antes de escrever a carta a Rossellini, a atriz tivera um caso com o fotógrafo Robert Capa. Depois disso, voltou para Lindström, comprou e decorou a casa de Los Angeles, filmou *Interlúdio* e *Joana D'Arc*. Estava, no entanto, desencantada com sua áspera vida doméstica e com o que a indústria do cinema americano podia lhe oferecer. "Nunca entendi o tipo de felicidade que buscava", diz a atriz no documentário.

O problema de se apaixonar quando já se está enrolado em outra relação é que o êxtase vem sempre acompanhado de uma dose quase idêntica de dor. Enquanto filmava *Stromboli* e concretizava com Rossellini tudo o que tinha projetado quando eles trocavam cartas e telegramas, Bergman continuou sentindo sua dose de "tristeza diária", sobretudo quando pensava em Pia. "Estava no inferno. Chorei tanto que pensei que ficaria sem lágrimas. Os jornais tinham razão: eu tinha abandonado meu marido e minha filha. Era uma ovelha má, mas não desejei sê-lo", diz no documentário.

O curioso nessa história é que quase todos os envolvidos escreveram sobre o assunto ou falaram sobre ele extensivamente em entrevistas, inclusive Petter Lindström que, segundo sua filha, sempre se sentiu um corno, objeto de escárnio público, e nunca se recuperou totalmente da traição de Ingrid, nem depois de casar-se com uma médica e ter mais quatro filhos. A ferida que a atriz causou em seu orgulho nunca cicatrizou.

Ingrid Bergman, uma tristeza diária

Ele e Pia permaneceram na casa de Benedict Canyon. Já adulta, a filha falou, sem muito rancor e com admirável capacidade de síntese, daquilo que supunha ser a parte prejudicada de um amor vulcânico e mundialmente famoso:

Eu fiquei com meu pai e minha mãe foi embora. Tinha diante de si uma existência espetacular, cheia de glória, com relações amorosas românticas, maravilhosas. Foi magnífico para ela. Mas não sei o que derivou disso. Eu não conheci o lado esplêndido da situação, ou seja, deixaram-me com o que foi abandonado. Por isso tenho um critério distinto. Fui parte do abandonado.

Enquanto isso, Ingrid escrevia ao cineasta Jean Renoir, pedindo sutilmente que intercedesse:

Talvez você, Jean, cuja vida foi difícil, confusa e agitada como um naufrágio, possa explicar a Petter que às vezes as pessoas vão embora e não voltam. O problema é que não me sinto pecaminosa. Sofro a ponto de sentir meu coração se dilacerar quando penso no que está acontecendo com Pia, e também com Petter, embora ele pudesse ter ajudado a fazer com que isso terminasse antes.

Ingrid e Pia reencontraram-se quando a filha já tinha dezoito anos e contra os desejos do pai, que durante anos disse a quem quer que pudesse ouvi-lo, e à filha também, que a atriz era uma alcoólatra e uma mãe ruim. Nessa altura, Ingrid já estava se divorciando de Rossellini, que não conseguia entender por que ela queria retomar a carreira — curiosamente, só permitia que ela trabalhasse com ele ou com Jean Renoir.

A família estava prestes a novamente voar pelos ares e se reordenar, com novas peças.

Roberto foi rodar um filme na Índia, onde em seguida encontrou uma terceira esposa, Sonali. Ingrid foi para Paris com seu novo companheiro, o sueco Lars Schmidt. E os três filhos do casal, Robertino e as gêmeas Isotta e Isabella, ficaram em Roma aos cuidados de várias *nannies* e de sua meia-irmã Pia, que eles mal conheciam. Depois de um casamento muito precoce e que acabou rápido, Pia não hesitou em instalar-se na Europa para cuidar dos três meio-irmãos, pelos quais poderia ter desenvolvido um ressentimento legítimo, pois sua mãe deu a eles todo o tempo e atenção que nunca deu a ela. A transferência de Ingrid para Paris igualava os quatro irmãos, fadados a ter uma relação telefônica com a mãe ausente e a vê-la só de vez em quando.

A batalha pela guarda das crianças Rossellini-Bergman foi quase tão cruenta quanto a de Ingrid e Petter por Pia, porém já adultos todos os filhos agradeceram à estrutura familiar extra com a qual contaram e à presença estabilizadora desse segundo pai, Lars Schmidt, e dessa mãe extra, Sonali Gupta.

A vida de Sonali Gupta abre um capítulo paralelo nessa história de amores, adultérios e abandonos em série, que abarca três continentes. Gupta, que era parente de Nehru, o primeiro-ministro da Índia, estava casada com o cineasta Harisadhan Dasgupta quando conheceu Rossellini. Tinha 27 anos e dois filhos, de seis anos e de onze meses. Para escândalo da sociedade bengali, deixou o marido, casou-se em segredo com Rossellini e foi para a Europa levando consigo o filho menor, Arjun, que logo ficou conhecido como Gil. O maior, Rajan, ficou na Índia com o pai. Depois da morte da

Ingrid Bergman, uma tristeza diária

mãe, em 2014, Rajan disse que não guardava rancor, mas que não sentiria sua falta, assim como ela nunca sentiu a dele.

A história dos romances sucessivos entre Bergman-Rosselini-Gupta acabou rendendo divórcios e filhos inicialmente desmãezados e depois perfilhados, gerando uma interessante cadeia de maternidades imperfeitas. Sonali teve uma relação muito estreita com as crianças Rossellini, mesmo depois que o diretor a deixou por outra mulher, após dezessete anos de casamento. Essa situação atípica, de crianças que perdem os pais por um tempo mas encontram outros pelo caminho, gerou graus muito distintos de ressentimento em todos os envolvidos. Num extremo do espectro estaria Pia Lindström, que representa o perdão total e a ausência de rancor: a irmã que viaja assim que consegue permissão, para ajudar a mãe que a abandonou a cuidar de seus novos filhos. No outro extremo, Rajan Gupta, filho mais velho de Sonali, escolhido para ficar, que nunca mais viu a mãe e nunca a perdoou. Entre uma e outra história estão quase todos os estágios do que pode ocorrer quando uma mãe se separa voluntariamente de seus filhos.

Toda essa saga de amor, cinema e ciúme presta-se de maneira muito flexível à interpretação político-sentimental. É possível lê-la como uma sórdida fábula houellebecquiana, uma diatribe contra o amor livre, um alerta sobre o que acontece quando o egoísmo dos adultos atropela o interesse das crianças. Ou, ao contrário, vê-la como uma apologia das famílias reconstituídas e do amor filial sem amarras. Como um exemplo de que os filhos e seus pais também podem escolher como se amar, assim como fazem os casais. Só depende de quais depoimentos serão selecionados e da intenção de quem vai fazer o relato.

Em 1978, quando todos os filhos já eram adultos, Ingrid Bergman aceitou o papel de Charlotte, a pianista de *Sonata de outono*. Seria a primeira vez que trabalharia com o outro Bergman, Ingmar, e também com a ex-mulher dele, Liv Ullman. Ao que parece, Ingrid conseguiu o papel da mesma maneira como, três décadas antes, obteve sua vaga em *Stromboli*. Estando em Cannes em 1973, mandou um bilhetinho a seu conterrâneo e xará recordando sua promessa de um dia lhe dar um papel. Encaixa perfeitamente com a refinada perversão que se atribui a Ingmar Bergman que ele se recordasse dessa promessa cinco anos depois, justamente quando tinha em mente a personagem Charlotte, uma pianista de sucesso e mãe ruim (mãe ruim do mal, é claro) que ao longo de uma noite enfrenta todas as recriminações que sua filha tem a lhe fazer.

O cineasta disse que nunca pensou em nenhuma outra atriz para esses dois papéis, que Ingrid Bergman e Liv Ullman sempre estiveram em sua cabeça. Não explicou por que e nem precisava. A mãe e a filha do filme passam sete anos sem se ver. Eva, a filha, que também toca piano, mas sem virtuosismo nem graça, tem uma longa lista de recriminações à mãe, porque isso é Bergman e os dramas nunca vêm desacompanhados: quando era menina, a mãe não cuidou dela e nem de sua irmã Helena, que sofre de uma doença degenerativa e vive há anos internada numa clínica; durante os oito meses em que teve um *affaire*, ela saiu de casa. Charlotte nunca chegou a conhecer Erik, o filho de Eva que morreu afogado antes de completar quatro anos. As fotos do menino estão por todo lado na casa e recordam, a Charlotte mas também ao espectador, que ali se viveu uma tragédia insuportável.

Ingrid Bergman, uma tristeza diária

Eva recrimina a mãe por não ter aparecido para o nascimento de seu filho — curiosamente, não lhe joga na cara o fato de tampouco ter comparecido ao funeral. "Estava gravando todas as sonatas de Mozart. Não tinha nem um único dia livre", grita a mãe, e mais de uma vez os críticos se perguntaram de onde Ingmar Bergman teria tirado aquilo, pois teve nove filhos com suas cinco mulheres e vangloriava-se de não saber suas idades. "Meço o tempo por filmes, não por filhos", dizia o diretor. Charlotte faz como Bergman, associa suas lembranças familiares ao que estivesse tocando no momento: Mozart, Bartók, Beethoven. Mede o tempo por compositores, não pelo que as filhas estivessem fazendo na época.

Chega um momento em que o filme se transforma numa olimpíada do sofrimento, e as recriminações da filha tornam-se tão desproporcionais quanto os pecados da mãe. Eva a acusa de ter causado a doença de Helena, porque a filha se apaixonou por um de seus namorados e a mãe se recusou a partilhá-lo. Se o cinema de Bergman deixa alguma coisa clara é que as brigas entre amantes ou entre pais e filhos nem sempre seguem uma lógica impecável.

A relação entre os dois Bergman não foi fácil. "As pessoas que você conhece devem ser uns monstros, Ingmar!", criticava Ingrid, defendendo uma Charlotte menos terrível, mais humana. A atriz implorou ao diretor que a deixasse incluir algum humor em seus diálogos — negado — e que transformasse os sete anos sem ver a filha em cinco. Ingmar disse que sim, mas na versão final voltaram a ser sete.

Durante toda a filmagem, a atriz já estava doente do câncer que a mataria, e sua filha Isabella contou que a medicação lhe causava horríveis inchaços nos braços. Para não aparecer na tela com eles assim, a atriz passava a noite em claro, de pé e agarrada num cabide com as mãos para o alto. Segundo Isabella, Ingrid nunca se sentiu refletida em Charlotte, nem ela se sentiu representada pela personagem de Liv Ullman, carregado de raiva e ressentimento.

"Não sei por quê, mas nunca vivemos na mesma cidade que nossa mãe. Quando já estava mais velha, ela morava em Londres e nós em Nova York", contaram a três filhas, sorridentes e aparentemente com uma total ausência de drama, a Larry King, em 2017. No documentário *Eu sou Ingrid Bergman* e em todas as entrevistas concedidas, as três irmãs — o filho, Robertino, era mais fechado — parecem apreciar genuinamente o tempo a elas dedicado pela mãe, que apenas atendia ao chamado de sua profissão, e falam dela entendendo que não era como as outras mães.

"Não a víamos muito, mas quando a víamos, a adorávamos", disse Isabella numa entrevista, falando pelas três irmãs. "Meus pais eram as pessoas mais incríveis desse mundo. Morreram cedo demais. Teria sido melhor tratá-los como adultos e não como crianças que precisam de atenção", acrescentou, demonstrando que possuía um grau de iluminação e generosidade de espírito superior à média, ou então que gastou muito dinheiro com bons terapeutas. Os filhos de Ingrid a absolveram dos sucessivos abandonos, e ela provavelmente nunca foi de todo abandonada por sua dose de tristeza diária, mal congênito dos melancólicos.

Ver o documentário de Ingrid Bergman voltou a colocar em evidência as minhas próprias contradições. Se penso no

Ingrid Bergman, uma tristeza diária

escândalo gerado pela história de seu adultério em 1950, fica muito fácil colocar-me do lado certo da história. "Malditos puritanos", posso pensar comodamente, sem demasiado esforço. No entanto, não posso evitar pensar na pequena Pia Lindström sentindo-se, como ela mesma disse, "parte do abandonado". Tento imaginar também a impotência da própria Ingrid, transplantada para um país tão diferente do seu, com um marido tão difícil quanto Rossellini, separada da filha e sem poder simplesmente trabalhar, sem poder cultivar sua evidente ambição.

O segundo abandono parcial de Ingrid Bergman, quando se instalou em Paris e deixou os filhos em Roma num apartamento com *nannies*, surpreendeu-me ainda mais que seu primeiro divórcio, o que é, provavelmente, um reflexo de minha origem provinciana. Se eu tivesse nascido em outra classe social, esse tipo de arranjo pareceria normal.

A primeira viagem de trabalho que fiz depois do nascimento do meu primeiro filho, então com três meses, consistiu em pegar um voo curto e dormir uma noite fora de casa. Poderia ter dito "não" à revista que ofereceu o trabalho e trocado por um artigo que pudesse escrever em casa, mas na época estava muito concentrada em demonstrar que continuava sendo eu mesma e não queira que parassem de me propor entrevistas e reportagens que envolvessem viagens. Não gostava da ideia de me separar do bebê que até ontem era basicamente um de meus órgãos internos, mas a ideia de fazer uma rápida excursão à minha vida de pré-mãe também me atraía. Uma excursão suntuosa, além do mais, daquelas que às vezes são oferecidas aos jornalistas para que espiem os mundos aos quais não pertencem e depois relatem aos leitores que, em geral, também os desconhecem.

Na hora do jantar, que acontecia num jardim da Provença, num cenário de beleza trabalhada, organizado por pessoas que cobram muito para fazer esse tipo de coisa, sentaram-me ao lado de uma mulher que ostentava um alto cargo numa empresa do setor do luxo e que, como é frequente nesses ambientes, já era rica de nascimento. Algo a ver com a aristocracia britânica. A mulher, que parecia medir dois metros, tinha uma pele quase transparente e movia-se com a suprema confiança proporcionada pela consciência de que todos os descendentes de seus descendentes terão imóveis à sua disposição. Estava casada pela segunda vez e tinha quatro filhos repartidos entre a Europa e os Estados Unidos. Ela vivia em Paris, o marido em Viena, de onde controlava todas as suas empresas, não partilhavam o mesmo teto. Na época, cada um de seus filhos, dois do primeiro casamento e dois do segundo, vivia num país diferente. Alguns em internatos, outros por conta própria, apesar de serem apenas adolescentes. Nos fins de semana, a família ia se encontrando em vários pontos do mundo. O arranjo, contou-me ela, funcionava muito bem para eles. Estavam todos muito satisfeitos.

Achei estranho, claro, por ter sido culturalmente programada para achar estranho. Na minha família de classe média, as crianças crescem com seus pais, a não ser que aconteça uma catástrofe. Nenhum de nós teve que emigrar para um outro país neste último século para ganhar a vida, deixando os filhos para trás, mas tampouco sabemos de adolescentes que vivam sozinhos numa cobertura de Manhattan.

Minha avó materna passou algum tempo separada de seus pais, primeiro porque ao nascer foi deixada aos cuidados de uma ama de leite numa aldeia do País Basco, enquanto os

Ingrid Bergman, uma tristeza diária

pais viviam na cidade, em Vitória. E mais tarde porque a matricularam num internato de freiras ursulinas, nos anos imediatamente anteriores à Guerra Civil espanhola. Esses dados biográficos da minha avó me aterrorizavam e me fascinavam quando era pequena. Sabia que ela se dava melhor com sua irmã de leite, para quem ligava quase todas as tardes, do que com suas próprias irmãs de pai e mãe, mas a ideia de que tinha sido deixada numa casa no campo me parecia exótica, assim como a história do internato. Contente por ter à mão uma versão local das histórias de Enid Blyton, pedia sempre que me contasse lembranças do seu colégio. A melhor, a mais truculenta de todas, uma anedota cuja prosódia ela tinha aperfeiçoado de tanto repetir, era conhecida como a história do carneiro. Minha irmã e eu sabíamos a história do carneiro de cor, mas isso não nos impedia de querer ouvi-la de novo.

Numa ocasião, serviram carneiro para minha avó no jantar. O jantar vinha sempre em bandejas tampadas, trazidas por moças de touca e luvas brancas. Pelo menos era o que ela dizia. O detalhe das luvas brancas era muito importante e sempre fazia parte do relato. O que aconteceu é que minha avó detestava carneiro e não comeu nada. Depois de um tempo, sem dizer nada, as mesmas camareiras, que talvez fossem freiras de uma categoria menor — em algumas ordens, havia uma diferença entre as freiras com dote e as freiras pobres, encarregadas do trabalho sujo —, retiraram a bandeja. Na manhã seguinte, quando desceu para o café da manhã, todas as meninas receberam leite e bolos, menos ela. Para ela trouxeram o carneiro requentado. Mais uma vez numa bandeja tampada, que eu imaginava como as dos quadrinhos, teatral, abaulada e reluzente. Mais uma vez com luvas. Minha avó continuou sem comer, determinada em sua greve de fome. Seu estômago rugia, mas manteve a postura, como uma pequena Bobby Sands basca. Aguentou as aulas da manhã como pôde e na refeição seguinte, o almoço, claro que o carneiro apareceu de novo. Não lembro bem em que ponto minha vó se rendeu e comeu o carneiro, se foi na terceira ou na quarta investida. Certo é que esse final era um anticlímax para o relato, que eu não apreciava tanto quanto o drama central.

Quando ouvia essa história em sua saleta, regida pelo *horror vacui* e saturada de quadros, almofadas, porcelanas, estampas e molduras de prata, num edifício com aquecimento central onde a temperatura nunca era menos de trinta graus, a ideia de ser obrigada a comer carne requentada no café da manhã — na época eu não sabia muito bem o que era carneiro, mas soava mal — parecia o cúmulo da crueldade. O mesmo que viver num colégio sem seus pais. Algum dia terei que abordar essa absurda obsessão por internatos. Certa vez, retraumatizei um autor que estava entrevistando, um autor que me fascina, comentando como deve ter sido terrível ser internado aos sete anos. "O senhor tem ideia de quão pequena é uma criança de sete anos?", perguntei várias vezes a ele, desconcertado com essa linha de perguntas que não tinha nada a ver com seu romance. Quando minha avó me contava a história do carneiro, eu não tinha estofo para compreender que há sofrimentos muito piores que comer carneiro. Não ter o que comer, por exemplo. O segundo, obviamente, era muito mais frequente na Espanha dos anos 1930 que o primeiro, mas isso ainda não estava claro para mim.

Ingrid Bergman, uma tristeza diária

Aconteceu algo curioso na noite em que conheci a aristo-crata dos quatro filhos espalhados pelo mundo, a primeira noite que passava separada de meu filho. Enquanto eu julgava silenciosamente aquela mulher, a coisa mais parecida com um galgo louro que pode ocorrer na raça humana, enquanto a condenava sem recurso de apelação como elitista e indife-rente (grã-fina, mãe ruim), outras jornalistas presentes no jantar faziam o mesmo comigo.

— Que idade você disse que seu filho tem mesmo? — per-guntou uma alemã, enviada por uma revista feminina.

— Acabou de completar três meses — respondi, com o celular em riste, pronta para exibir uma foto, ou duzentas, do meu troféu-bebê.

— E o que você está fazendo aqui? — respondeu ela, com um asco nada dissimulado. — Por que não está com ele?

Desnaturada, mãe ruim.

Eu só tinha três meses no cargo, ainda nem tinha me acos-tumado a dizer "meu filho", pois soava artificial e exótico, mas já tinha aprendido que, no exercício de transmissão da culpa materna, quase ninguém está livre de dar e receber pequenas doses de culpa no momento mais inesperado.

O terceiro filho de Doris Lessing

HÁ UMA CENA DO ROMANCE *Um casamento sem amor*, de Doris Lessing, na qual a protagonista, Martha Quest, senta sua filha de três anos no colo, sabendo que é a última vez em que fará isso, pois está prestes a abandoná-la, e diz a ela: "Você será perfeitamente livre, Caroline. Estou libertando você".

Lessing publicou o livro em 1954, mais ou menos uma década depois de ter vivido, ela mesma, uma cena muito parecida com a de Martha Quest, quando deixou seu filho John, de três anos, e sua filha Jean, de um ano e meio, na casa que dividia com seu primeiro marido, para começar uma vida nova em outra casa a apenas quatro ruas dali, na mesma cidade de Salisbury (atual Harare), na antiga Rodésia do Sul.

O abandono de John e Jean aconteceu em dois tempos. Alguns anos depois dessa primeira ruptura, quando se separou de seu primeiro marido, Frank Wisdom, a escritora foi embora de novo, dessa vez para longe, para Londres. E levou consigo o manuscrito de seu primeiro romance, *A canção da relva*, e seu terceiro filho, Peter, nascido de seu segundo casamento, com o ativista Gottfried Lessing, marxista judeu de origem russa que conheceu nos círculos esquerdistas de Salisbury.

Ela foi para a Europa e seus dois filhos mais velhos ficaram. Esse é um dos mais conhecidos dados biográficos de Doris

Lessing. Mesmo pessoas que não alimentam um interesse especial por sua figura ou por seus livros sabem duas coisas sobre ela: que ganhou o Nobel e que abandonou os filhos. Como no caso de Muriel Spark, com quem Doris Lessing compartilha muitas coordenadas biográficas — o que teria acontecido se essas duas mulheres tão distintas, presas em casamentos infelizes na Rodésia do Sul nos anos 1940, tivessem se encontrado? A ucronia é irresistível —, as relações problemáticas com os filhos foram incorporadas à sua lenda. Mas talvez eu pense assim porque é um tema que fascina especialmente as mulheres da minha geração. Uma delas, a escritora britânica Lara Feigel, criou um livro a partir disso e deu-lhe o título de *Free Woman*, mulher livre. Entre outras coisas, Feigel, que idolatra Lessing como autora, tentava reconciliar-se com sua dificuldade de entender tal decisão. Quando contava que ia escrever sobre o tema (em 2018, não em 1958) também se deparava com essa reação por parte de todo mundo: Doris Lessing não era um monstro? Não abandonou os filhos? Como ela pôde fazer isso?

Diante dessas perguntas de amigos e conhecidos, Feigel tinha duas respostas prontas. Primeiro recitava uma litania de maus pais do mundo da arte que foram deixando filhos pelo caminho — Augustus John, Lucian Freud — e em seguida, lançava mão do contexto histórico (opressão da mulher, asfixia colonial etc.). Depois seguia citando Angela Carter — "uma mulher livre em uma sociedade sem liberdade será um monstro" —, e com esse *pack* cumpria seu dever de escritora feminista. Mas depois, sozinha consigo mesma, sem que ninguém a interpelasse, voltava uma e outra vez à mesma pergunta: como Doris Lessing pôde fazer isso? "Eu tentava avaliar, ainda procurando entender como o amor que eu tinha certeza que ela sentia por aquelas crianças podia se coadunar com aquele ato desapiedado. E enfrentava a preocupação de que talvez, por defendê-la, eu também fosse um monstro."

Ouvi mulheres identificadas com o feminismo liberal/amazônico — que valoriza antes uma superfêmea que a comunidade das mulheres comuns —, gente que certamente considera atraentes e transgressores os ataques ao movimento feminista proferidos pela própria Lessing, já idosa, nos anos 1990, citarem a autora precisamente por esse ato de emancipação individual, considerando que a coisa mais importante e radical que a romancista fez foi sair de casa e não levar os filhos. Mais que escrever *O carnê dourado* e outras três dezenas de livros. Mais que se opor ferozmente ao apartheid e ao colonialismo, mais que cultivar uma cabeça independente e selvagemente original durante 94 anos.

Há também feministas comuns, nada amazônicas, que não podem deixar de admirar essa amostra de arrojo antissentimental de Doris Lessing. Taí uma mulher que foi capaz, nos anos 1940, de colocar um oceano de distância entre ela e o jugo doméstico e deixar plantados não um, mas dois maridos para ir forjar seu próprio destino. E fica implícito que deixar os filhos na África só aumenta essa valentia. Os dois grupos, que não concordam em muitas coisas, concordam em exaltar Lessing como um admirável ícone da emancipação feminina, a mulher que se atreveu a fazer o que tantas queriam. No final de sua vida, ela intuiu essa posição em que fora colocada e que a incomodava. "Pelo menos eu me envergonho das mentiras que contei a mim mesma", disse a respeito.

O terceiro filho de Doris Lessing

Os jornalistas que a entrevistavam assumiam que perguntar sobre seus filhos era um aperto que tinham que passar, caso se atrevessem, sabendo que a autora, que cultivava essa imagem de velha senhora irascível, detestava falar do assunto. Em 2001, por exemplo, Barbara Ellen, do *Guardian*, optou por uma via lateral. Perguntou por que, nos dois tomos de sua biografia, ela não falou mais do momento em que abandonou os filhos. Costumo fazer muitas entrevistas e reconheço a manobra de Barbara Ellen como um truque do ofício. É como perguntar a alguém se lhe incomoda que deem tanta importância à polêmica X em vez de ter a coragem de falar diretamente da polêmica X. Todos já fizemos isso. Lessing respondeu:

> A verdade é que as pessoas ficaram bravas porque não me estendi a respeito de como fui horrível por deixar meus filhos. Eu deveria ter escrito dez páginas dizendo "Oh, como pude fazer isso? Serei assim tão terrível e má?", e então as pessoas teriam ficado encantadas. Mas, ao contrário, tenho muito orgulho de ter tido a coragem de fazer o que fiz. Sempre disse que, se não tivesse largado aquela vida, se não tivesse fugido do tédio intolerável dos círculos coloniais, eu teria me despedaçado, teria me transformado numa alcoólica. Fico feliz de ter tido o maldito bom senso de ver isso.

O certo é que, em suas memórias, Doris Lessing fala bem pouco "do imperdoável", como ela mesma qualifica o fato de ter abandonado John e Jean. O que conta no primeiro volume de suas memórias, *Debaixo da minha pele*, sobre esse momento da despedida dos filhos parece muito com o que Martha Quest diz a sua filha no livro. "Eu ia mudar esse mundo feio, eles viveriam num mundo belo, no qual não haveria ódio de raça nem injustiça. Era absolutamente sincera." Como Joni Mitchell e outras mulheres que deram esse passo, Lessing nunca disse que tinha abandonado os filhos para poder escrever ou para cimentar uma carreira literária que a levaria a ganhar o Nobel de literatura. Seus objetivos eram ao mesmo tempo mais e menos ambiciosos que escrever bons livros, sua ambição era criar um mundo belo.

DORIS TAYLER, como ela se chamava ao nascer, chegou ao mundo naquela que então se chamava Pérsia, filha de dois funcionários semiafortunados do Império britânico, um ex-militar com uma perna de pau e uma ex-enfermeira com delírios de grandeza que, como os Spark e tantos outros, julgaram que nas colônias seria possível subir um ou dois degraus na escala social e ter acesso a luxos que eram caros demais na metrópole, como uma casa com empregados domésticos. Mas havia, claro, um preço a pagar. Maude, mãe de Doris, detestava a Rodésia, o país para o qual foi arrastada pelo marido depois da Pérsia, com a vaga promessa de que se tornariam proprietários de terra. Chegou lá em 1925, com uma mala cheia de vestidos de noite, disposta a ter uma vida social brilhante nos clubes dos campos de expatriados, mas logo percebeu que a única coisa que poderia fazer com aqueles vestidos era deixar que se transformassem pouco a pouco em trapos para seus filhos brincarem. Não se dava bem com Doris, que saiu da escola (um internato para filhos de oficiais coloniais) aos catorze anos. Seus planos de que a filha frequentasse uma escola na Inglaterra nunca se concretizaram.

O terceiro filho de Doris Lessing

Aos dezenove anos, Doris casou-se com aquele que parecia ser o menos pior de todos os seus pretendentes do Sports Club de Salisbury. Era também a única maneira de ter uma vida sexual ativa. Adolescente arrebatada pelos romances de D. H. Lawrence, leitora fervorosa de um manual de sexologia escrito por um ginecologista holandês e movida também pelo motor primordial de não se transformar em sua mãe, Doris suspeitava que sua libertação viria através do sexo e, para uma jovem de boa família na Rodésia, não havia muitas maneiras, além do casamento, de ter sexo com regularidade. Frank Wisdom era funcionário público e dez anos mais velho que ela. Ambos eram contrários ao *colour bar*, versão do apartheid que vigorava na Rodésia, e liam as revistas que chegavam da Inglaterra. Partilhavam certas ideias mais frouxas sobre a fidelidade e o casamento. Na época, já era consenso que Doris queria escrever, mas Frank a apoiava de forma bastante vaga — que mal poderia haver numa mulher escrever um pouco?

Quase imediatamente depois de casar, ela engravidou. No verão de 1939, o mundo estava prestes a entrar em guerra e o jovem casal não tinha nenhuma intenção de procriar tão cedo. Doris procurou um médico para fazer um aborto. O primeiro que encontrou havia sido multado por fazer uma cirurgia estando bêbado. O segundo disse que ela já estava com quatro meses e meio e que era tarde demais para abortar. Só lhe restava esperar. Aos dezenove anos, Doris seria mãe, como diz a escritora Julia Phillips em seu livro *The Baby on the Fire Escape*, "graças às duas deusas da fertilidade moderna: a esperança e a falha dos anticoncepcionais".

Quando John nasceu, o pacto tácito do casal se rompeu. Não seriam mais um casal diferente. Ele assumiu que já tinham ficado iguais aos outros, um casal com filhos nas colônias, e ela demorou mais para entender isso. Os primeiros meses com o bebê inspiraram algumas das frases mais citadas de Doris Lessing. Não estão, nem de longe, entre as melhores que escreveu, mas têm a ver com essa entronização da escritora como renegadora da maternidade, como se não tivesse feito mais nada na vida. São frases como: "Não há nada mais tedioso para uma mulher inteligente que passar um tempo interminável com crianças pequenas" e "A maternidade é o Himalaia do tédio".

Frank a incentivava a aproximar-se das outras jovens mães. Quando iam a festas, os mesmos rapazes que alguns meses antes eram pretendentes agora a olhavam como uma venerável matriarca. Estava comprovando que, no mercado do sexo, nada desvaloriza mais uma mulher que ser mãe.

Eu me entediava, me rebelava. Odiava os eventos do chá matinal. Esperava por eles e me odiava por esperar por eles. [...] Dezoito meses antes era disputada, como todas as moças, por todos os homens da região e agora tinha me tornado invisível. Tratavam-me com tanto respeito, que era como se tivesse cinquenta anos, apesar de meu corpo esbelto e de minha cara de menina.

Além disso, o bebê John não era fácil. Inquieto e hiperativo, Doris inspirou-se nele para algumas características que utilizaria em *O quinto filho*. Com tudo isso, como entender que menos de um ano depois ela estivesse grávida de novo? Ela

O terceiro filho de Doris Lessing 123

mesma fornece essas respostas em *Um casamento sem amor*, via seu alter ego, Martha Quest. "Você me aborrece mortalmente", diz Martha a seu bebê, Caroline, no romance, "e certamente eu te aborreço também." Mas, junto com esse tédio letal, essa cordilheira do enfado, Martha sente também uma atração animal pela filha.

> Havia momentos em que lhe vinha um desejo lento, cálido e pesado, quando a mera visão de Caroline enchia Martha de uma satisfação física profunda com aquele corpinho encantador e o rostinho adorável; e isso era ao mesmo tempo o desejo de ter um bebê pequeno nos braços de novo. Se olhava os bebês das amigas dessa forma, o desejo era doloroso e insistente, e a sensação de aventura de estar grávida a preenchia por inteiro.

Foi assim, arrastada por toda essa languidez maternal que, um ano depois de parir seu filho, Doris Lessing se viu voltando ao hospital Lady Chancellor de Salisbury para dar à luz sua filha Jean. Logo depois do nascimento da menina, ela e Frank passaram um mês de férias na Cidade do Cabo e deixaram as crianças aos cuidados dos vizinhos. Na volta, ela se sentiu rejeitada pelo bebê. Sua relação com a filha sempre foi diferente da que teve com John. Jean era mais doce e abraçável, mas Doris, que já sentia a urgência de abandonar essa prisão doméstica criada por ela mesma, tentava alcançar o impossível, ou seja, não se afeiçoar demais à própria filha. Ela conta isso em suas memórias: "Estava me protegendo de mim mesma, porque ia partir. No entanto eu não sabia disso, não poderia dizer 'Vou cometer o imperdoável e abandonar duas crianças pequenas'".

Ela o fez. Em 1943, com 21 anos, Doris Lessing foi embora de casa, deixando seus dois filhos, quase dois bebês.

A ainda não escritora conseguiu um trabalho como datilógrafa num escritório de advogados e um apartamento pequeno. Sua principal missão ao levantar de manhã era fazer com seu dia algo que justificasse ter abandonado os filhos. Encontrou o arrojo que buscava na minúscula célula do partido comunista da Rodésia. Assistia às reuniões, imprimia cartazes. E brigava com Frank para que lhe permitisse ver as crianças. Durante todo o primeiro ano, ele não permitiu. Humilhado, o ex-marido de Doris casou-se de novo depois de alguns meses e sua nova esposa desempenhava o papel de mãe de John e Jean.

Esses anos intermediários, em que Doris viveu na Rodésia como mulher separada, foram especialmente agitados. Relacionou-se com gente que partilhava seu ímpeto político no minúsculo grupo de comunistas de Salisbury. Apaixonou-se sucessivamente por vários soldados ingleses que estavam na Rodésia fazendo adestramento de voo para a RAF. Conheceu aquele que seria seu segundo marido, o comunista alemão Gottfried Lessing, com quem se casou em 1943, por uma questão de conveniência: ela podia protegê-lo com seu passaporte britânico. No final, foi ele quem lhe cedeu o sobrenome com o qual ficou conhecida. Não era um amor evidente. Logo depois de deixar Frank e os filhos, Doris ficou doente, com febres que a faziam delirar. Foi Gottfried quem tomou conta dela, trazendo sorvetes e bolos. Nem o sexo nem a convivência entre os dois eram especialmente prazerosos, mas eles combinaram uma certa flexibilidade poliamorosa. Na época, Doris mantinha uma relação com John Whitehorn, um dos pilotos da RAF.

O terceiro filho de Doris Lessing

Se amava, no mínimo, outro homem e já tinha dois filhos abandonados, por que teve um terceiro filho? Todos os biógrafos de Doris Lessing fizeram essa mesma pergunta e se depararam, nas cartas e livros da autora, com respostas contraditórias. Numa carta a Whitehorn, ela conta que vai ter um filho com o homem errado, mas ainda assim está feliz poque sente muita falta de John e Jean e fica perdida sem eles. A outro de seus amigos soldados, Coll McDonald, com quem tinha uma relação mais franca, não marcada pela atração mútua, ela conta que a gravidez é resultado de uma experiência desastrosa com um novo método anticoncepcional, que Gottfried está encantado com a ideia e ela não, mas fingia que sim. Em suas próprias memórias, Lessing diz que quando teve esse terceiro filho ela e Gottfried já sabiam que iam se divorciar, mas que era um bom momento, porque mais tarde não teriam tempo. Essa versão é a menos capaz de convencer um jurado. Ela só tinha 26 anos, ainda teria muitos anos de fertilidade pela frente. Em todo caso, deu sequência àquela terceira gravidez e estava convencida de que seria uma menina, que se chamaria Catherine. Assim, em sua correspondência, é com esse nome que ela se refere ao bebê. Não foi uma gravidez ruim. Numa de suas cartas a Coll McDonald, descreveu a sensação de gestar um filho como a de segurar um pássaro na mão. "Acho que se supõe que nós, mulheres, não gostamos disso, mas eu gosto. Primitiva de novo. Perdão."

Não foi Catherine, foi Peter. O terceiro filho de Doris Lessing nasceu em 1946 e ela, que estava bem longe de uma situação ideal, derramou sobre o novo bebê todo o amor que teve que guardar consigo no caso dos outros dois, que mal conseguia visitar. "Meu bebê é inteiramente admirável", disse a seu amante John Whitehorn. Ficou surpresa ao sentir-se "impregnada de sentimentos maternais apropriados". Haveria Himalaias de tédio, com certeza, mas em seus escritos ela só deixou testemunhos de uma paixão maternal nada ambígua pelo terceiro filho, o único que, três anos depois, ela levaria consigo para a Inglaterra.

Em 1949, Lessing chegou a Londres com um filho, um manuscrito e dois divórcios nas costas. Se sua vida fosse uma minissérie de qualidade, pronta para ser transmitida pela BBC ou por uma plataforma paga, a narrativa certamente tomaria impulso a partir desse ponto, com toda a vertigem e a promessa de uma mulher indômita que chega da África à Inglaterra, pronta para inventar para si uma vida à altura de sua ousadia.

A década de seus trinta anos, que ela narra no segundo volume de suas memórias, intitulado *Andando na sombra*, foi definida por uma movimentação constante. Novos amantes, novos romances, novas causas para abraçar — seu desencanto com o comunismo, um rito iniciático em sua geração, foi rápido e definitivo — e várias mudanças. No meio de tanta mudança, só há uma constante: Peter. Mãe e filho já tinham uma relação quase asfixiante. Ela vivia angustiada com a possibilidade de perdê-lo. O menino carregava o peso de ser o único filho presente a seu lado, um filho que tinha que valer por três.

Enquanto Doris leva sua vida e escreve, o menino está sempre em cima dela ou ao lado ou por perto, exceto durante algumas férias, nas quais ela o deixava com uma família austríaca que conhecia, que tinha uma casa no campo em Kent, e

O terceiro filho de Doris Lessing

aproveitava para avançar o que tivesse em mãos no momento. Sempre foi uma entregadora diligente. Nessa primeira década em Londres, fazendo malabarismos econômicos como mãe solteira, conseguiu terminar cinco romances, dois livros de contos, uma autobiografia e várias peças de teatro.

Lessing não chegou a buscar John nem Jean, que foi vendo somente nas visitas pontuais que eles faziam a Londres quando chegaram à adolescência. O que ela fez foi abrir sua casa para muitos outros rapazes e moças que chamava de "meus desgarrados". A partir dos sessenta anos, adotou o papel de mãe universal para uma série de adolescentes que, com a cidade polinizando sexo e contracultura, não conseguiam se entender com seus próprios pais. A autora levou essa experiência para a ficção em um de seus romances tardios, *O sonho mais doce*, publicado em 2001, quando ela já passava dos oitenta, no qual uma mulher de quarenta e tantos anos, Frances, adota um bando de adolescentes hippies e neuróticos.

No prólogo do livro, Lessing faz uma coisa curiosa, que não se encaixa ali de jeito nenhum. Explica que não vai publicar o terceiro volume de suas memórias, como todos esperavam, porque não quer expor algumas pessoas. Seus desgarrados, diz ela, já andam pela meia idade e não quer envergonhá-los.

Esse pudor literário é compreensível e louvável, mas na realidade era tarde demais. Nos círculos literários de Londres, todo mundo sabia perfeitamente que a filha adotiva mais famosa de Doris Lessing era a escritora Jenny Diski e, alguns anos depois, todo mundo poderia ler em que termos foi construída a complexíssima relação entre as duas.

Em 1963, quinze anos depois de ter fugido da África com só um de seus três filhos, a escritora teve o clássico desengano com o comunismo que marcou os intelectuais de sua geração, romanceado em *O carnê dourado*. Só que, em seu caso, a ruptura não era (apenas) o exercício intelectual de enfrentar os crimes do stalinismo, os tanques de Budapeste e tudo o mais, mas também um divórcio mais íntimo de seu círculo. Nada nos faz tanto cansar do comunismo quanto casar com um comunista, costumava ironizar.

Gottfried, pai de Peter, nunca deu nenhum dinheiro para o sustento do filho, porque tinha coisas mais importantes a fazer, tipo a revolução proletária. Era um comportamento muito habitual entre os machos da esquerda, capazes de ver a opressão numa fábrica em Detroit ou Hamburgo, mas não na cozinha de sua casa. Lessing afastou-se, então, da utopia marxista e, naquele momento, estava interessada na corrente religiosa sufi, que enfatiza o crescimento pessoal e a aceitação do que a vida oferece, sobretudo se for difícil ou desagradável, pois pode servir como impulso para melhorar.

Talvez por ver essa oportunidade como um desafio para pôr à prova sua nova filosofia, talvez por pura generosidade ou porque a perspectiva era narrativamente intrigante — não se pode menosprezar jamais a hipótese de que um romancista complique a própria vida para enriquecer seu enredo —, Lessing deu atenção especial a uma carta de seu filho Peter na qual ele falava de uma colega, uma menina de quinze anos, filha de um delinquente e de uma mãe instável com tendências autodestrutivas e melodramáticas. Em seus poucos anos de vida, a menina já tinha sido expulsa de várias escolas, passado uma temporada numa clínica psiquiátrica e vivia numa espécie de pensão enquanto trabalhava numa sapataria. A adolescente, uma verdadeira "desgarrada", obteve uma temporada no St. Christopher's, um colégio progressista que Peter frequentava, porque todo ano a escola aceitava alguns casos difíceis, como medida de caridade ou de justiça social. "Mãe", começava a carta, muito formal para um adolescente, "ela é bastante inteligente e ajudá-la poderia valer a pena."

Sem nunca tê-la visto, Lessing escreveu uma carta à moça, que na época ainda se chamava Jennifer Simmonds, convidando-a a morar em sua casa em Mornington Crescent. Do contrário, pensava, ela acabaria grávida e metida num casamento horrível, ou grávida e morta, ou grávida, drogada e morta. "'Grávida' e 'casada' eram termos alternativos para 'morta'", escreveu muitos anos depois a jovem adotada, quando já se chamava Jenny Diski e era uma escritora respeitada com um manejo magistral do sarcasmo.

Lessing e Diski mantiveram, em vida, um pacto de não agressão escrita: eu não escrevo sobre você, você não escreve sobre mim. A maior das duas escritoras o respeitou apenas pela metade: usou Diski como modelo para várias personagens de seus romances e ainda costumava informá-lo. "Essa é você." Nem precisava dizer.

Em 2013, a prêmio Nobel faleceu e apenas alguns meses depois Diski recebeu um diagnóstico de câncer incurável. Contou num artigo que, assim que saiu do consultório do médico que lhe deu a pior notícia de sua vida, soube que tinha chegado a hora de escrever sobre a mulher que ela nunca soube como chamar. Mãe? Não, já tinha uma, embora tivesse cortado qualquer contato com ela ainda na juventude. Durante anos, explica Diski, ensaiou várias opções: "benfeitora", como num romance vitoriano; "a mulher com quem vivo", prática, mas demasiado ambígua. "Tia Doris" fazia as duas rirem. O projeto de escrever sobre Doris Lessing foi um estímulo em seus últimos meses de vida.

Diski deu ao livro, no qual fala de seu câncer e de sua complexa relação com Lessing, o título de *In gratitude*, porque queria deixar claro desde a primeira página que estava agradecida por tudo o que aquela mulher completamente desconhecida havia feito por ela. Dar-lhe uma casa, permitir que voltasse a ser criança quando o sistema já a colocava na zona menos invejável da vida adulta, ensinar-lhe com seu exemplo que ser escritora era uma opção possível. Mas, de certa maneira, esse título serve como um curativo para as feridas que virão em seguida, pois o retrato que ela faz dessa Tia Doris é implacável.

Tudo o que aconteceu quando Jenny se transformou na protegida de Lessing teve consequências para todos na família, a começar por Peter, o filho eleito, o único que viajou com a mãe da África para a Europa, o responsável por tornar possível aquele arranjo tão incomum, aquela família reconstituída formada por uma mulher divorciada, seu filho e uma adolescente acolhida, que nem sequer era órfã. Peter e Jenny eram colegas de escola mas não eram amigos, e quando se transformaram em irmãos de facto criou-se entre eles uma situação estranha. Na verdade, tudo na vida de Peter foi estranho.

No final de seus anos de escola, ele suspendeu todos os exames e trancou-se na casa da mãe, de onde mal saía. Nunca teve um trabalho, nem relações amorosas ou sexuais conhecidas. Sofreu algo parecido com uma depressão intermitente

O terceiro filho de Doris Lessing

pelo resto da vida, além de diabetes severo e problemas cardíacos. "A existência de Peter foi a mais triste e vazia que posso imaginar", escreve Diski, que também contou que aquele homem, seu irmão adotivo, foi durante toda a vida um "bebê monstruoso". Ele morreu com 66 anos, alguns meses antes da mãe, e Diski narra com angústia como foi difícil fazer seu elogio fúnebre. O que dizer de um homem cuja vida acabou aos dezenove anos? Os poemas lidos eram infantis, de A. A. Milne, autor do *Ursinho Pooh*; as canções eram aquelas de que ele gostava no tempo da escola. Depois disso, cinquenta anos de vida em branco, transformados num apêndice da mãe, da qual nunca se separou.

Peter e Doris envelheceram juntos, brigando e rindo ao mesmo tempo, como um casal que aprendeu a tolerar as esquisitices um do outro. Mas ela nunca deixou de cuidar dele, nunca houve entre eles a inversão de papéis que ocorre quando os filhos passam a cuidar dos pais.

Parece que Peter disse certa vez a um amigo que o pior que podia lhe acontecer era Jenny se tornar uma escritora de sucesso, e foi justamente isso que aconteceu. A filha adotiva, aquela que ele mesmo levou para casa, passou a ser a herdeira dos dons da mãe e ele ficou sem nada. Lessing também chegou a uma conclusão similar e costumava dizer a alguns jornalistas que Jenny tinha sido como o cuco no ninho. As mães cuco colocam suas crias nos ninhos dos outros, onde ocupam o lugar dos filhotes legítimos, muitas vezes expulsando-os. A própria Diski admite ter sido um cuco, mas sem intenção de sê-lo: "Não fui um presente de Peter para sua mãe, fui uma maldição [...]. Fui um gesto, uma pergunta, uma conversa com Doris que não pôde começar. Talvez, sem mencionar os filhos deixados na África, ela pretendesse reequilibrar a família."

Peter e Doris acolheram Jenny para substituir os filhos abandonados? Parece uma conclusão de psicologia barata, algo demasiado tosco e fácil. As famílias quase nunca podem ser explicadas assim, de modo tão simples. Pensamos estar acima desse tipo de solução, mas é algo que utilizamos o tempo todo. Quando uma família perde um filho, por exemplo, e os pais ainda têm a possibilidade de gerar um outro, esperamos que o façam o quanto antes. Quando criança, uma de minhas melhores amigas foi uma filha substituta. Seus pais a tiveram um ano depois da morte de uma irmã que ela não pôde conhecer. A nova filha, minha amiga, e a irmã fantasma eram idênticas.

Também quando se perde uma gravidez, quando ocorre um aborto involuntário, todo o entorno da mãe ou do casal prende a respiração até ver essa mulher grávida novamente. E então todos tendem a crer que o equilíbrio foi restabelecido e tudo foi reparado, à exceção de uma mágoa residual. A ideia de que um filho substitui um outro parece bárbara quando formulada em abstrato, mas está plenamente instalada no subconsciente mais básico.

Em seu livro, Diski também se faz a pergunta primordial, a mesma que Lara Feigel se fez e que eu estou fazendo aqui: como Lessing pôde deixar seus filhos mais velhos na Rodésia? De fato, Diski escreve que, de toda essa viagem — mil vezes narrada nas biografias da autora — que Doris fez em 1949 com seu o filho menor e o manuscrito de seu primeiro livro na mala (a mala é citada sempre, é um detalhe muito novelesco), o que mais interessa são os dois filhos deixados para trás.

O terceiro filho de Doris Lessing

Agarro-me a isso para me sentir justificada. Se Jenny Diski, que viveu mais vidas aos quinze anos que muita gente aos cinquenta, que publicou o melhor livro sobre a década de 1960 — intitulado sucintamente *Os sessenta* —, que debutou com um romance sobre um *affaire* sadomasoquista e foi capaz de incorporar qualquer coisa à sua escrita, sejam orangotangos, o Antigo Testamento ou o próprio câncer, com uma grandeza suprema e sem nenhum traço de sentimentalismo (nós mulheres sempre controlamos nossos eventuais sentimentalismos e rugas entre as sobrancelhas), se ela foi capturada por essa questão, eu também posso ficar obcecada com os filhos de Lessing sem precisar me autodenominar puritana, pouco sofisticada, careta, leitora obtusa.

"Sou uma feminista e uma mãe, aplaudo uma mulher que foge para a liberdade, para viver sua vida num tempo e num lugar, e sua determinação para alcançar sua paixão, para experimentar o poder da necessidade de escrever" — escreve ela. "Entendo a necessidade de fugir; no entanto, por mais que tente me colocar em seu lugar, fico perplexa por ela ter tido a habilidade de fazê-lo. Surpreende-me sobretudo ela ter encontrado um modo de justificar o fato de ter levado um e deixado os outros dois."

Assim como os biógrafos que tentaram resgatar Doris Lessing desse lugar tão pouco desejável, o fosso das mães ruins, Diski conclui que, em parte, a escritora fez isso por uma questão pragmática. Teria sido absolutamente impossível sobreviver sozinha em Londres com três crianças pequenas — já foi quase um milagre ter conseguido com uma — e, além disso, ela sabia que os filhos mais velhos seriam bem cuidados pela família paterna, ao passo que o pai de Peter nunca acharia tempo para cuidar dele. De fato, como pai separado ele foi descumpridor e negligente.

Doris Lessing conseguiu acomodar sua relação com os filhos mais velhos, sobretudo Jean, com quem sempre se entendeu melhor. Já adolescente, a filha visitou-a várias vezes em Londres, quando a mãe já era uma escritora famosa. Diski conta no livro que pediam que passeasse com ela pela cidade, uma jovem tímida, criada sob valores antigos, que experimentava roupas que jamais poderia usar na Rodésia e olhava livros que sequer poderiam entrar no país. John, que se dedicou ao cultivo de café, morreu jovem, em 1992, de um ataque do coração; Jean, que, adulta, adotou o sobrenome Cowen, foi quem viajou a Estocolmo para receber o Nobel de sua mãe, em 2007, pois a escritora já estava muito idosa para uma semana de pompa e circunstância.

Quando faleceu, Doris Lessing estabeleceu em testamento que deixava às duas, Jean e Jenny, a mesma quantia, cem mil libras, de uma fortuna de cerca de três milhões. "Não é um reflexo de sua generosidade", disse Jean à imprensa, numa elegante paráfrase. Mas a coisa mais controvertida desse documento é o embargo dos seus diários. Lessing deixou claro que deveriam permanecer lacrados enquanto Jean e Jenny estivessem vivas, e que somente o seu biógrafo designado (que acabou se afastando do encargo por razões de idade) teria acesso a seus escritos.

"Nunca vi alguém garantir de maneira tão efetiva que teria a última palavra. Quando me deram o diagnóstico, pensei que eu teria a última palavra na hora de morrer", explicou Diski numa entrevista.

O terceiro filho de Doris Lessing

Quase uma década após a morte de Doris Lessing, a biografia autorizada, que agora está nas mãos do escritor Patrick French, ainda não apareceu, de maneira que não sabemos o que ela escreveu nesses diários sobre os filhos, biológicos ou adotados. Podemos, claro, ler o que escreveu em seus romances sobre a experiência de tê-los. Além de "narradora épica da experiência feminina", que é como a Academia Sueca a definiu quando lhe deu o Nobel — seria bom saber o que ela pensou sobre esse "feminina" —, Lessing é a fabuladora da ambivalência materna.

O psicólogo de crianças Donald Winnicott adotou essa ideia em seu artigo mais conhecido, "O ódio na contratransferência", publicado em 1947. Contrariando o espírito do tempo, o pediatra e psicanalista inglês montou uma teoria que normalizava o fato e absolvia as mães por não adorarem seus filhos o tempo todo e concluiu que, na realidade, esses momentos de ódio maternal eram úteis para o bebê, que aprendia a tolerar a perda e a frustração que o acompanhariam por toda a vida. "Deixem-me enumerar algumas razões pelas quais uma mãe odeia seu bebê", escreveu Winnicott. "O bebê é impiedoso, trata-a [sua mãe] como lixo, uma criada sem salário, uma escrava. [...] Ele desconfia, rejeita sua boa comida e faz com que ela duvide de si mesma."

Nos romances de Lessing, as mulheres encarnam em si mesmas, se não o ódio na contratransferência, a ambivalência materna. Sacrificam-se pelos filhos e acabam frustradas com esse projeto tão pouco gratificante. Muitas vezes, os filhos são a principal fonte de suas desventuras e a residência familiar, um cenário de terror. Apenas um ano depois de publicar aquela que seria a obra que a consagrou, *O carnê dourado*,

Doris Lessing publicou um conto intitulado "O quarto 19". O relato é todo salpicado de aforismos sobre a maternidade, como se ela os recitasse, sussurrando para si mesma ou para todas aquelas leitoras que acabava de ganhar graças a seu famoso romance feminista. "Os filhos não podem ser o centro da vida e uma razão de ser", escreve. E também: "Os filhos não podem ser uma fonte da qual se viver". Da protagonista, Susan, ela diz que teve que pagar um preço alto "por um casamento feliz e uma casa com jardim".

O que acontece com Susan é que ela se casa tarde (isso, na época, talvez fosse por volta de 28 anos), "para regozijo geral", segundo o narrador, com Matthew, um tipo sólido e estável — a palavra "razoável" aparece seis vezes no conto referindo-se ao casal Rawling e ao que ele representa —, tem quatro filhos, um atrás do outro, e perde a cabeça a tal ponto que sua única opção é o suicídio. Em sua progressiva transformação em pessoa não razoável, Susan sente que desapareceu, que seu verdadeiro eu está "guardado num depósito, estragando", e enquanto isso vai desempenhando as funções que se espera de uma jovem esposa e mãe. Esse vazio que ela detecta não é apenas um vago mal-estar, pois se concretiza em diversas figuras mefistofélicas que vivem no cérebro prejudicado de Susan. Um "inimigo", um "demônio", uma criatura estranha com ruivos bigodes felinos que a mulher pensa ver no jardim. Chega a inventar que tem um amante para justificar sua loucura diante de Mathew, porque dizer simplesmente "O que você queria? Sou uma mãe burguesa" não parece uma explicação muito plausível.

Era essa a mensagem que Lessing queria telegrafar às mulheres nos anos 1960. *Achtung*, perigo. Mas talvez a obra em

O terceiro filho de Doris Lessing 137

que ela melhor formulou o horror que o ato ousado de reproduzir-se sempre engendra tenha sido *O quinto filho*, publicado muito depois, em 1988, e que desde então ocupa um curioso lugar em muitas bibliotecas pessoais. É um romance que se ama e se detesta, às vezes simultaneamente, um pesadelo sobre a maternidade que não convém oferecer a mulher grávidas, a não ser que se tenha uma mente brutal.

O casal que protagoniza a história, tão reluzente e dourado quanto o de "O quarto 19", é formado por Harriett e David Lovatt, dois seres tímidos e apagados, feitos um para o outro. Quando se casam, não muito tempo depois de se conhecerem, compram uma casa grande demais porque planejam repovoá-la, como se fosse uma região abandonada. Entregam-se a isso e vão enchendo diligentemente a casa de filhos. Um, dois, três, quatro e assim até o quinto, que a mãe já percebe como diferente.

Essa gravidez é opressiva desde o primeiro minuto. A criatura não chuta: ela enverga a mãe de dor com suas patadas dentro do ventre. Harriet sente como se garras rasgassem sua carne dentro dela e imagina que vai parir um cruzamento de dois animais, um dog alemão com um pequeno spanniel ou um tigre com uma cabra. Quando finalmente nasce um menino, a quem dão o nome de Ben, não está muito distante dessa fauna mutante: o bebê é um íncubo feio, malicioso e violento que dá um jeito de desagregar toda a família. Ataca os irmãos, seres angelicais, e afugenta tios e avós que costumavam frequentar aquela casa tão acolhedora. Com tortuosa diligência, Lessing vai acrescentando adjetivos cada vez mais cruéis a seu retrato de Ben, que já nasce musculoso e grande, ruge como um animal, morde os mamilos de sua mãe.

Harriett também vai tentar abandonar o filho monstro. Quando ele já deixou de ser um bebê e se transformou num pequeno terrorista doméstico, ela o interna numa instituição, um centro que cuida de criaturas como ele. Mas a mãe logo se arrepende ao vê-lo naquele lugar tenebroso com uma camisa de força e a língua amarelada pendendo da boca como um cão espancado. E, assim, volta com Ben para casa, e ele segue despedaçando sua vida, até que se junta a um bando de criminosos e parte, deixando Harriett consumida e exausta, uma velha de 45 anos.

Após se separar de seus filhos mais velhos, Doris Lessing não voltou a viver algo parecido com uma despedida, nem sequer simbólica. O terceiro filho, Peter, nunca construiu uma vida adulta, nunca pôs a mãe naquele lugar periférico que os filhos criam para os pais quando crescem. Jenny Diski conta que Lessing ficava furiosa quando ela sugeria que talvez devesse montar um apartamento para esse filho-apêndice, para incentivar sua autonomia, como se diz hoje em relação às crianças pequenas que devem poder vestir sozinhas o pijama e cortar o próprio hambúrguer. Tinham chegado a um ponto em que forçar Peter a ser independente tampouco era uma opção realista. O terceiro filho tomava antipsicóticos, tinha episódios cardíacos, precisava ter alguém constantemente a seu lado.

Quando Peter morreu, Doris, que já tinha 94 anos, sobreviveu somente alguns meses. Quem sabe se, junto com a dor, sentiu o alívio culpado às vezes mencionado pelos pais de filhos dependentes, que passam anos divididos entre dois temores conflitantes: morrer antes deles e deixá-los desprotegidos ou desejar que morram antes e viver a dor incomparável da morte de um filho. Essa parece ser outra forma, ainda mais cruel, de ambivalência materna.

Momfluencers e a economia da turbomaternidade

EXISTE UM LUGAR ONDE a taxa de natalidade é de 4,3 filhos por mãe, onde as crianças descalças não são sintoma de negligência parental e sim de status — sapatos, quem precisa deles? — e onde o caos doméstico não se traduz em montanhas de roupa suja e pratos por lavar na pia. Nesse lugar, a desordem materializa-se em adoráveis acidentes geográficos de madeira clara e fibras naturais. Esse lugar, é óbvio, chama-se Instagram.

A rede social não inventou a *momfluencer*, a influenciadora da maternidade. Essa profissão, que segue um modelo de negócio muito específico, consistindo em cobrar das marcas em troca de incluir seus produtos numa narrativa pessoal da vida familiar, surgiu nos blogs de mães do início dos anos 2000. Mas aí a cultura girava em torno de partilhar os erros, não os triunfos. Heather Armstrong, que lançou o blog *Dooce* em 2001, é considerada, talvez, a primeira mulher que achou um modo de monetizar o relato cotidiano da maternidade — e de monetizá-lo muito bem: *Dooce* chegou a obter 40 mil dólares por mês em anúncios. Ela escrevia sobre sua depressão e as dificuldades para cuidar de tudo e continuar vivendo. Tratava-se de um blog, ou seja, palavras. No Instagram, por sua vez, a moeda é a imagem, e o próprio modo como o aplicativo foi desenhado propiciou, no campo da "momfluência", uma estética vencedora, uma forma performática de ser mãe que leva longe, bem longe, o conceito de "maternidade intensiva" que a socióloga Sharon Hays cunhou em 1998, referindo-se à turbomaternidade. Hays codificou em cinco pontos o que pretendia dizer com isso: a criação dos filhos nesses termos, antecipou ela, é absorvente, trabalhosa, aperfeiçoada por especialistas, individualista e cara. Isso é visível, mais que em qualquer outro lugar, nas páginas de *momfluencers*, sejam elas fundamentalistas cristãs do Meio Oeste norte-americano, católicas carismáticas de Navarra com oito crianças ou australianas que harmonizam o surfe com a criação dos filhos.

Sigo no Instagram, há mais tempo do que eu gostaria de admitir, uma mulher que vive numa pequena localidade costeira da Califórnia com seu companheiro e quatro filhos. Em sua casa, que o marido reformou com as próprias mãos, todas as coisas são brancas ou cor de biscoito. Quando esse marido, que está sempre com uma barba de três dias e jeans estrategicamente gastos, acaba de lixar a ilha da cozinha, por exemplo, ou de instalar a ducha no pátio — é uma casa em constante melhoria, é uma gente incansável na missão de otimizar sua vida —, começa a tocar violão no alpendre, acompanhado na gaita por algum dos filhos. No verão (embora, a bem da verdade, essa gente viva o ano inteiro num verão do bom gosto, um verão sem suores, de linho e algodão), as crianças tiram da garagem uma carrocinha de sorvete restaurada, com um guarda-sol que não é laranja nem verde-periquito, e sim ocre, vintage e adequadamente desgastado pelo sol; já vimos que a disciplina cromática é muito importante nessa família. Com a renda da carrocinha de sorvete, a criançada pode comprar

Momfluencers e a economia da turbomaternidade   141

violões e skates, mas nunca aparelhos eletrônicos. Todo o universo dessa mãe de quatro filhos é organizado como se fosse uma galeria de arte, e os valores que invoca são o analógico e o artesanal. Nunca se viu um iPad infiltrado num enquadramento de seus *stories*.

Essa *momfluencer* específica se permite um tom distanciado e um pouco "meta" sobre seu próprio status. Dá para notar que sofre quando precisa publicar um post patrocinado com a hashtag #*ad* (anúncio), tal como exige a lei dos Estados Unidos desde 2018, e gosta de postar de vez em quando um texto sobre como é estranho para ela ganhar a vida assim, ou sobre a deriva da economia da influência. Esse tipo de post de autoquestionamento equivale, na esfera da momfluência, àqueles que as influencers simples, sem filhos, costumam publicar de tempos em tempos, reiterando que sua vida não é como aparece nas fotos e simulando uma certa estranheza em relação a essa forma de ganhar o pão de cada dia.

A estética da *momfluencer* californiana, cujo dia a dia conheço melhor que o da maioria de meus amigos, inscreve-se num segmento desse ofício (de mãe pública) voltado para a classe média com educação superior, que tem na madeira natural, nas flores do campo e nas toalhas quadriculadas os seus tótens. A representante mais bem-sucedida desse subgrupo é uma mulher chamada Courtney Adamo, uma americana radicada em Byron Bay (Austrália), que preside um pequeno séquito de mulheres da área que se autodenominam *murfers*, contração de *mom* e *surfers*. As *murfers* fabricam seu próprio sabão — o que, aliás, não é nada demais: sei de uma *momfluencer* espanhola que fabrica artesanalmente os lápis de cera dos filhos utilizando folhas e flores de seu jardim.

142 *As abandonadoras*

Outra coisa que as *murfers* fazem é gerar mais de três e menos de sete filhos. Adamo e sua melhor amiga, a instrutora de ioga e empresária Aimee Winchester, têm cinco cada uma, todos com nomes de batismo que poderiam servir também para o coelho de um filme da Disney ligeiramente racista dos anos 1950 ou para uma marca de leite de aveia. Wilkie, Coco, Juniper e Marlow correm felizes por Baron Bay e não usam sapatos quase nunca. Os da californiana também não. A criança descalça, a criança que só pisa em superfícies tão limpas e seguras que permitem dispensar os sapatos, é um indicador definitivo de status.

Muitas dessas mulheres fundaram marcas de coisas — tigelas de bambu, triciclos vintage, casaquinhos de bebê tricotados à mão por cem euros cada —, mas em geral todas têm clareza de que sua marca são elas mesmas. Seu nicho de mercado está perfeitamente definido: é amplo o bastante para que possam ganhar muito dinheiro, mas também é deliberadamente mais estreito que o de outras *momfluencers* voltadas para um mercado mais abrangente e que estão dispostas a fazer acordos comerciais com marcas de brinquedos de plástico, fraldas descartáveis e cereais açucarados, que fazem viagens pagas à Disney pelo menos uma vez por ano e cujo público natural tem renda mais baixa e menos preocupação em melhorar a escolha das coisas que consome. As *murfers* e as mães profissionais que fabricam seus próprios lápis de cera jamais posariam com uma pirâmide de fraldas ganhas de brinde, feitas de celulose não compostável e com desenhos de animais antropomórficos.

Algumas das integrantes desse grupo generalista, como Lindsay Teague Moreno, *momfluencer* de sucesso que já tem

Momfluencers e a economia da turbomaternidade   143

seu podcast e seu livro, estão inclusive elaborando uma espécie de credo reacionário antifeminista que se situa entre a autoajuda e a mensagem ultraliberal. Elas acreditam que todos os problemas da maternidade e, por extensão, das mulheres, podem ser resolvidos com autodisciplina. "Cultivar a raiva não ajuda", diz Teague Moreno num de seus posts. Mas não está se referindo às pirraças de seus filhos e sim à raiva das mulheres que exigem receber o mesmo salário que os homens. "Consigo o que consigo e dou meu sangue para realizar meus sonhos", acrescenta ela, como uma perfeita representante do estereótipo caduco da *girlboss*.

Nesse grupo de influenciadoras da maternidade estilo *mainstream*, os números são mais sérios, tanto de seguidores, quanto de dinheiro. Aqui reinam contas como as de Stacey Solomon, que em sua bio no Instagram se define como "mãe de três incríveis pepininhos", ou como a de Naomi Davis, conhecida também como @taza, que posta com um viés conservador e cristão e que, no momento em que escrevi isso, já ia para o quinto filho.

As famílias de sete ou oito filhos, como a da *momfluencer* espanhola mais bem-sucedida, Verdeliss, uma ex-camareira que vive em Pamplona e acumula quase um 1,5 milhão de seguidores em suas várias plataformas, são bastante comuns nesse circuito. Não é um acaso que, nos Estados Unidos, uma religião tão minoritária quanto o mormonismo apareça exageradamente sobrerrepresentada nesse ambiente. As mórmons, explica a jornalista Jo Piazza em seu podcast sobre o tema, intitulado *Under The Influence*, já tinham experiência com os *scrapbooks*, álbuns que eram como um Instagram analógico, antes mesmo que essa rede social existisse, e além disso o atual líder da Igreja Adventista do Sétimo Dia estimula seus fiéis a serem hiperativos nas redes, pois considera que são uma forma muito efetiva de obter fiéis. Assim, quando a momfluência surgiu como um trabalho possível, as mães mórmons foram candidatas naturais a liderá-lo. Chegaram primeiro e impregnaram todo o setor com sua estética caseira e campestre e, de passagem, com suas crenças reacionárias. As *momfluencers* conservadoras foram também o cavalo de Troia que introduziu a conspiração QAnon no âmbito do público geral nos últimos anos do mandato de Trump, e, mais tarde, muitas delas aderiram também à mensagem antivacinas. As mesmas mulheres que um dia postavam fotos de seus bebês fantasiados de abóbora de Halloween passaram em pouco tempo a postar vídeos esdrúxulos sobre Hillary Clinton como líder de uma rede de pederastia ou Bill Gates implantando microchips nas pessoas. As outras *momfluencers*, as do linho e das crianças descalças, também tendem, claro está, para o ceticismo em relação a vacinas, mas nesse caso por acreditarem que um sistema imunológico tão bem-organizado quanto o seu e o de sua prole não precisa de nenhum extra de química.

Na Espanha também existe uma importante concomitância entre o Opus Dei, a ultradireita e o mundo da influência nas redes. A esposa de Santiago Abascal, Lidia Bedman, vende estilo de vida no Instagram, compartilhando fotos de seus estilismos, receitas e treinamentos com os seguidores. No casamento das influenciadoras mais famosas é comum tocarem o hino da Espanha e o da Legião. Elas começam a parir cedo, em torno dos 25, e ainda têm décadas de fertilidade pela frente para fazer pelo menos uma meia dúzia de filhos.

Momfluencers e a economia da turbomaternidade 145

A tendência às famílias grandes deve-se em parte à constatação de que o próprio algoritmo que rege as redes premia esse perfil (dão mais possibilidades de conteúdo) e em parte ao fato de que o novo culto da fecundidade se parece muito com o velho culto da fecundidade.

Para as famílias que se dedicam a isso, cada gravidez implica uma oportunidade impagável de renovar sua marca e de obter conteúdo de alta qualidade para seus seguidores — o anúncio da gravidez, a revelação do sexo do bebê, a ultrassonografia 3D, cada um desses itens é abordado em *stories*, textos, fotos — e novas ofertas de patrocínio. As oportunidades são ilimitadas, do sorteio de gazes de algodão orgânico ao contrato com um fabricante de cangurus para carregar o bebê.

Muitas vezes, essas mulheres são acusadas de ter filhos só para alimentar a máquina, como justificativa para a narrativa. Os que emitem esse juízo não duvidam da imoralidade dessa escolha. Ter um filho para o Instagram, seria possível cair mais baixo? Na realidade, elas estão incorporando filhos à família como se fazia na era pré-moderna, quando mais mãos para trabalhar a terra eram necessárias. Esses filhos, *instagrammers* desde que eram só esperma, não deixam de ser os novos trabalhadores, lavradores infantis da economia digital.

Por motivos óbvios — os filhos custam muito mais dinheiro do que podem chegar a gerar —, já não se costuma fazer filhos para ganhar dinheiro nas economias ditas desenvolvidas. Mas o fator econômico continua determinando, mais que qualquer outro, o número de filhos que se vai ter e quando.

Ter meu segundo filho foi a decisão financeira mais extravagante que já tomei, mais que assumir uma hipoteca até os 35 anos quando eu tinha 29, mais que renunciar a um contrato fixo para voltar a ser freelancer, mais que estudar jornalismo. Poderia ter investido num esquema de pirâmide, poderia ter criado um selo de poesia, poderia ter comprado um pônei a crédito ou um jet ski e ainda assim, a longo prazo, ter um segundo filho seguiria sendo a decisão menos sábia que podia tomar na vida, tendo em vista meus gastos e minha renda. Ter esse segundo bebê obrigou-nos a mudar para uma casa mais cara e a pagar as mensalidades de três anos de creche. A vida da minha família ficou mais custosa em todas as possíveis acepções do termo.

Eu costumava dizer que teria até três filhos se pudesse, mas já não sei até que ponto penso isso. Teria mesmo? Depois que o segundo nasceu, certo dia fui atravessada, sentada à mesa de jantar, por uma corrente de lucidez: não voltaria nunca mais a ficar grávida. A revelação provocou uma descarga de alívio físico, como quem desperta de um pesadelo. Mas a sensação não durou muito. Assim que o filho número 2 começou a andar e falar, transformei-me de novo naquela pessoa que agarra os bebês alheios com excessiva insistência e cheira o pescoço deles, que visita rotineiramente, cada vez com mais melancolia, a seção de recém-nascidos da Zara e pega calças do tamanho de um guardanapo de papel, examina-as e volta a colocá-las no cabidinho, como se estivesse num filme ruim sobre uma mulher que deseja ser mãe.

Deduzo que é cômodo para mim depositar no capitalismo a responsabilidade por meu planejamento familiar. Pensar que não terei mais filhos porque não posso deixar 2 mil euros por mês em colônias de férias a cada verão ou setecentos euros por mês em atividades extraescolares é mais fácil que empreender uma mudança de estilo de vida. Se eu quisesse verdadeiramente esse terceiro filho que meus hormônios às vezes reivindicam com pouquíssima sutileza (que tremendo clichê, ser essa mulher que, nos sinais de trânsito, fica olhando de maneira inconveniente os bebês dos outros!), poderia viver num lugar mais barato, buscar um emprego fixo, abrir mão de qualquer frivolidade, abandonar o mau costume de comer três vezes por dia, vender órgãos no mercado ilegal. As opções são infinitas, na realidade. Não as explorar me poupa de pensar que não me restaria nada senão cansaço extremo e saúde mental precária para oferecer a esse terceiro filho, que por um tempo usaria sapatinhos do tamanho de um carrinho de brinquedo e teria cílios feito um toldo, e que, como seus irmãos, acordaria com o cabelo revolto e cheirando a amaciante e leite.

O processo que leva do filho 0 ao filho 1 é tão monumental e glamuroso que costuma atrair toda a atenção nos relatos pessoais que fazemos sobre a maternidade. Sobre ele são escritos os livros e rodados os filmes, mas muitas vezes, o caminho que leva do filho 1 ao filho 2 ou do 2 ao 3 envolve muito mais insônia e autoquestionamento. Em *Cenas de um casamento*, a série de Ingmar Bergman, tudo começa a desmoronar na burguesa casa de Johan, catedrático de psicologia, e Marianne, advogada especializada em divórcios, quando ela fica grávida daquele que poderia ser seu terceiro filho. Nessa casa, que Bergman descreveu no roteiro como "tranquilamente autossatisfeita", já vivem duas meninas. "Faça o que quiser, a decisão é sua", diz Johan ao saber da terceira gravidez. E nesse instante Marianne se dá conta que qualquer uma das decisões, ter o bebê ou abortar, será ruim, e de uma maneira concreta e dolorosa.

No caminho do filho 1 ao filho 2 você também se transforma em outra pessoa. Quando só tinha um filho, eu costumava ouvir esse comentário, quase sempre vindo de mulheres mais jovens: nem parece que é mãe. O que ela queria dizer é: você está fazendo tudo certo, está conservando de maneira razoavelmente correta o seu valor de mercado apesar desse defeito que a desvaloriza. "Pelo menos não ficou com corpo de mãe", lançou-me um ex-colega de trabalho numa das primeiras festas a que fui, cerca de três meses depois de ter meu primeiro filho. Bastante bêbado, arvorou-se o poder de atuar como perito enviado para complementar a avaliação de danos de um imóvel. No caso, o meu corpo.

Hoje quase ninguém me felicita por dissimular minha condição de mãe. Agora sim, pareço uma mãe, irremediavelmente uma mãe, claramente depreciada em meu capital erótico, profissional e pessoal.

Annie Ernaux escreveu sobre a decisão de fazer seu segundo filho: "Não conseguia mais conceber nenhuma outra maneira de mudar minha vida senão tendo um filho. Nunca voltarei a cair tão baixo". Quando topei com essa frase no prólogo de um livro prodigioso intitulado *Maternidad y creación*, organizado por Moyra Davies, tratei de sublinhá-la e marcar com uma pequena seta, mas nem precisava. Ela já estava arquivada no meu hipocampo e ali ficará para sempre. Dói ser tão transparente aos olhos de uma escritora francesa que nem conhece você.

Momfluencers e a economia da turbomaternidade   149

No meu entorno (num de meus entornos, pelo menos) são relativamente frequentes as famílias com três filhos, e sei que não sou a única que, cada vez que ouve a notícia de uma gravidez número três, entrecerra os olhos — tenho que fazer isso para ativar a recôndita parte de meu cérebro onde vivem as matemáticas — e produz um rápido cálculo econômico que demarca os salários prováveis dos progenitores, os gastos com moradia nessa família (aluguel? Hipoteca? Casa emprestada pela família? A terceira opção é surpreendentemente comum) e rendas adicionais (uma herança oportuna?) que tornaram possível a existência dessa nova pessoa. A dificuldade para a conciliação costuma ser citada como um motivo habitual para explicar por que as famílias ficaram tão pequenas. Segundo as conclusões do meu observatório informal, contudo, o dinheiro pesa mais que qualquer outro fator na hora de tomar essa decisão. Abundam os casais com trabalhos hiperexigentes e horários péssimos que têm três ou quatro filhos por motivos que nada têm a ver com religião: simplesmente porque podem. Vi certa vez uma notícia na imprensa britânica, sempre tão dotada para a manchete chamativa: o quarto filho é um símbolo definitivo de status.

Também no mundo da momfluência os milhares de seguidores dessas mães profissionais são convidados a fazer esse tipo de cálculo, mas em grande escala, cada vez que o filho quatro, cinco, seis ou sete é incorporado à família. Que novos contratos elas assinaram? Quantos seguidores ganharam no YouTube com esse novo bebê? Que marcas entraram em sua lista de patrocinadores? Quanto dinheiro esse novo ser instagramável carrega debaixo do braço?

ATÉ MAIO DE 2020, mês número três de uma pandemia global, milhões de pessoas que tinham vivido tranquilamente sem saber quem era Myka Stauffer aprenderam seu nome. Naquele período, muita gente estava trancada em casa, precisando de estímulos narrativos, de relatos que ativassem suas emoções primárias — tristeza, alegria, indignação — e, se possível, que não tivesse a ver com coronavírus. Exatamente nesse momento perfeito, chegou a seus *feeds* a história de Mika Stauffer, ex-enfermeira de Columbus (Ohio) de trinta e poucos anos, fã de modeladores de cachos e da palavra de Jesus Cristo.

Quando ficou mundialmente famosa, já fazia muito tempo que Myka não se dedicava à enfermagem. Sua renda, que não era pouca, vinha da gestão de seu Instagram e dos três canais de YouTube que mantinha junto com o marido, James. Os Stauffer somavam mais de 1 milhão de seguidores entre seus vários canais: o da família, o dela e o dele, dedicado a carros e mecânica. O produto digital que vendiam era voltado para o segmento mais amplo da momfluência. Afinal eles são brancos, louros, cristãos e partidários de educar os filhos em casa. Seu principal valor monetizável eram quatro filhos pequenos bastante fotogênicos, um que Myka trouxe para o casamento e três que ela e James tiveram juntos. Talvez lhes faltasse algo que os diferenciasse das outras famílias que postam diariamente um conteúdo similar. Precisavam de uma vantagem competitiva.

Myka sempre se mostrou interessada na adoção de várias crianças, "de preferência da África", segundo escreveu num post, e tinha discutido o assunto com o marido várias vezes nos vídeos que postavam no *The Stauffer Life*, seu principal canal de YouTube. James era um pouco mais reticente. Ainda não tinha muita certeza quanto a isso. Por fim, James aceitou e no final de 2016 a família postou um vídeo anunciando que começava ali a sua *journey*, sua jornada.

Nessa palavra-chave entrecruzam-se a telerrealidade e a autoajuda. Tudo é uma jornada agora: a participação de um candidato num programa de talentos, o cancelamento e posterior redenção de um famoso, tudo é uma itinerância rumo ao aperfeiçoamento pessoal ou ao desastre — mas desastre aproveitado para aprender uma lição e, se possível, obter um contrato com uma editora ou uma plataforma audiovisual. Nesse caso, a jornada até a adoção abriria para os Stauffer uma nova linha narrativa a ser acrescentada à sua oferta de entretenimento.

Depois de passar um tempo informando-se em grupos de Facebook de famílias adotantes, nos quais sua presença causou controvérsia (as famílias não entendiam as perguntas daquela loura tão insistente), e também em agências no mercado selvagem e perigosamente desregulado da adoção nos Estados Unidos, a família resolveu abrir-se para a possibilidade de acolher uma criança com graves problemas de saúde. Myka Stauffer contou que passou meses olhando fotos nas agências até que, por fim, uma daquelas carinhas "a tocou". Tinha encontrado seu filho número cinco na China e pela internet.

O orfanato chinês informou que o menino poderia ter um tumor ou um quisto e enviou um dossiê de informação clínica, que eles mostraram à pediatra da família nos Estados Unidos. A médica norte-americana avisou que a adoção poderia ser complicada, mas eles seguiram adiante "sem nenhuma dúvida no coração", como explicaram num de seus vídeos.

Arrecadaram dinheiro entre os seguidores para buscar a criança na China (não muito, segundo investigações posteriores, cerca de oitocentos dólares). Sempre criativos, bolaram uma maneira engenhosa e lucrativa de revelar que cara tinha o menino. Por cinco dólares, era possível comprar uma peça de um quebra-cabeças de Instagram, e quem conseguisse obter todas as peças veria a cara de Huxley, o novo filho dos Stauffer. Mesmo antes de chegar à futura casa, Huxley já tinha começado a trabalhar para a empresa familiar.

Quando chegou a hora, o casal e seus quatro filhos biológicos viajaram para a China para aquilo que alguns rincões do Instagram e do YouTube conhecem como "Gotcha Day", o "dia de ir buscar", um nome que pega e com um bom *branding* (é usado também na adoção de cães), referente ao dia em que a família se encontra com o adotado. Todos os especialistas e ativistas da adoção o rejeitam, por 2 mil razões diferentes. Coisifica os menores, reforça a ideia do salvador branco, quando se trata de uma adoção internacional e transracial, e vai contra toda a pedagogia do acolhimento como interação entre iguais.

Mas os Stauffer não se importaram com isso. "Gotcha Day" é um nome que paga, que tem um bom SEO, de modo que deram esse nome ao vídeo e trataram de dedicá-lo a todos os órfãos do mundo. Como fundo, colocaram uma animada canção pop sueca. Num estalar de dedos, teve 5,5 milhões de visualizações, uma cifra muito superior à média habitual deles.

A viagem à China marcou um antes e depois do canal dos Stauffer. Passaram a ter uma base de inscritos muito maior e começaram a postar novos conteúdos diários, enquanto antes

Momfluencers e a economia da turbomaternidade 153

eram no máximo três vídeos por semana. O público queria mais, muito mais, daquela família com quatro filhos brancos e um chinês e pais jovens, atléticos e caridosos. Ao contrário das *momfluencers* australianas, o estilo de vida dos Stauffer não parecia ameaçador. Davam barrinhas de peixe congelado aos filhos, compravam milk-shakes no McDonald's e deixavam que eles vissem desenhos em suas gigantescas TVs. Não havia nada a temer aqui. Seu público sentia-se reconfortado, não julgado, por tais decisões na criação dos filhos.

Huxley começou a aparecer nos vídeos brincando com os irmãos, dançando, rindo. A maioria deles desapareceu da internet, mas o rastro digital da família chegou a ser tão imenso que ainda hoje é fácil encontrar alguns. Num deles, o menino aparece aprendendo a dizer *"apple"*, maçã. Ele tropeça várias vezes na palavra e a mãe repete diante da câmera. Na esfera *momfluencer*, é habitual que um dos filhos da família gere muito mais demanda que os outros. Costuma ser o menor ou o mais engraçado. A métrica funciona da mesma forma que nas telecomédias dos anos 1980 e 1990, nas quais sempre se inventava um artifício de roteiro para manter uma reposição constante de crianças menores de cinco anos. Quando o filho mais novo da família protagonista ficava maior, traziam rapidamente uma troca. Aconteceu no show de Bill Cosby e em *Tudo em família*, quando o pequeno Ben apareceu com um bigodinho incômodo e foi substituído por outro menino louro, com muito mais brilho, chamado Leonardo DiCaprio.

O acesso às cifras é impossível hoje, mas é claro que Huxley dava bons números aos Stauffer. Ele era escolhido com frequência para os thumbnails, imagens fixas que servem para anunciar cada novo vídeo no YouTube, e para algumas promoções especiais. Num post no Instagram pago pelo detergente Dreft, por exemplo, Myka Stauffer surgia com uma cesta de roupa lavada (de plástico, não de vime, porque Myka se dedicava à momfluência geral, não à orgânica), dando um beijinho de esquimó em Huxley e esfregando seu narizinho.

Os Stauffer aproveitaram sua presença para fazer uma reviravolta em seus conteúdos até a adoção e sobre as necessidades especiais, e diziam sempre que, se esse era o desígnio de Deus para a família, a única coisa que deviam fazer era assumi-lo com seu melhor sorriso. Depois de alguns meses vivendo com a família, o menino recebeu um diagnóstico de transtorno do espectro autista nível três, além de distúrbio do déficit de atenção. A família disse num de seus vídeos que se sentia enganada pela agência de adoção chinesa, que garantiu que o menino não sofria de problemas graves.

Ainda que Myka continuasse explorando essa via, escrevendo artigos sobre educação, adoção e necessidades especiais em várias publicações digitais, Huxley começou a aparecer cada vez menos nos vídeos. "Está em terapia", diziam, ou "ele dorme antes"; assim, contaram num vídeo, eles podiam passar algum tempo de qualidade com os outros filhos, os biológicos. Esse pequeno detalhe acendeu o alerta de alguns dos seguidores, que até então tinham sido muito dóceis, conformando-se com o conteúdo obtido de maneira totalmente gratuita em seus canais. Alguns desses seguidores começaram uma tentativa de rebelião e a perguntar o que estava acontecendo com Huxley. No dia 3 de maio de 2020, alguém postou numa conta anônima: "Myka, estamos muito preocupados com seu filho. Apagar os comentários no Instagram e evitar as perguntas sobre Huxley é extrema-

Momfluencers e a economia da turbomaternidade 155

mente suspeito e preocupante. Não vamos parar até obter #justiçaparahuxley". Tinha nascido uma hashtag.

Menos de um mês mais tarde, os Stauffer deram a explicação que seus seguidores pediam. Por acaso todos aqueles intervalos comerciais que assistiram no YouTube antes de poder "pular o anúncio" não lhes davam o direito de saber toda a verdade? James e Myka apareceram diante da câmera, vestidos de branco, ele sereno, ela com cara chorosa, como se espera de uma mãe arrependida, uma mãe da qual ninguém pode dizer que encheu a filha de calmantes num resort em Portugal ou que foi ela, e não um dingo, que matou seu bebê. O casal explicou que tinham "realojado" Huxley naquele que seria seu "lar para sempre". O conceito de *"forever home"* faz parte do novo glossário da adoção, assim como "Gotcha Day".

Seria preciso congregar vários departamentos de linguística e sociologia combinados para analisar a fundo o texto desse vídeo e desse post. O neologismo *"rehome"* — realojar num lar, que se usa habitualmente para cães — e a menção a *lugar seguro* — o *safe space* que surgiu nos grupos feministas e LGBTQIA+ para referir-se a lugares sem homens heterossexuais cisgênero — lidos no texto de uma *instagrammer* cristã parece um exemplo de perturbadora ironia pós-moderna.

Numa nota que ainda permanece em seu Instagram, escrita com sintaxe torturada, Myka Stauffer confessa que pecou por ingenuidade e arrogância ao pensar que poderia enfrentar uma situação assim. Que não fizeram dinheiro com o menino, que tudo que ganharam com os vídeos acabaram gastando em terapias para ele e que "toda mãe precisa de um lugar seguro" onde possa se expressar.

Os únicos sete comentários que permanecem no post são corações e abraços, sem dúvida porque as outras milhares de respostas com insultos e ameaças foram eliminadas.

Previsivelmente, quando os Stauffer foram cancelados Myka atraiu a ira dos seguidores e de todos que souberam da história numa proporção tipo quinze vezes maior que o marido, James. No momento em que escrevo ele continua com um canal de YouTube sobre mecânica chamado Stauffer Garage, que tem mais de 1 milhão de inscritos. Ela, em compensação, só tem seu nome num canal inativo, que no entanto ainda possui mais de 600 mil seguidores, caso algum dia ela resolva voltar à vida pública. Por enquanto, ainda não encontrou uma forma de começar esse caminho rumo à reabilitação reputacional — uma nova jornada — e permanece afastada das redes. Todas as marcas que anunciavam em seus canais e tinham contratos de patrocínio firmados com ela debandaram, muitas tomando a precaução de emitir um comunicado informando que estavam deixando de apoiar aquela mulher que se desfez de seu filho adotado com necessidades especiais.

O marco temporal do caso Stauffer não podia ser pior. Tudo explodiu no momento em que Donald Trump se dedicava a tuitar diariamente sobre o "vírus chinês" e a "gripe de Wuhan", no momento em que começavam a ganhar força os ataques contra pessoas de origem asiática nos Estados Unidos e exatamente na mesma semana em que o policial Derek Chauvin asfixiou George Floyd até a morte e o vídeo provocou uma onda de protestos contra a injustiça racial. Nesse clima, "realojar" um menino asiático neuroatípico não era exatamente o tipo de coisa capaz de transformar alguém

Momfluencers e a economia da turbomaternidade 157

numa pessoa popular na internet. Myka Stauffer ficou convenientemente marcada como a mãe ruim racista que representava o que havia de pior na arrogância ocidental.

A lógica da internet dita que a todo sucesso corresponde uma reação, que por sua vez gera uma reação à reação. Embora pareça difícil romper a unanimidade em torno da questão Stauffer, o mercado da opinião digital premia as vozes dissidentes e aqui também surgiram algumas valentes (esses assuntos acabam sempre se resolvendo entre mulheres) dispostas a escrever artigos sobre suas próprias adoções que deram errado ou jornalistas que conseguiam compreender o que tinha levado aquela família a devolver Huxley.

Calcula-se que aproximadamente uma em cada setenta adoções termina com a volta da criança ao sistema. Contudo, a literatura acadêmica às vezes considera como adoções que deram errado aquelas em que os pais continuam com a custódia mas a relação entre eles e o filho não é boa — e, nesse caso, é quase impossível estabelecer quantas dessas histórias acabam mal. O tema é especialmente obscuro porque existem bem poucos testemunhos. Essas histórias trágicas de abandono e adoção permanecem ocultas nos rincões da vergonha.

O caso dos Stauffer teria sido mais uma dessas histórias semissecretas, contadas em voz baixa ou em sites como Foster Club ou Adoption.org, onde existem várias versões de relatos intitulados "Minha adoção que deu errado". Lê-los um depois do outro é dilacerante. Mesmo aqueles em que parece evidente que os pais, dotados de ideias neocoloniais e egoístas, nunca deveriam ter começado essa jornada, acabam sendo devastadores. Só que esses pais derrotados não são estrelas da internet.

Mas o caso dos Stauffer aconteceu diante dos olhos de todo mundo. Além disso, Huxley não era só um menino. Era também um conteúdo. Trabalhou durante um breve tempo e sem que ninguém o consultasse — como, aliás, ninguém nunca consulta as crianças trabalhadoras —, como diarista do *like*. Anunciou detergentes. Aprendeu a falar com imensas dificuldades diante de uma câmera de celular.

Depois do acontecido, Myka viu sua carreira de influenciadora do universo doméstico desabar — embora a tentação de voltar e *se reinventar* possa ser grande quando se tem 600 mil seguidores inativos —, mas a cultura produzida por sua conta e por outros milhares de espaços semelhantes segue em plena forma. Emily Hund, pesquisadora do Centro de Cultura Digital da Universidade Penn, que se dedica aos estudo da economia da influência digital, afirma que as contas relacionadas à maternidade e ao mundo doméstico são responsáveis por 30% de todo o negócio, ou seja, respondem por quase um terço dos 15 bilhões de dólares que, segundo os seus cálculos, toda a indústria da influência movimenta.

Também na Espanha existem várias dezenas de mães profissionais que podem pedir às marcas cerca de mil euros por cada post de Instagram em meio a outras fotos delas e de seus filhos. O mercado é amplo e qualquer um pode escolher entre seguir uma "mãe ruim" padrão, que faz piada sobre dar, de vez em quando, uma comida industrializada aos filhos, uma mãe mística amante dos óleos essenciais ou uma mãe montessoriana. A oferta é ilimitada.

Em algum lugar da Califórnia, numa pequena localidade surfista, onde o sol está sempre levemente velado, uma mulher está colocando lanterninhas de papel no alpendre. Car-

Momfluencers e a economia da turbomaternidade

rega um bebê amarrado às ancas com um pano ocre e um outro filho brinca com uma velha câmera analógica (o pequeno Dex é o criativo da família). Vou vê-lo de novo num instante, quando estiver rolando a tela do Instagram no celular, em vez de estar lendo, trabalhando ou brincando com meus próprios filhos, que são apenas dois e não cinco ou sete. Vou ficar olhando as lanternas, mas não vou lhe dar nem um coraçãozinho.

Nora Helmer e Anna Kariênina, criaturas extraviadas

POR UM BREVÍSSIMO TEMPO, a mãe abandonadora mais famosa da literatura moderna deixou de sê-lo. A peça *Casa de bonecas*, de Henrik Ibsen, chegou à Alemanha apenas um ano depois de estrear em Copenhague, em 1880, e já cercada por uma aura de êxito e escândalo. O agente de Henrik Ibsen pensou que o desfecho original, em que Nora Helmer, uma norueguesa de classe alta, deixa o marido e os três filhos para "tentar ser um ser humano", não funcionaria bem no país de Lutero. E a atriz escolhida para a produção, Hedwigg Niemann-Raabe, negou-se a interpretar a última cena por sentir-se incapaz de se identificar com uma mulher que abandona seus filhos. E também, provavelmente, porque temia por sua reputação.

Sendo assim, ambos pressionaram o dramaturgo para que escrevesse um final alternativo no qual o marido de Nora, Torvald, a obriga a entrar no quarto das crianças antes de partir como tinha planejado. Ibsen aceitou porque, do contrário, qualquer outro dramaturgo alemão poderia meter a mão em seu texto — as leis do copyright eram frouxas na época —, e preferiu sacrificar ele mesmo a sua obra a deixar que outro o fizesse. O que hoje se conhece como o "final alemão" ficou assim:

Nora Helmer e Anna Kariênina, criaturas extraviadas

TORVALD: Vá, então! Mas antes terá que ver seus filhos uma última vez.

NORA: Deixe-me ir, não quero vê-los. Não posso!

TORVALD: (*Acompanhando-a até a porta, à esquerda.*) Tem que vê--los (*abre a porta e diz em voz baixa*): Olhe para eles, estão dormindo em paz e sem preocupação. Quando despertarem de manhã e chamarem pela mãe verão que se tornaram... órfãos de mãe.

NORA: Órfãos!

TORVALD: Como você foi, também.

NORA: Órfãos! (*Luta consigo mesma, deixa cair a maleta de viagem e diz*): Oh, isto é um pecado contra mim mesma, mas não posso deixá-los. (*Cai lentamente junto à porta.*)

TORVALD: Nora!

Mas acontece que o agente e a atriz estavam enganados. Esse final alternativo, em que Nora reconsidera e resolve ficar pelo bem de seus filhos, não funcionou na Alemanha e em pouco tempo deixou de ser interpretado. Ibsen sempre renegou esse final e considerou um "erro bárbaro" ter aceitado trair sua obra original.

Na *Casa de bonecas* que o mundo inteiro conhece, Nora vai embora no final do terceiro ato, abandonando o marido e os três filhos porque não suporta mais interpretar o papel de esposa maluquinha, um tanto disparatada, mas boa pessoa, no fundo. Está desatinada, não encontra mais ânimo para ser a esquilinha, a pequena cotovia, o passarinho cantor, todos esses nomes que o marido, Torvald, vai lhe dando ao longo de toda a obra, destinados a pintar uma mulher menina, um pouco incapacitada.

Ibsen sempre disse que sua intenção não tinha sido escrever uma obra feminista. Quando o convidaram para falar diante da Liga dos Direitos das Mulheres norueguesa, em 1898, explicou que não costumava escrever para alcançar "objetivos sociais", que "muito obrigado, senhoras", mas declinava da honra de dizerem que ele trabalhava pelo movimento. "Sequer estou certo de saber o que são os direitos das mulheres", acrescentou.

Existe uma robustíssima escola acadêmica muito interessada em divorciar Ibsen do feminismo e dedicada a defender exatamente isso, que *Casa de bonecas* fala de uma mulher concreta que quer ser pessoa, não sobre as mulheres em conjunto reivindicando serem consideradas como a metade da humanidade.

Nas notas que fez antes de escrever a obra, o autor deixou claro, contudo, que sua preocupação era o que as mulheres poderiam fazer depois (ou além) de serem mães. "Na sociedade moderna, uma mulher, como alguns insetos, retira-se e morre depois de cumprir sua missão de propagar a raça", escreveu um par de anos antes de se dedicar à peça.

Quando estreou, a obra transformou-se no tema de conversação preferido das classes médias nórdicas. Dizem que nas casas escandinavas, onde a serenidade e a ausência de confronto são um valor supremo, os convites dos jantares traziam explicitamente: "Proibido falar de *Casa de bonecas*", porque se o assunto surgisse estava garantido o bate-boca. Algumas leituras políticas e eclesiásticas da obra criticavam Ibsen por ter escrito algo não apenas nocivo como também pouco verossímil, dado que as mulheres são nobres e maternais e ninguém poderia acreditar que uma boa dona de casa

Nora Helmer e Anna Kariênina, criaturas extraviadas

de um lar sólido, que nunca antes manifestara qualquer traço de maldade, seria capaz de abandonar assim os seus filhos.

Um teólogo da Universidade de Kristiania qualificou a peça como "repugnante e perturbadora". O crítico M. W. Brun escreveu no jornal *Folkets* que qualquer esposa real "se jogaria nos braços do marido" no final da obra. Nesse último ato, Torvald perdoa Nora pelos erros cometidos — ter contraído dívidas a fim de levá-lo à Itália para curar a tuberculose e ter escondido isso — e garante que o futuro que se desenha para o casal é cristalino. Daí em diante, ele será ao mesmo tempo marido e pai. Sente-se magnânimo por seu perdão e regozija-se com ele:

Nada é tão doce e prazeroso para um homem quanto saber que perdoou sua esposa… e que perdoou de todo coração, sinceramente. É como se ele a trouxesse ao mundo de novo e ela passasse então a ser tanto sua mulher quanto sua filha. Assim será você de agora em diante para mim, minha criaturinha indefesa e sem rumo.

Também houve, é claro, desde o início, a leitura inversa — quem viu na peça um guia para a emancipação. Na Inglaterra, o elemento-chave foi, talvez, a tradutora, primeira intérprete e principal promotora da obra ter sido a pioneira feminista e militante marxista Eleanor Marx, filha de Karl, de modo que a peça já entrou no país como algo politizado. Na China, no início do século xx houve um poderoso movimento ibsenista. O dramaturgo Hu Shi adaptou *Casa de bonecas* para a idiossincrasia nacional, e dizem que muitas chinesas, levadas pela leitura da peça, abandonaram suas casas, negando-se a aceitar casamentos arranjados. Não é possível estabelecer até que ponto isso realmente ocorreu ou é uma dessas lendas semiverdadeiras ligadas à literatura, como o famoso Efeito Werther que, segundo consta, varreu a Europa em 1774, quando se dizia que os jovens se suicidavam por amor após ler Goethe.

Mais de 140 anos depois, não é possível separar *Casa de bonecas* de seu sentido feminista, em que pese o esforço de alguns estudiosos. Descontados os muito reacionários, é bastante fácil para o leitor atual execrar Torvald Helmer, um manipulador emocional que em duas páginas passa de acusar a mulher de criminosa e amoral — filha de seu pai, outro crápula — às promessas de que vai "educá-la" como se fosse sua filha. Lidos em termos de psicologia pop do século XXI, "Torvaldo", como era chamado nas traduções espanholas antigas, é um exemplar especialmente turvo de "marido tóxico" e Nora, no final, uma recém-empoderada que toma o caminho da autorrealização.

Até aí todo mundo pode estar mais ou menos de acordo. Mas no tocante à pergunta moral fundamental as coisas não mudaram tanto assim. Nora fez bem em abandonar os filhos? A escritora A. S. Byatt, autora de romances como *Possessão*, escreveu um artigo no *Guardian*, em 2009, intitulado "Blaming Nora" (Culpando Nora), no qual dizia que a cada vez que lê a peça Nora lhe parece mais boba. "*Silly*", diz ela, bobinha. Nem sequer "má" ou "imbecil", que fariam mais vista, apenas bobinha. Nem 140 anos de feminismo fizeram com que Nora deixasse o mundo dos diminutivos.

"As grandes tragédias pedem que nos importemos com gente imperfeita, às vezes estúpida — Penteu, Otelo, Macbeth —, mas a glória de *Casa de bonecas* é exigir que nos

Nora Helmer e Anna Kariênina, criaturas extraviadas 165

importemos com uma pessoa simples no momento em que se dá conta da própria simplicidade", diz Byatt, que critica Nora por ser pouco empática e incapaz de pensar além de seu próprio drama doméstico, tão risível em comparação com outros. Byatt inclusive oferece suas simpatias a Torvald: "Ele também é um homem de imaginação limitada e merece, creio eu, nossa compreensão. Um homem aprisionado numa casa de bonecas". Esquece de dizer, no entanto, que a casa de bonecas está em seu nome, que as chaves estão com ele e que, quando sai de lá, o mundo lhe permite ser um adulto funcional, ao contrário do que acontece com sua mulher.

Talvez mais interessantes que as críticas de Byatt sejam os relatórios escritos por alunos do mundo inteiro que têm que ler *Casa de bonecas* como parte do programa escolar. Existem sites como Spark Notes, 123Help-Me ou GradeSaver, nos quais são postados trabalhos sobre inúmeras obras do cânone ocidental, que os estudantes mais preguiçosos copiam e colam quando precisam apresentar sua própria análise. Quase todos os textos nesses sites costumam ser bastante prosaicos, limitando-se a repetir argumentos oferecidos em livros didáticos, mas quem ficar um pouco mais tempo fuçando em seus fóruns acaba encontrando algumas reflexões mais originais e estimulantes. São produzidas por leitores novatos que enfrentam textos monumentais e ainda não foram cerceados pela academia.

Esses jovens leitores fazem tudo o que se supõe que não se deve fazer quando se lê a sério. Leem, como dizia Virginia Woolf, colocando-se no banco dos réus com os criminosos, e não na tribuna, com os juízes. Projetam-se em personagens, fazem julgamentos morais, tomam partido, apaixonam-se por eles, odeiam-nos. Além disso, quando esses estudantes falam dos livros usam uma linguagem que é uma curiosa mescla de língua comum, neologismos e *therapyspeak*, o idioleto psicologista com o qual hoje se escrevem muitos ensaios e artigos. O resultado é irresistível.

Num ensaio escolar vendido — nem mesmo o plágio é altruísta — no 123HelpMe, por exemplo, uma estudante norte--americana compara as habilidades maternais de Nora, que ela considera uma "mãe natural", com a de outra desclassificada da literatura, Emma Bovary, que, segundo a leitora, "é uma mãe falsa". Ela explica: "Quando quer amar e mostrar afeto pela filha, ela o faz, mas quando está muito ocupada fazendo compras ou tendo casos, esquece Berthe ou pensa mal dela". Rachel Cusk diz o mesmo, mas de forma melhor, em *A Life's Work*: "A maternidade para Emma Bovary é um pseudônimo, uma identidade que ela assume ocasionalmente em sua carreira de adúltera. Ela é a essência da mãe ruim: a mulher que insiste em querer ser o centro de atenção".

Uma estudante chamada Ruth questiona, no fórum do site GradeSaver, se a ação final de Nora é justificável. E outra adolescente, identificada como Hina Q, responde que não. "Na minha opinião nunca, jamais, se deveria abandonar os próprios filhos. Ela nem sequer tem a intenção de levá-los ou de voltar a vê-los algum dia!", escreve, escandalizada. Hina Q também reconhece, sobre Torvald, que "lidar com um homem que só te quer de vez em quando pode enlouquecer uma mulher", mas ainda assim conclui que a fuga de Nora é prematura. E outro leitor adverte: "É preciso investir energia para esclarecer quem você é como pessoa, do contrário você será sempre a

Nora Helmer e Anna Kariênina, criaturas extraviadas   167

bonequinha de alguém". *"You go, girl"*, dizem esses leitores modernos a Nora. *"You slay, queen"*.* Mas também: "como pode ter tido a ideia de abandonar seus filhos, insensata?".

A essa altura dos fatos, os alunos mais espertos, que sabem que é preciso analisar o todo a partir de interseccionalidade, não deixaram passar o fato de que Nora não é a única mãe de *Casa de bonecas* levada a viver longe de seus filhos. Na casa dos Helmer vive também Anne-Marie, a babá, que cuida das três crianças e cuidou de Nora quando esta era pequena e ficou órfã de mãe. Para tanto, para poder servir, teve que deixar para trás a própria filha, que não voltou a ver.

A principal interação entre Nora e Anne-Marie ocorre no segundo ato, quando a senhora já vislumbra a possibilidade de um futuro sem os filhos, caso os seus problemas não se resolvam. "Você acha que, se a mãe deles fosse embora para sempre, eles a esqueceriam?", indaga Nora à babá. "Diga, Anne-Marie… Tem uma coisa que me perguntei várias vezes: como você teve coragem de deixar sua filha em mãos estranhas?" Anne-Marie responde com pragmatismo de trabalhadora: "Que saída eu tinha, tendo que criar a Norinha?". "Sua filha deve ter te esquecido", pressiona a patroa. De modo algum, nega a babá: a filha lhe escrevera duas vezes, quando foi crismada e quando se casou.

Tomara que alguma jovem dramaturga se anime a narrar *Casa de bonecas* do ponto de vista de Anne-Marie, fazendo com ela o que Jean Rhys fez com Antoinette Cosway em *Vasto mar de sargaços*, quando recuperou a louca do sótão de *Jane Eyre* e conseguiu criar um clássico a partir de outro.

---

* Em inglês no original, com o sentido de "Vai, garota, arrasa!". (N. T.)

No momento em que esse diálogo tem lugar, Nora ainda está dando uma folga ao drama, atrevendo-se a levar seu pensamento (e suas palavras) até uma possibilidade que ela espera que nunca se materialize. E é possível que a própria Anne-Marie faça parte de seu processo de decisão. Na peça, que é muito curta e da qual se costuma dizer que não tem uma palavra sobrando, Nora não explica a Torvald por que não contempla a possibilidade de levar os filhos, mas fica claro que na vida incerta que a espera quando tiver saído de casa não há lugar para uma babá, o que seria uma privação essencial para seus três filhos. Deixando-os em casa, com o pai e com seus status social intacto, ela garante que não vai arrastar as crianças em sua decadência.

Essa preocupação une todas as abandonadoras trágicas da literatura do século XIX. Uma coisa é mergulhar no abismo, outra bem diferente é arrastar suas criaturas para esse caminho.

Também Anna Kariênina, quando percebe que seu romance com Vrónski será inevitável, vê claramente que para viver essa história de amor terá que sacrificar seu filho Serioja, porque os filhos, muito especialmente os filhos homens, pertencem aos pais e, portanto, à casta. Levá-los significa extirpá-los do sistema e destruir seu futuro. Até o dia a dia parece incerto nesse extrato social. Como pagariam as babás? De onde sairia o dinheiro para o preceptor das crianças?

Tanto Nora quanto Anna chegaram à imaginação de seus autores através de histórias reais muito próximas. Ibsen partiu do ocorrido com uma amiga, a dramaturga noruego-

Nora Helmer e Anna Kariênina, criaturas extraviadas   169

-dinamarquesa Laura Kieler. Ela contraiu tuberculose e também quis ir para o sul em tratamento, assim como Nora (cujos problemas derivam de ter falsificado a assinatura do pai para poder levar o marido para a Itália para se tratar). Laura Kieler também contraiu uma dívida e, quando não conseguiu pagá-la, falsificou um cheque. Seu marido, um professor, soube disso, repudiou-a e internou-a num sanatório para doentes mentais. Mais tarde, chegaram a reconciliar-se. Já a amizade de Kieler com Ibsen nunca superou a publicação de *Casa de bonecas*. Ela não perdoou o antigo confidente por apropriar-se de sua história e transformá-la no símbolo universal da mulher desesperada. Quando se rouba a história de um escritor, a traição é dupla: rouba-se também o seu material de trabalho.

Para Tolstói, a história da mulher adúltera ficava bem perto de casa. Antes de escrever *Anna Kariênina* — um projeto que começou como procrastinação do romance que realmente queria escrever, sobre Pedro, o Grande —, ele tinha acabado de acompanhar o divórcio de sua irmã, Marya (ou Marie). Como Anna, Marya deixou o marido na Rússia e, ela sim, levou os três filhos para morar com o novo amante em Argel. Lá, também como Anna, teve outra filha, mas quando seu novo companheiro os deixou, foi obrigada a voltar para o marido na Rússia, deixando essa filha para trás. Apesar de seu pensamento conservador e tradicionalista no que dizia respeito à família, Liev Tolstói aconselhou Marya a deixar o marido, decisão da qual logo se arrependeu.

Se *Casa de bonecas* é despojada e concisa, *Anna Kariênina* é torrencial e tumultuosa. Nas centenas de páginas do romance de Tolstói, Anna tem tempo para exibir todos os sentimentos que uma mãe pode abrigar por seus filhos: paixão maternal arrebatada, desencanto, uma saudade selvagem e também uma espécie de conformismo temperado.

Quando o romance começa, Serioja tem oito anos. Anna, que Tosltói desenha como um ser que transpira paixões espontâneas, adora o filho, embora tenha aprendido a calibrar seus afetos por ele. "O filho, como o marido, produz em Anna um sentimento próximo da decepção. Ela o imaginou melhor do que era. Precisa descer à realidade para desfrutá-lo tal como é", diz o narrador. Ainda assim, Serioja é o principal motivo a impedir Anna de abandonar o marido, Kariênin, e fugir com o amante, Vrónski. Quando finalmente decide fazê-lo, Anna se impõe a separação do filho como um castigo. Kariênin chega a oferecer-lhe o divórcio, que poderia facilitar as coisas, mas ela recusa e, num primeiro momento, vai para a Itália como mulher adúltera e repudiada. "Fiz uma coisa má, sofrerei minha desgraça e a separação de meu filho", pensa consigo.

Embora esteja resolvida a sofrer, a verdade é que no início não sente tanta falta do menino. Tolstói faz com que Anna repita uma e outra vez que não pode viver sem o filho, mas podemos ver que ela faz exatamente o contrário, até que chega o momento em que a própria Anna admite: "Eu pensava que o amava, mas estava comovida com minha própria ternura".

Ela terá outra filha, com Vrónski, Annie, pela qual nunca chegou a sentir o amor que a invade quando pensa em Serioja. O menino, depois de abandonado pela mãe, cresce envenenado pela nova confidente do pai, a odiosa Lídia Ivanovna, que chega a dizer-lhe que a mãe morreu e convence Kariênin a não fazer caso das cartas em que Anna implora para ver o filho. Criado só por um dos lados em disputa, tudo o que Se-

Nora Helmer e Anna Kariênina, criaturas extraviadas 171

rioja deseja é transformar-se numa réplica do pai. Um homem reto e um sério servidor da mãe-pátria.

Anna vive — até o final, quando se precipita em sua tragédia e o filho já nem se chama mais Serioja e sim Serguei, pois já é um pós-adolescente — num estado de confusão exaltada, enlouquecida pelo ciúme que tem de Vrónski. Perdeu a noção do tempo e da realidade e, ao ver um grupo de crianças brincando na rua, pensa no filho. De certa maneira, para ela Serioja terá sempre oito anos. Não consegue compreender que ele já é quase um homem e que ela perdeu a metade de sua infância.

Anna é a única mãe abandonadora em *Anna Kariênina*, mas não a única mãe sofredora. Ela representa o conflito, como o de Nora, entre a felicidade egoísta e o amor pelo filho. Dolly, sua cunhada, sente-se por vezes assoberbada pela criação de seus seis filhos e por um marido infiel, Oblónski, e permanece leal a Anna quase até o final, mas Tolstói se serve dela como ferramenta educativa, como uma personagem de literatura infantil que aprende uma lição. Dolly é uma das poucas pessoas que rompe o boicote social contra Anna e vai visitá-la na luxuosa casa que ela partilha com Vrónski após se separar de Kariênin. Nesse encontro, escandaliza-se ao saber que Anna não quer ter mais filhos com o amante com a intenção de manter-se atraente por mais tempo. Teme o desgaste e que o novo amante a veja como uma mãe. Dolly também fica horrorizada com a ideia de que Anna vai viver separada do filho mais velho. Depois dessa visita, volta para casa aliviada por manter os seis filhos perto de si e por estar inserida na ordem social.

O acadêmico Gary Saul Morson escreveu que Dolly é, para seu criador, a autêntica heroína de *Anna Kariênina*. Representa a mulher prosaica e de bom senso, uma russa de boa cepa diante da narcísica e romântica Anna. É sobre Dolly que recai a responsabilidade de dar forma às ideias que o próprio Liev Tolstói tinha sobre a família.

No tríptico de mães do romance falta ainda Kitty, irmã de Dolly, que o autor considera capaz de todas as virtudes femininas: o matrimônio (casa-se por amor e não por interesse ou ardor sexual), o cuidado (cuida do cunhado moribundo) e a maternidade. Kitty só tem um filho ao longo de todo o romance e é feliz com ele, mas ainda assim a princesa, que no início do livro é apresentada como uma beleza casadoura, tem um pouco de dificuldade de adaptar-se à nova realidade. Tolstói lhe concede uma pequena porcentagem de ambivalência maternal, como quem reconhece a dureza da tarefa.

Embora tenha ficado órfão de mãe aos dezoito meses, o autor tinha muitas mães próximas para informar-se sobre a questão, a começar por Sofia, sua mulher, que engendrou treze filhos. No momento em que escrevia *Anna Kariênina*, eles já estavam no nono. Sofia era uma prolixa escritora de diários — seus escritos encantaram Doris Lessing — e o casal tinha o hábito de um ler o diário do outro. Costume que inauguraram ainda recém-casados, quando Liev pediu que Sofia lesse o relato de toda a sua juventude escrito por ele mesmo, suas turbulências morais e sexuais, que a horrorizaram. De maneira que é bem provável que Tolstói tivesse em mente os escritos de sua mulher quando imaginou essas jovens mães, suas dúvidas e pesares. Anna, Dolly e Kitty, cada uma carregando sua própria dúvida.

Quando já tinha parido quatro filhos, Sofia escreveu em seu diário: "A cada novo filho, uma mulher sacrifica um

Nora Helmer e Anna Kariênina, criaturas extraviadas

pouco mais da vida e aceita uma carga ainda mais pesada de ansiedades e enfermidades". E também:

> Estava me perguntando hoje por que não existem mulheres escritoras, artistas ou compositoras geniais. É porque toda a paixão e habilidades de uma mulher enérgica são consumidas pela família, seu amor, seu marido e sobretudo seus filhos. Suas outras habilidades não são desenvolvidas, permanecem como embriões, atrofiadas. Quando a mulher acaba de criar e educar seus filhos, suas necessidades artísticas despertam, mas então já é tarde demais.

A mulher de Liev Tolstói quis várias vezes, ao longo de sua vida fértil, parar de ter filhos, e disse isso ao marido, mas ele sempre se negou. Para ele, a essência do casamento era a multiplicação, e não parou enquanto a natureza não pôs fim à carreira reprodutiva da família. Há muito de Sofia em Dolly e muito de Marya em Anna.

QUASE TODO O ARCABOUÇO social que sustenta tanto *Casa de bonecas* quanto *Anna Kariênina*, e que torna plausíveis os seus argumentos, já foi desmantelado. Qualquer um que quiser se divorciar pode fazê-lo. Existe a guarda compartilhada. As mulheres não são nominalmente propriedades de seus maridos ou pais. Tampouco é preciso casar para ter filhos, nem reproduzir o formato heterossexual.

Contudo, quando penso em meu próprio círculo social no sentido mais amplo, percebo que nele cabem famílias reconstituídas, monoparentais, homoparentais, mães solo que adotaram embriões que outras mulheres haviam congelado, mulheres heterossexuais que engendram filhos com amigos gays para criá-los juntos, filhos que são criados em casas poliamorosas onde os pais têm vários companheiros — e mais ou menos todo o menu de opções para formar família de que dispomos agora. Mas em todo esse mostruário tão fértil e gozoso, testemunha das muitas maneiras que fomos capazes de inventar para nos agruparmos e nos querermos, não sou capaz de encontrar uma só Anna, uma só Nora.

Não conheço de perto nenhuma mãe que tenha abandonado voluntariamente os filhos para encontrar a própria identidade, como Nora, ou porque eles não têm espaço na vida com um novo companheiro, como Anna. E acho que se isso acontecesse o escândalo que despertaria não seria tão diferente daquele que Anna e Nora geraram em seus universos literários.

Ninguém mobilizaria o ostracismo social contra essa mãe abandonadora, porém mais de um pensaria, como o clérigo que condenou *Casa de bonecas*, que isso não é verossímil, que algo grave tem que estar acontecendo, talvez um transtorno mental, um episódio depressivo para o qual desejaríamos uma boa terapia, descanso e meditação. Corrigido e controlado o problema, o natural, o esperável seria reunir essa mãe e seus filhos. O contrário nos pareceria, desconfio, uma pequena tragédia para a mãe e para os filhos. Estou imaginando, é claro, uma situação na qual a mãe iria embora sem estar fugindo de nenhum tipo de violência, mas ainda assim é chocante que em mim e no meu entorno prevaleça o pensamento de Kitty Liévina e de Dolly, as mães convencionais e resignadas de uma obra como *Anna Kariênina*, que foi concebida por

Nora Helmer e Anna Kariênina, criaturas extraviadas 175

Tolstói como uma fábula moralizante. Surpreende-me que as ideias do obtuso Torvald Helmer — "órfãos de mãe" — não tenham deixado de valer, ou não de todo.

Como eu também leio a partir do banco dos réus, conforme preferia Virginia Woolf e conforme fazem alguns desses alunos que se envolvem com as obras do século XIX nos fóruns de venda de textos, gosto de pensar como seria essa primeira noite de Nora sem seus três filhos, se teria levado um pijama das crianças para sentir o cheiro, se iria sentir também um breve arrepio de excitação ao se dar conta de que pode jantar o que bem entender e não o que mandou a cozinheira preparar, de que é livre para fazer o que quiser pela primeira vez em sua vida adulta. Se vai temer que os filhos chorem por ela ou se, ao contrário, o que mais a amedronta nessa primeira noite é que eles logo a esqueçam.

E se?: A canção cruzada de Joni Mitchell e Vashti Bunyan

ALÉM DE SER UMA CANÇÃO sobre uma das experiências mais dolorosas que se possa experimentar — dar um filho em adoção contra a vontade —, a devastadora "Little Green", de Joni Mitchell, contém também um dos versos mais sarcásticos de todo o cancioneiro folk dos anos 1960. "Ele é um não conformista", explica Mitchell, com mais fleugma que angústia, à filha que teve que abandonar. O não conformista, que foi para a Califórnia "porque lhe disseram que lá tudo é mais quente", era Brad McGrath, primeiro namorado de Mitchell, um fotógrafo que ela conheceu na escola de artes aplicadas de Calgary, com quem perdeu a virgindade e de quem quase imediatamente engravidou.

McGrath entrou para a história como autor de um dos bilhetes de ruptura mais citados e infames. Os dois jovens amantes abandonaram os estudos e mudaram para Toronto no inverno de 1964. Viviam num apartamento dividido e desconjuntado, onde os antigos inquilinos usaram as tábuas da escada para fazer fogo e se aquecer. Quando o casal soube que Joni estava esperando um filho, ela decidiu não abortar e ele foi embora para a Califórnia sem se despedir, deixando o desenho de uma mulher grávida olhando a lua pela janela e um bilhete:

O ladrão deixou
ao partir
a lua na janela

Alguns anos mais tarde, Mitchell utilizaria essas palavras em sua canção "Moon at the Window".

Completamente sozinha numa cidade que não era a sua e sem contar aos pais que estava grávida, a cantora e compositora iniciante começou a trabalhar numa loja de departamentos. Como não tinha dinheiro para pagar a taxa de 160 dólares do sindicato dos músicos, só podia tocar seu repertório na Associação Cristã de Moços ou em alguns clubes com música ao vivo. Buscou abrigo numa casa para mães solo, mas não foi aceita: a casa estava lotada. Em 1965 a pílula ainda não estava em circulação, mas a revolução sexual sim, e os serviços sociais canadenses não davam conta do fluxo de mães solo e crianças nascidas fora do casamento.

Por fim, em fevereiro de 1965 Mitchell deu à luz uma menina loura a quem deu o nome da Kelly Dale Anderson, no hospital de Toronto. Mães solo feito ela eram tratadas como delinquentes pecaminosas. Seus peitos eram atados para que o leite não viesse e eram separadas de seus bebês. Mas Joni, a quem quase todo mundo ainda chamava de Joan, conseguiu passar dez dias com sua cria.

Mais ou menos nessa época, em Londres, outra cantora folk obcecada por Bob Dylan, uma jovem de classe média nascida na Irlanda mas criada na Inglaterra e chamada Jennifer Vashti Bunyan, conheceu Andrew Loog Oldham, empresário dos Rolling Stones. Oldham estava muito contente com o trabalho feito com Marianne Faithfull, que ele pensava ter vendido como uma perfeita bonequinha pop, e quis repetir a jogada com aquela moça que se apresentava só como Vashti. Ainda faltavam alguns anos para que Faithfull se emancipasse como artista. Oldham já tinha uma loura, agora queria aquela bonita moça com cabelos castanhos e um violão. Lançaram um single com uma canção de Mick Jagger e Keith Richards no lado A e uma canção da própria Bunyan no lado B, mas nem essas canções nem o single seguinte fizeram muito sucesso.

Em 1967, um tanto desiludida com o mundo da música e vendo que ninguém estava pensando em levá-la a sério como compositora, Bunyan tomou uma decisão que parecia perfeitamente lógica na época: fazer uma viagem de carroça pelas estradas britânicas junto com o namorado, Robert Lewis. O casal estava sem teto há alguns dias, dormindo sob um rododendro num parque de Londres e quando o Banco da Inglaterra, legítimo dono do terreno, mandou removê-los, resolveram comprar a carroça de uma família de ciganos. A ideia era chegar com esse veículo precário até as ilhas Hébridas, na Escócia, onde o cantor e compositor Donovan tinha montado uma comunidade. O músico tinha comprado três ilhotas afastadas, nas quais planejava organizar um santuário autossuficiente, um lugar para praticar o amor livre e o respeito à terra.

A peregrinação de Bunyan e Lewis durou um ano e meio, e quando chegaram à ilha Donovan já tinha partido e o sonho pastoral tinha se acabado, mas no caminho Vashti tinha aproveitado bem seu tempo: enquanto cruzava as estradas lamacentas da Grã-Bretanha numa carroça, ela compôs as canções que mais tarde formariam seu disco *Just Another*

E se?: A canção cruzada de Joni Mitchell e Vashti Bunyan 179

Diamond Day, uma coleção de baladas inquietantes com um toque de escapismo, mas com um certo lamento terreno, como se tivessem brotado da tensão entre o sonho da comunidade e a realidade da estrada.

Voltando ao Canadá, Joni Mitchell já tinha se transformado numa "menina com uma menina", como ela canta também em "Little Green". Os serviços sociais a pressionavam para que desse o bebê em adoção, alertando-a de que quanto mais demorasse, mais difícil seria encontrar uma família. Ela resistia. Naqueles dias, ficou com uma amiga de Calgary, Lorrie Wood, uma das poucas pessoas que sabia de seu segredo. Wood entendia perfeitamente a situação, pois ela mesma tinha ficado grávida solteira e tinha dado o bebê para adoção. "Foi o melhor que fiz", insistia a amiga. "Você tem sua carreira na música, não pode ser egoísta. Como vai criar um filho? Precisa ficar longe de tudo isso." Joni olhava a bebezinha, tão parecida com ela, e pensava: só mais um pouco.

A cantora achou que tinha encontrado a solução para seus problemas em Chuck Mitchell, outro cantor e compositor um pouco mais velho (tinha 29 anos na época) que conheceu no clube Penny Farthings, quando ele corrigiu a versão que ela cantava de "Mr. Tambourine Man", de Bob Dylan. Mitchell tinha carteira do sindicato, o que permitia que cantassem em duo, e um passaporte norte-americano. Parecia a saída perfeita. Resolveram casar 36 horas depois de se conhecerem. O plano era ir para Detroit, integrar-se na cena musical local e, quando tivessem dinheiro suficiente, tirar a menina da casa de acolhimento em que foi viver.

Mas nada disso aconteceu. Chuck Mitchell, que vinha de uma família de classe média alta e tinha frequentado uma universidade de elite, via a nova esposa como um ser exótico, um tanto agreste. Não demorou a deixar claro que não tinha nenhuma intenção de criar o filho de outro homem. Numa de suas viagens entre Detroit e Toronto, foram até a casa de acolhimento onde a menina estava, pegaram-na no colo, primeiro ele, depois ela, e deram adeus. Joni assinou os papéis renunciando à custódia. Optou pela chamada Adoção Não Identificada, ou seja, não deixou seu nome, apenas alguns dados. Que o pai era alto e a mãe também. Que a mãe vinha de Saskatchewan e que deixava o bebê a fim de ir para os Estados Unidos "para seguir uma carreira de cantora folk".

Na Inglaterra, também Vashti Bunyan se viu ao mesmo tempo com um bebê, sem casa e com uma carreira musical nascente e errática. O produtor Joe Boyd, um dos homens mais bem conectados do negócio musical, convidou-a para gravar as canções que tinha composto ao longo de sua romaria hippie. A equipe que trabalharia no disco era estelar, o que explica, em parte, que a gravação não tenha se perdido na história. Quem tocou as canções de Vashti foram os membros da Incredible String Band e, na produção e no violino, banjo e bandolim, estava Robert Kirby, que tinha acabado de trabalhar com outro prodígio do folk britânico, Nick Drake. No início, os nomes não impressionaram a jovem compositora nem um pouco. "Estava tão afastada de tudo, depois de passar dois anos sem rádio, televisão, música, revistas musicais, sem eletricidade e com muito pouco dinheiro, que simplesmente não sabia quem eram", contou mais tarde numa entrevista. Ainda assim, gravaram esse disco estranho, mas logo em seguida Vashti descobriu que

E se?: A canção cruzada de Joni Mitchell e Vashti Bunyan

estava grávida. Tinha que decidir o que fazer de sua vida. Podia ficar em Londres para divulgar o disco ou voltar para as Hébridas, onde o sonho da vida comunitária parecia mais que encerrado. Ela e Robert por fim resolveram que iriam viver com o menino, Leif, numa outra comunidade, mantida pelos membros da Incredible String Band na fronteira da Inglaterra com a Escócia.

O disco foi lançado em 1970, mas teve pouca repercussão. Ficou perdido no congestionamento de música extraordinária daqueles anos, talvez por ser demasiado estranho, demasiado confessional, demasiado *feminino*. Alguém chegou a dizer que pareciam canções de ninar infantis, coisas feitas para crianças. A partir daí, Vashti deu por encerrada a sua história com a música. Após a comunidade escocesa, foi viver numa fazenda na Irlanda. Depois de Leif teve outro filho, e mais tarde um terceiro. Criou, além deles, três enteados. Passou trinta anos sem sequer tocar num violão e sem nunca ouvir os seus próprios discos. Não tinha em casa nenhuma cópia de *Just Another Diamond Day*. Tinha dado todas de presente.

Joni Mitchell, por sua vez, já não tinha o peso de um bebê e podia fazer a carreira deslanchar. É cômico, e um pouco desolador, ver como Chuck e Joni Mitchell descreveram aqueles anos para o biógrafo David Yaffe, autor do livro *Reckless Daughter: A Portrait of Joni Mitchell*.

Ele diz: "Os dois tínhamos talento, não esqueça, embora de tipos diferentes. Era divertido, e um monte de coisas acontecia ao mesmo tempo; canções sendo escritas, melodias sendo descobertas, roupas sendo costuradas, cortinas inventadas e penduradas, liquidações e leilões e rosbifes com Yorkshire puddings e feijões verdes e partidas de cartas que duravam a noite inteira e saraus com trovadores. Era um grande show".

Ela diz: "Chuck Mitchell foi meu primeiro explorador. Um completo idiota".

Parece bastante claro quem estava costurando as cortinas, preparando o rosbife e, de quebra, criando as melhores melodias.

O casamento acabou em dois anos. Paradoxalmente, Joni adotou o sobrenome do marido como nome artístico justamente quando estava prestes a abandoná-lo e construiu com esse nome uma identidade de cantora e compositora com repertório próprio, que não precisava mais ficar tocando repetidamente as canções de Joan Baez e Pete Seeger. Três anos depois de renunciar à filha, Mitchell tinha um contrato discográfico sólido, um carro e uma casa, um lugar seguro no grupo de músicos que giravam por Laurel Canyon. Na robusta bibliografia sobre aquele pessoal, abundam as anedotas sobre como o talento descomunal de Joni Mitchell confundia o resto dos músicos e cantores e compositores homens. Como a vez em que Eric Clapton apareceu em Laurel Canyoun e Neil Young lhe disse: "Você tem que ouvir uma garota que mora no andar de cima". Joni tocou para eles e até um sujeito com a inabalável autoestima de Eric Clapton teve que admitir que o que aquela mulher fazia não era normal.

Em quase todos os seus shows ela cantava "Little Green", convertida numa parte essencial de seu repertório. Tocou-a quando estreou em Bleecker Street, o território mítico dos *folkies* de Nova York, tocou-a na televisão canadense. Estava tudo ali. A letra era transparente:

E se?: A canção cruzada de Joni Mitchell e Vashti Bunyan

> *Você assina todos os papéis*
> *no nome da família.*
> *Está triste e lamenta*
> *mas não está envergonhada.*
> *Little Green, tenha um final feliz.*

Mas ninguém sabia ou queria saber a quem Joni Mitchell estava se referindo nessa canção. Quando finalmente, em 1971, ela gravou a música para o álbum *Blue*, que a projetou e consolidou sua reputação como uma das grandes compositoras de sua geração, boa parte do público continuava sem entender. Um crítico da Rolling Stone lamentou que a letra fosse "bonita e poética", mas "enigmática demais". Ela explicou depois que essa e outras canções eram a sua maneira de mandar mensagens para a filha perdida.

Após trinta anos e numa reviravolta típica de romance, mãe e filha se reencontraram. As duas estavam se procurando há um tempo. Kelly Dale chamava-se agora Kilauren Gibb, nome dado pelos pais, dois professores de um subúrbio acomodado de Toronto, quando a adotaram com apenas seis meses de vida, no mesmo dia em que Joni Mitchell tinha assinado os papéis citados na canção. Kilauren trabalhou como modelo mas, na época, era estudante de pós-graduação. Embora suas amigas tivessem dito, ainda na adolescência, que ela era adotada, Gibb só teve a confirmação por parte dos pais aos 27 anos, quando ficou grávida. Buscou informação sobre os pais biológicos e encontrou, então, a famosa nota dizendo que sua mãe tinha nascido em Saskatchewan e ido para os Estados Unidos a fim de tentar a sorte como cantora folk. Qualquer fã mediano de Joni Mitchell teria sido capaz de ligar os pontos, mas Gibb demorou quatro anos para encaixar o quebra-cabeças, com a ajuda involuntária de um ex-companheiro de residência da cantora, que vendeu a história do "filho ilegítimo de Joni Mitchell" a um tabloide.

A cantora chegou a admitir em algumas entrevistas que era verdade e começou a receber cartas de moças louras canadenses que diziam ser sua filha, mas nenhuma se enquadrava na história. Até que, em 1997, chegou um bilhete de Kilauren, com alguma documentação, tornando claro que ela era Kelly Dale.

Mitchell mandou passagens de avião para ela e o filho, Marlin. Mais de trinta anos depois ela ia encontrar sua filha e, de quebra, conhecer seu primeiro neto. O reencontro foi seguramente muito mais público do que ela pensou. A história, tão cativante, saiu em toda a mídia. Oprah Winfrey, Barbara Walters e Larry King pediram entrevistas. Kilauren convocou o namorado para atuar como assessor de imprensa, pedindo 10 mil dólares por cada encontro com jornalistas. Os que viram Joni Mitchell naqueles dias dizem que ela estava radiante, que nada a interessava mais que a filha recuperada. Nas entrevistas que deram juntas e nas fotos que tiraram as duas aparecem com o rosto bem juntinho, para mostrar a semelhança: as duas com as maçãs do rosto impossivelmente altas e o mesmo cabelo liso, olhando-se, incrédulas, de esguelha.

Mas o romance do reencontro durou pouco. Logo surgiram tensões, em parte provocadas pela pressão da mídia e pela intenção de Kilauren de fazer dinheiro com a história. Em 2001, a relação entre as duas estava tão difícil, tinham acumulado tantas queixas mútuas, que as duas decidiram cortar o contato e só reataram em 2013. Segundo Joni, Kilauren sofria com o trauma do abandono e utilizava os netos para fazer chantagem emocional.

Os anos do reencontro com a filha foram para Joni Mitchell anos de um certo desencontro com a música, e ela se dedicou sobretudo à pintura. Num texto sobre ela que Zadie Smith escreveu para a *New Yorker*, a romancista se pergunta por que Joni Mitchell prefere ser "uma pintora perfeitamente correta" em vez de "uma cantora tocada pelo sublime". Especula que, fugindo do que faz melhor, talvez Mitchell esteja tentando se proteger das expectativas de seu público. É sempre mais fácil, ao fim e ao cabo, circular pelo mundo com uma dose justa de talento. É quando se ultrapassa uma certa quantidade que as coisas começam a se complicar.

Se Joni Mitchell passou trinta anos com a música e sem a filha, Vashti Bunyan viveu justamente o contrário: dedicou trinta anos aos filhos e só então a música veio novamente a seu encontro. O que aconteceu no início deste século é que Bunyan, já com setenta anos, começou a descobrir em pesquisas na internet que seu nome circulava como moeda especialmente valiosa entre pessoas que buscavam raridades musicais. Já fazia algum tempo que ela recebia e-mails de estranhos rapazes barbudos, como Devendra Banhart, que lhe declaravam seu amor e diziam que suas canções doíam na alma. Em 2004, um selo pequeno mas influente, Spinney, relançou *Just Another Diamond Day*, e o disco finalmente encontrou seu público natural. Não demorou para que Piano Magic, Cocteau Twins e Animal Collective se jogassem a seus pés. A segunda vida musical de Vashti Bunyan foi impulsionada, em parte, pelo esnobismo dos que diziam adorá-la — "Ah, ainda não conhece Vashti Bunyan?" —, mas mesmo assim era um caso claro de reparação histórica, de resgate oportuno de uma mulher que havia dilapidado seu dom e, pelo menos dessa vez, não precisou esperar a morte para ter reconhecimento.

Suas canções, sobretudo as de *Just Another Diamond Day*, que compôs enquanto percorria as ilhas britânicas numa carroça a cavalo, já não pareciam sem importância. Podiam ser apreciadas pelo que eram, mecanismos delicados e nada comuns. Estimulada por sua súbita popularidade em ambientes indie, Bunyan pegou de novo o violão, voltou a compor, assinou um contrato com uma gravadora, entrou novamente num estúdio de gravação e começou a produzir em casa. "Gravar é diferente agora. Não fico mais fechada numa caixa de vidro, sem poder intervir no modo como as coisas soam", disse a uma revista musical, em 2005. "E o melhor é que posso trabalhar com meu computador. Significa que posso mexer com tecnologia, o que sempre me fascinou, mas que antes me negavam, porque eu era tímida e porque os cantores não podiam contribuir em nada para a produção." Nessa ocasião, perguntaram também por seus filhos, que mal sabiam do passado musical de sua mãe, e ela respondeu: "Gostaria de deixar-lhes algo, mesmo que sejam apenas algumas canções. Soa um pouco afetado, suponho, mas escondi minha história musical durante tanto tempo que gostaria que eles a conhecessem agora".

Nesse "afetado" e nesse "suponho" pode-se ouvir: perdoem-me se pareço uma mãe. É um registro habitual, um tom de desculpa não muito frequente ou nada frequente nos novos pais, que começaram a falar de seus filhos com emoção mas sem arrebatamentos. As mulheres ainda têm uma certa di-

E se?: A canção cruzada de Joni Mitchell e Vashti Bunyan 187

ficuldade em praticar essa lírica tão particular. A qualquer momento, podem ser acusadas de sentimentalismo ou até algo pior.

Quando Joni Mitchell fala em suas entrevistas do que aconteceu nos anos 1960, faz questão de pontuar o seguinte: ela não deixou a filha para fazer carreira. "Leio isso muitas vezes e me incomoda", disse com firmeza a um jornalista de uma TV canadense. "Está completamente equivocado. Para começar, ainda não havia carreira. Eu não tinha nenhum talento. Cantar era algo que eu fazia mas que ia acabar logo, era só uma maneira de ganhar dinheiro para comprar tabaco e pizza, ir ao cinema e poder me permitir um livro de vez em quando." Na mesma entrevista, ela repete que vivia na pobreza em 1965 e não tinha como cuidar daquele bebê. Além disso, ela relembra seu primeiro marido, o "completo idiota", a quem agradece, já que o horror daquele casamento serviu pelo menos como material para escrever suas primeiras boas canções.

Bob Dylan, que as duas idolatravam na juventude, teve seis filhos, cinco biológicos e uma de sua primeira mulher, Sara Lownds, que ele adotou. David Crosby somou outros seis. Graham Nash, para seguir com a lista dos ex-amantes de Joni Mitchell, teve três, assim como Neil Young, um deles de uma relação extraconjugal. A ex-mulher de Neil, a cantora e compositora Pegi Young, que abandonou a música para cuidar de seu filho mais velho, Ben, nascido com paralisia cerebral, gravou um disco quando Neil a trocou pela atriz Daryl Hannah. A lista de canções de Pegi Young parece um manual de ressentimento: "Te dei o meu melhor", "Pouco demais, tarde demais", "Você não vai tirar meu riso de mim", "Até aqui" e "Tentando viver a vida sem você".

Ler as histórias de Joni Mitchell e de Vashti Bunyan em paralelo estimula o jogo fútil do "E se?". E se Mitchell tivesse ficado com seu bebê, talvez contando a verdade a seus pais, como fez alguns anos mais tarde? Nesse caso, podemos mergulhar na ficção especulativa e imaginar uma Joni Mitchell dona de casa ou professora de desenho em Saskatchewan. Tocando ao violão, nas festas, o seu velho repertório repetido de Joan Baez. Esse seria um mundo sem "Little Green", que não teria mais razão de ser, sem *Blue* e sem *Ladies of the Canyon*.

E se Vashti Bunyan tivesse tido a determinação de continuar compondo e tocando?, podemos perguntar também. Bem, aí está Carole King, uma Meryl Streep da música, com quatro filhos de dois casamentos, uma vida sólida e uma carreira estelar. Mas não existem muitos outros exemplos. Via de regra, era necessário escolher: ter filhos ou cantar.

Não é preciso ser cantora e compositora nem ser tocada pelo sublime, como disse Zadie Smith, para brincar de "E se?". Qualquer um pode fazer isso na comodidade de seu lar e na perfeita mediocridade de sua existência. Se quiser acrescentar um pouco de método científico ao assunto, temos dados à mão. Uma mulher na Espanha com filhos que quiser imaginar como teria sido sua vida sem eles já sabe, por exemplo, que nessa realidade paralela estaria ganhando em média 30% a mais. Quem diz isso é o Banco da Espanha. Também estaria gastando 100% menos em coisas tão caras como a cantina da escola e tratamentos dentários pediátricos, de modo que só para começar seu saldo disponível já seria bem maior, a despeito de seu nível salarial.

Ainda assim, o "E se eu não tivesse tido filhos?" é uma forma de "E se?" que só se pratica na intimidade e em silêncio, em noites de sono interrompido ou quando uma mulher que é mãe se compara com as amigas não mães. Elas, com suas vidas e seus quadris intactos, com seu fluxo constante de novos lugares, novos amantes, com seu universo ainda em expansão. Aos olhos da mulher-mãe, cuja vida tornou-se tão estreita, os dias das amigas sem filhos parecem inacreditavelmente versáteis, a pele delas mais lisa, seu cabelo mais brilhante. As amigas sem filhos conservam o assoalho pélvico intacto. Elas não tiveram que assistir a aulas pós-parto com outras vinte mulheres de legging que sofrem vinte graus diferentes de incontinência urinária. São alheias a esse tipo de derrota.

A vida com filhos traz outra classe de estímulos. Criaturas que se enfiam em sua cama de manhã com o corpo ainda quente e te dizem, como se nada fosse, "te amo até *o finito*". Mas essa é uma vida que se move, quase sempre, numa geografia limitada. Quando se tem filhos, o número de ruas nas quais a nova vida transcorre é reduzido, seguramente mais que aqueles 30% de encolhimento dos salários. Sempre chega o dia em que a mulher-mãe se encontra num bairro da cidade que ela costumava frequentar em sua vida anterior e é invadida pela perplexidade. Então elas continuam aqui, essas ruas, e toda essa gente passa por elas diariamente? Que coisa!

Esse "E se?" não costuma levar muito longe, pois em seguida deparamos com a realidade das crianças, que existem e suscitam um amor sobre-humano. Entendo que o contrário também deve acontecer e que até as pessoas mais seguras em sua decisão de não ter tido filhos devem cair de vez em quando nesse "E se?" tão espinhoso e tão definitivo, o maior de todos, superior na escala de "E ses?" ao dos companheiros que dispensamos, das cidades para as quais não nos mudamos e dos trabalhos que não aceitamos.

Certamente a canção "Little Green" também é, em parte, uma forma triste de "E se?".

Nesses anos em que Joni Mitchell imaginou tantas vezes como estaria a sua filha perdida — nunca deixou de fazê-lo —, ela escreveu essa canção tão melancólica, na qual fantasia que vida estaria vivendo a menina de quem ela teve que se afastar:

> *Só um pouco verde*
> *como as noites em que as luzes do Norte dão seu show*
> *haverá pingentes de gelo e roupas de aniversário*
> *E haverá, às vezes, dor.*

A culpa é das mães

"A culpa é da mãe" é uma ideia que viaja bem. Poderia ter sido externada em qualquer momento da história, aplicada a uma mãe em particular ou à mãe como construto social. "A culpa é da mãe", pensamos de maneira quase inconsciente vendo um documentário numa plataforma de streaming num sábado à noite, um desses produtos audiovisuais perfeitamente calibrados que guiam o espectador para que saiba quando estremecer, quando se surpreender e quando é hora de se indignar. Depois de assisti-los, o espectador vai dormir com a segurança de ter passado por todo o leque de emoções prescritas e com uma certeza moral que reconforta tanto quanto as mantas do sofá. Em *Deixando Neverland*, por exemplo, documentário sobre os abusos de Michael Jackson, tudo é orientado de forma que o espectador abomine as mães das crianças abusadas por Michael Jackson, groupies cegadas pelo dinheiro e pela fama, que praticamente entregaram seus filhos em troca do acesso ao ídolo. Talvez elas não fossem assim, mas assim foram narradas.

"A culpa é da mãe que não vigiou", é o que ainda se pensa nos casos de crianças desaparecidas, quando uma criança cai num poço, por exemplo, ou some numa tarde com sua terrível madrasta, como nos contos de fadas. "A culpa é da mãe: queria que o filho fosse famoso e veja só como acabou", podemos pensar também ao assistir ao espetáculo de qualquer criança prodígio problemática, embora nesse terreno sejam os *pais* tirânicos e exploradores — de Tiger Woods, das irmãs Williams, dos próprios irmãos Jackson, de Britney Spears — que monopolizem o castigo público. Nesses casos, as mães carregam a culpa secundária de não terem sabido proteger seus filhos dessa exploração.

Pode-se explicar as histórias da medicina e da sociologia seguindo esse fio tenebroso, o fio das muitas maneiras encontradas para jogar a culpa de quase qualquer coisa nas mães. Na ciência social, a regra é abominar hoje as coisas em que se acreditava ontem. "Como podemos cair nessa?", pensamos, sem suspeitar que em cinquenta anos vai acontecer o mesmo com algumas teorias perfeitamente instaladas no hardware ideológico de nossa era. Na realidade, cada época encontra seu modo de sentenciar as mães, e se tem alguma coisa que permanece intocada ao longo da história é a crença profunda de que a culpa quase sempre é das mães.

Na primeira metade do século xx, por exemplo, prevaleceu a ideia de que mães com problemas psicológicos traziam ao mundo filhos sãos, mas eram capazes de torná-los literalmente loucos. A teoria freudiana divulgou o convencimento de que a esquizofrenia era causada por mães demasiado frias ou demasiado protetoras. Um estudo publicado em 1934 analisou o entorno de 45 crianças consideradas esquizofrênicas que hoje, porém, receberiam uma grande variedade de diagnósticos. Entre essas 45 crianças, os médicos encarregados do estudo encontraram dois casos que eles batizaram como "rejeição maternal" e 33 casos de "mães superprotetoras", e

A culpa é das mães

com isso solidificou-se a ideia de que tanto a rejeição quanto o apego excessivo provocavam a doença mental dos filhos.

Em 1948, uma psiquiatra chamada Frieda Fromm-Reichmann batizou essas mães *adoecedoras* de "esquizofrenogênicas" e escreveu que o esquizofrênico desconfia das outras pessoas devido ao abraço excessivo que sofreu na infância, basicamente das mães. Essa filosofia prevaleceu durante décadas. No final dos anos 1960, uma neta de Sigmund Freud, Sophie Freud, formou-se em Boston, passou a se dedicar à assistência social psiquiátrica e ficou surpresa com a hostilidade da profissão em relação aos pais de crianças incluídas no espectro autista. Décadas mais tarde, escreveu que "os profissionais tinham boa intenção e queriam ajudar, mas seu marco teórico os levava a fazer interpretações absurdas e más". Interpretações cujos rastros ela poderia encontrar diretamente em sua árvore genealógica. A salada psicanalítica, esse compêndio de derivações às vezes completamente desviadas da coisa freudiana, acabou condensando-se numa especial e encarniçada aversão contra A Mãe ao longo de todo o século xx.

Durante um tempo, não havia limite para o que uma mente imaginativa podia fazer armada com as teorias de Freud e Jung. Como por exemplo a de Philip Wylie, um produto clássico das escolas das classes altas da Costa Leste dos Estados Unidos nos anos 1920 e 1930. Essas escolas, descritas por Richard Yates em seus romances, ensinavam liderança, estoicismo e contenção emocional aos filhos das classes altas. A escola de Wylie foi a Exeter Academy, que teve como ex-alunos famosos Mark Zuckerberg, John Irving, Gore Vidal e vários Rockfeller.

Wylie alimentava vagas ambições literárias e escreveu vários romances de ficção científica depois de graduar-se na universidade. Mas o sucesso só chegou em 1942, quando criou um dos fenômenos de psicologia pop mais idiotas, fascinantes e daninhos da época, que foi chamado de "mamismo", ou *momism*. Armado com o discurso brioso e bélico da época, desenvolveu essa ideia num livro chamado *Generation of Vipers*, geração de víboras. Ele denunciava a existência de certas corresponsáveis pela destruição dos soldados estadunidenses, que eram tão potentes quanto a Luftwaffe e tão certeiras quanto todas as forças do Eixo juntas: as mães americanas, mulheres "ridículas, vaidosas, más e um pouco loucas", "irracionais e temerárias", que tinham transformado toda uma ninhada de homens jovens num bando de covardes, quando não diretamente homossexuais, que estavam morrendo como mariposas na frente de batalha por não terem sido devidamente educados.

A lógica comercial poderia fazer pensar que seu panfleto, que atacava o estamento militar injuriando-lhe a mãe, deveria ter fracassado em meio ao fervor patriótico que tomava conta dos Estados Unidos. Mas o mercado editorial e a psique coletiva podem ser imprevisíveis, e o livro transformou-se num influente best-seller que vendeu 50 mil exemplares entre 1943 e 1955 e deixou um rastro muito mais duradouro.

Como um Steve Bannon à frente de seu tempo, Wylie inventou um acrônimo para referir-se a tudo o que odiava: LIE, que significa "mentira" em inglês e é a sigla de "Liberal Intellectual Establishment", o sistema/ establishment intelectual liberal. Encorajado por um marco teórico de sua própria lavra, sentou o país inteiro no divã e diagnosticou um caso claro de complexo de Édipo que só podia ser tratado com ideias pseudojunguianas. Com suas referências ao "empute-

A culpa é das mães

cimento das mulheres", suas aliterações de imprensa barata e seus sintagmas febricitantes ("mamidolatria megaloide", "sabotadoras espirituais"), fica difícil ler *Generation of Vipers* hoje. "As mulheres da América violentaram os homens, não sexualmente, por azar, mas moralmente", escreve ele.

Mas, no seu tempo, o livro obteve não só um êxito comercial, mas recebeu muitas críticas positivas por parte de gente tão influente quanto o crítico Malcolm Cowley, da *New Yorker*. Simone de Beauvoir, que tinha seus próprios *issues* com o tema maternal, disse que Wylie tinha feito uma análise "brilhante" do reinado da matriarca na sociedade americana. E foi assim que essa ideia do mamismo infiltrou-se na cultura popular e deixou sementes que germinaram durante décadas. Isso é visível em filmes como *Psicose*: Norman Bates encarna a vítima definitiva do mamismo.

Nos anos que se seguiram à publicação do livro de Wylie, apareceram vários títulos abonando suas teorias dos efeitos nocivos de se ter uma mãe hiperpresente e paralisadora. Sua filosofia infiltrou-se nas fendas do discurso dominante, como estudou a professora feminista Stephanie Coontz. Quando o psiquiatra militar Edward A. Strecker voltou da frente de batalha, onde encontrou um número muito grande de soldados emocionalmente instáveis, escreveu *Their Mother's Sons*, outro panfleto acusatório contra as "mamães" — Strecker diferencia os homens jovens que ainda chamam suas mães de "mamãe" daqueles que já passaram para um mais adulto e sóbrio "mãe" — e contra a cultura que permitiu levar um montão de chorões para combater na Europa. Strecker, é claro, também culpa as mães pela homossexualidade dos filhos, uma ideia que sempre encontrou apoio em diversos momentos da história. Até mesmo Betty Friedan a defende em *A mística feminina*, texto fundador do feminismo da segunda onda que não envelheceu lá muito bem.

Essas mães patológicas convenceram seus filhos homens de que nunca encontrariam uma mulher tão boa quanto elas e, paralelamente, deram a entender que o coito heterossexual é um ato inerentemente violento no qual o homem é a besta e a mulher, a vítima. "Com o que sugeriu e com o que disse, envenenou a mente do jovem contra a vida normal, madura e heterossexual", conclui Strecker, cujo livro não teve tanto êxito popular quanto o de Wylie, mas teve influência na psiquiatria militar e na prática clínica civil.

Cinco anos depois da publicação de *Generation of Vipers*, outro best-seller de psicologia popular, *Modern Woman: The Lost Sex*, lançava um número tirado de sabe-se lá que estatística: dois terços dos americanos eram neuróticos e a culpa disso estava em suas casas, concretamente na cozinha, e respondia pelo nome de "mamãe". O estereótipo cruzou os anos 1950 e chegou, fertilizado e crescido, até quase os anos 1960, com centenas de livros, filmes e séries televisivas representando matriarcas estridentes e maridos castrados, que aceitavam, inclusive, várias especificidades culturais, da *mamma* italiana à *yiddish mama*, a mãe judia hiperprotetora que conhecemos dos romances de Philip Roth e dos filmes de Woody Allen, e que tanto lembra a mãe ibérica.

Mais ou menos ao mesmo tempo em que Philip Wylie extraía da mãe a sua teoria mamista, o psiquiatra austríaco Leo Kanner desenvolvia uma outra ideia, contrária mas complementar, que levaria anos para ser desmentida. Kanner apelidou seu conceito de "mãe frigorífico" ou "mãe geladeira", tão

A culpa é das mães

gélida e asséptica que é responsável pelo autismo de seu filho. As mães opressivas transformavam seus filhos homens em loucos ou gays, mas as mães ausentes os tornavam autistas. Mais uma vez, a ideia tem suas raízes em interpretações das teorias freudianas. Kanner e Hans Asperger, o médico que deu nome ao espectro, estudaram sobretudo casos de autismo em famílias das classes altas, muitas delas em âmbito acadêmico, e concluíram que, embora os motivos causadores do transtorno fossem sobretudo genéticos, uma mãe pouco carinhosa podia contribuir para que os filhos desenvolvessem autismo. Além disso, essa mesma estreiteza de seu campo de estudo fez com que caíssem numa falácia, pois deduziram que os casos de autismo são mais comuns em famílias de alto nível intelectual.

Mais tarde, outro estudioso do desenvolvimento infantil chamado Bruno Bettelheim também adotou o termo, usando uma analogia que, naquele momento, fez soarem todos os alarmes, mas também garantiu a atenção do mundo inteiro: disse que esse tipo de "mãe geladeira" era como os guardas dos campos de concentração nazistas. Ele mesmo era judeu, vítima do Holocausto, e foi prisioneiro em Dachau por dez meses, de modo que muitos acreditavam que detinha a receita ética para fazer uma afirmação desse tipo. "A diferença entre o caso dos prisioneiros num campo e as condições que levam ao autismo e à esquizofrenia nas crianças é que as crianças ainda não tiveram, é claro, a oportunidade de desenvolver uma personalidade", escreveu em seu *A fortaleza vazia*, um livro acadêmico que, graças a seu estilo simples e acessível, alcançou uma certa popularidade.

De fato, esse foi o principal problema da teoria de Bettelheim e dele próprio. Carismático e extremamente *media friendly*, o psiquiatra, que depois da guerra se estabeleceu como professor na Universidade de Chicago, aparecia constantemente na imprensa e tinha um talento natural para a autopromoção, de modo que suas teorias difundiram-se com grande agilidade e dominaram os estudos sobre o autismo durante boa parte dos anos 1960. Quando foi entrevistado pela *Time*, já em 1969, disse que "as mães-geladeira" conseguiram "descongelar-se apenas o suficiente para produzir um filho". Uma afirmação desse tipo caía em terreno bastante adubado, naqueles anos em que a palavra "frígida" flutuava no ar. Tinha a concordância dos habitantes dos subúrbios eisenhowerianos — os famosos homens de terno cinza que pegavam o carro toda manhã para ir trabalhar — e dos primeiros adeptos da contracultura: ninguém queria uma mulher gelada. Não havia nada pior que uma frígida.

Embora a influência de Bettelheim tenha causado um dano de longo prazo às mulheres e às mães, foi muito mais corpórea e concreta a dor que infligiu a seus pacientes da Escola Ortogênica de Chicago, que ele dirigiu de 1944 até meados dos anos 1970 e onde implantou uma política racista (não aceitou crianças não brancas até ser obrigado a isso) e quase eugenista. Para começar, parou de aceitar crianças epiléticas e com paralisia cerebral, que costumavam ser os principais pacientes do centro, argumentando que essas eram doenças que podiam ser tratadas em casa. Concentrou sua atenção nos menores diagnosticados como autistas, que hoje provavelmente receberiam uma variedade de diagnósticos, e que tinham em comum o fato de serem academicamente brilhantes e emocionalmente problemáticos. Sua teoria dizia que as crianças autistas eram, na realidade,

A culpa é das mães 199

crianças sem patologia alguma, e que esse comportamento era uma reação ao fato de viverem em versões de campos de concentração em miniatura, quase sempre com um pai passivo e uma mãe-geladeira que odiava a própria feminilidade, o que se manifesta num desejo de morte do próprio filho. Por mais estranho que possa parecer, essa versão foi amplamente aceita na psiquiatria *mainstream* dos Estados Unidos e da Europa e teve um impacto ainda mais duradouro na Coreia do Sul.

A frieza dessas mães aparecia sob a forma de apetites reprimidos (frígidas também) e de um comportamento excessivamente pudico em casa. As mães que trancavam a porta para ir ao banheiro, por exemplo, eram candidatas ao título de mãe-geladeira. Bettelheim defendia a separação familiar quase completa: que as crianças vissem bem pouco os pais e permanecessem na escola aos cuidados de mulheres jovens, que ele chamava de "mães instantâneas" e que deviam ser obsequiosas, agradáveis no trato e apaixonadas.

Em 1990, após ficar parcialmente paralisado por uma apoplexia, Bettelheim suicidou-se, sufocando-se com um saco plástico. Tinha 86 anos. Depois de sua morte, vieram à tona histórias de maus-tratos na Escola Ortogênica, onde reinava uma atmosfera de abuso e terror. Vários internos publicaram memórias dilacerantes sobre suas experiências, falando de um Bettelheim onipresente e temperamental que se disfarçava, ele mesmo, de Papai Noel no Natal — era um judeu laico tão partidário da hiperassimilação que caía na autoaversão, e o Natal cristão era a única festa celebrada com pompa na escola — e que arrancava as crianças do chuveiro pelos cabelos, para surrá-las diante de todos os colegas.

Em 1997, um escritor cujo irmão morreu ainda criança na Escola Ortogênica de Chicago escreveu uma biografia, *The Creation of Doctor B.*, com a intenção de desacreditá-lo definitivamente e, de certa forma, teve sucesso.

Hoje ninguém mais reivindica seus métodos nem suas pesquisas, que também ficaram marcadas por evidências de plágio em alguns estudos. Mas desmantelar uma ideia custa bem mais que cancelar uma pessoa. E a hipótese de que uma mãe-geladeira, ou quem sabe uma mãe-microondas, que esquente apenas de forma superficial, sem chegar ao centro da substância, possa ser a principal causa das desordens do filho continuaria encontrando trânsito livre na psicologia popular durante muitos anos, e conserva ainda hoje sua validade, pois combina muito bem com uma espécie de psicocrença coletiva popular, que sustenta que, de alguma maneira, a culpa sempre é da mãe.

No final dos anos 1980, dois psicólogos canadenses estudaram 125 artigos publicados em revistas científicas sobre a saúde mental infantil e descobriram que 72 responsabilizavam as mães por todo tipo de desordens psicológicas de seus filhos: agorafobia, hiperatividade, esquizofrenia e uma coisa criminosamente denominada "transexualismo homicida". Havia inclusive um estudo de 1987 que relacionava às mães as más notas das meninas em matemática. A culpa das mães, assim como a energia, não nasce nem morre, apenas se transforma.

Hoje mesmo, lemos toda semana algum estudo de tipo epigenético que relaciona a obesidade da mãe durante a gravidez com a futura obesidade do filho, ou o estresse da mãe com uma provável ansiedade de sua cria. Informam, inclusive, que os níveis de poluição ambiental também afetam o feto.

A culpa é das mães

De modo que é possível e até razoável sentir-se culpada por atravessar diariamente ruas de muito tráfego estando grávida, pois estaremos comprometendo os pulmões da criatura pelo simples fato de caminharmos na calçada. De início, todos esses estudos apresentam-se e são aceitos como informações assépticas, derivadas da evolução científica e pensadas para melhorar a saúde dos nascituros. O que teria a medicina pré--natal a ver com a culpa materna? Ninguém suspeita dela. Afinal, trata-se de ciência.

A professora de história da ciência e estudos de gênero Sarah Richardson, de Harvard, fez disso o seu cavalo de batalha. Em vários *papers* acadêmicos e em seu livro *The Maternal Imprint*, argumenta que muitos dos estudos sobre a "hipótese da programação fetal" são obscuros e que muitas vezes a comunidade científica se precipita em suas conclusões. Richardson vem denunciando há anos manchetes extraídas de muitos estudos médicos, tipo "Dieta da mãe durante a gravidez altera o DNA do feto", "As experiências da avó deixam uma marca em seus genes", "Sobreviventes grávidas do 11/09 transmitiram o trauma a seus filhos". O que ela e outros analistas de sua linha dizem é que alguém precisaria considerar os pais de vez em quando, pois eles também contribuem para os fetos, e algo que não se pode fazer com tais descobertas é usá-las para apontar as mães de maneira individual. De nada adianta censurar a dieta inadequada ou a falta de repouso de uma mãe da classe trabalhadora que cumpre uma jornada de doze horas durante a gravidez e compra alguma coisa num McDonald's antes de chegar em casa.

A ideia de que aquilo que uma mulher faz pode deixar um rastro biológico em suas crias antes de nascerem, que era considerada acientífica salvo em caso de acidentes graves ou condições extremas, passou a ser plenamente aceita num tempo muito curto para a ciência, explica Richardson. Antes, acreditava-se que o destino de uma criança era determinado por uma combinação de genes e educação. Esse consenso desmantelou-se e agora o campo da pesquisa intrauterina tem ramificações, a maioria delas benéfica, em medicina, saúde pública, psicologia, biologia e genética. Em apenas trinta anos aceitamos que tudo aquilo que uma mulher faz, fuma, come, respira, toca ou experimenta durante a gravidez pode ter consequências para o feto, mas praticamente não paramos para pensar nos efeitos sociopsicológicos de todas essas descobertas, que recolocam a gestante numa situação de total responsabilidade.

A culpa é das mães mesmo antes de serem mães. Isso é algo que todas as mulheres sabem instintivamente quando fazem um teste de gravidez e pensam, antes de qualquer coisa, nas três taças de vinho que beberam na véspera e começam a suspeitar que isso pode prejudicar o cérebro do feto. Ainda não são mães nem nada que se pareça com isso, mas já conhecem o sabor particular da culpa materna.

A baixíssima taxa de natalidade em quase todos os países desenvolvidos é atribuída sempre, de maneira correta, a fatores tangíveis que todos conhecemos. Ao monte de dinheiro que os filhos custam. À falta de ajudas públicas. À ausência de um tecido social para criá-los de maneira um pouco menos individualista e não como se faz agora, como se cada família estivesse investindo em seu capital humano solitariamente, com a esperança de obter o máximo de renda em forma de filhos saudáveis, felizes e bem-sucedidos.

Os efeitos do capitalismo amoroso também contribuem para que menos crianças nasçam. As mulheres têm dificuldade de encontrar com quem se reproduzir — tantas opções por aí — e ainda mais difícil é resolver fazer isso sozinha, opção que implica multiplicar todas as variantes anteriores (mais gasto, mais solidão, mais angústia). Porém alguma contribuição para a crescente ambivalência, para que cada vez mais mulheres passem seus últimos anos férteis consumidas pela angústia da dúvida — ter ou não ter? —, deve vir desse conhecimento íntimo, da consciência de que, se der esse passo, se essa mulher virar mãe, alguém estará preparado para lançar-lhe os mais variados epítetos em nome da ciência. Mãe obesa; mãe-geladeira; mãe behaviorista, que conta as horas entre as mamadas e planeja o desfralde com a ajuda de um Excel; mãe apegada demais, que carrega seu bebê para todo lado e o amamenta até os cinco anos; mãe helicóptero, que sobrevoa sua cria dia e noite e ensurdece o filho com o barulho de suas hélices. Cada uma terá sua dose de culpa específica em tudo de mau que possa acontecer com seus filhos.

Eu nunca soube muito bem a que categoria de mãe pertenço. Distraída demais para ser helicóptero, pouco "mamiferista" para ser mãe marsupial.

"Você chorou, não?", foi o que muita gente perguntou quando deixei meu filho mais velho pela primeira vez na creche. E voltaram a perguntar quatro anos depois, quando levei o menor. "Sim, um pouquinho", menti.

Mas a verdade é que não chorei. Fiquei muito agradecida e aliviada. Quando meus dois filhos começaram a ir à creche, ambos com cerca de sete meses de idade, eu já tinha retornado ao trabalho há pelo menos quatro ou cinco meses e tinha que escrever e fazer entrevistas e enviar os textos com um bebê em cima, um bebê que sempre, invariavelmente, acordava no meio do sono da tarde e caía no choro em plena entrevista, ou quando eu estava ligando para uma pessoa em Los Angeles que, para marcar a conversa, exigiu dez emails com quinze nomes em cópia. Durante esses meses de puerpério, quando não tive outro remédio senão trabalhar, a dispersão, o esgotamento, os nervos crispados me sufocavam. E, quando eu parava um segundo, podia ver como cresciam os buracos em meu cérebro, transformado numa escumadeira por onde escorriam todas as boas ideias que deveria estar tendo. Era eu ou eram os verbos que me fugiam? Estava certa de que antes eu manejava melhor os advérbios. Será que, junto com a placenta, tinha expulsado todo o vocabulário à minha disposição?

De modo que não, não chorei no primeiro dia de creche de nenhum dos meus dois filhos, quando entreguei os dois a cuidadoras perfeitamente capazes de zelar por eles, com mais tempo, recursos e paciência, e que devolveriam os dois em algumas horas, limpos, felizes e alimentados.

Mas temo que também não chego a ser uma mãe-crocodilo, que transporta as crias na boca, aquecendo-as com seu hálito. Como repartir o alento, se às vezes ele não é suficiente nem para mim? Mãe-reboque? Penso nisso quando empurro um carrinho ladeira acima com uma mão e estendo a outra para guiar um patinete. Cada veículo, como os chamava meu filho mais velho, com seu próprio passageiro. Com os braços em cruz, curvo a espinha num gesto ancestral e autodrama-

A culpa é das mães 205

tizo um pouco: olhe só você transformada num trailer, penso eu, como se me visse de fora, do futuro, ou como se alguém estivesse me filmando.

E aqui vamos nós, as pobres mães-leopardo, pensava numa certa época, subindo para a creche — o bairro em que vivo sempre me pareceu plano até o dia em que tive filhos e me vi na situação de empurrar umas latas-velhas com rodas, então descobri que de plano ele não tem nada, foi todo construído ladeira acima. Tinha, e ainda tenho, uma saia um palmo abaixo do joelho, fechada com presilhas, tipo pareô, de oncinha. Ela é bastante *forgiving*, como se diz em inglês, "clemente", termo que sempre me fez rir quando aplicado a roupas. Nos dezessete minutos de que precisava para fazer o trajeto até lá (21 se tiver azar com os sinais ou se precisar parar para pegar brinquedos caídos do carrinho), costumava cruzar com três ou quatro mulheres que usavam exatamente a mesma saia de 25 euros. Também encontrava, toda manhã e toda tarde, com outras mães-oncinha, com modelos muito parecidos da Zara ou da H&M. Era uma saia que, naquele momento particular, dizia: "Ainda não abandonei totalmente o que fui, estou fazendo um esforço para me parecer com quem eu era". E também, ao mesmo tempo: "Só tenho 25 euros para gastar com frivolidades; melhor nem examinar o estado da minha depilação; meus novos quadris e eu ainda estamos nos conhecendo, não peça demais, deixe estar, seja *forgiving*".

Era, é, definitivamente, uma saia "conciliadora", conformada, dócil, atravessada por um espírito de consenso na batalha que se trava entre quem você foi e quem é agora. "Agora que tínhamos nos tornado mães, todas nós éramos sombras do que tínhamos sido, perseguidas pelas mulheres que éramos antes de ter filhos", escreveu Deborah Levy em *Coisas que não quero saber*. "Na realidade, não sabíamos o que fazer com ela, com a jovem orgulhosa, independente, que nos seguia por aí, gritando e apontando com o dedo quando passávamos empurrando carrinhos de bebê sob a chuva inglesa." Quando li seu livro, senti que tinha escrito para mim e tratei de substituir "sob a chuva inglesa" por "sob o sol asfixiante de julho em Barcelona".

Onças sem garras, pensava enquanto caminhava ladeira acima. E acho que, enquanto empurrava o carrinho, cumprimentei com a cabeça, por inércia, algumas outras felinas, que absolutamente não conhecia. Não deveriam as integrantes de mesma alcateia se apoiar entre si?

O estranho não é ter filhos nessas condições, e nem que seja tão difícil tomar a decisão de fazê-lo, o estranho é que tantas sigam, tantas sigamos firmando o contrato faustiano. Quer filhos? Muito bem, boa decisão. São suaves ao tato, cheiram bem até começarem a cheirar mal, apertam sua mão quando ouvem uma moto ou quando entram no mar ("Estou aqui: me protege") e em apenas três anos adquirem a capacidade de pronunciar aforismos brilhantes e absurdos, como pequenos Lewis Carroll: fabulosos nonsense que você tem que anotar porque não quer esquecer nunca.

Se deseja tudo isso (e como não o desejar? É o melhor da vida), deve saber que esse bebê vem junto com uma porção de culpa, que não é pequena, e que não é possível obter uma coisa sem a outra. Você vai ver. Você também pode abandoná-lo, mas quase ninguém faz isso.

Maria Montessori, o filho e o método

"O BARRO QUE ESSE PESSOAL usa deve custar caríssimo", penso toda semana quando estou esperando meu filho mais velho sair de sua atividade extraescolar, num bairro que já está em sua terceira ou quarta gentrificação. Um de seus colegas de turma nessa atividade costuma sair especialmente sujo, coberto de terra.

Dado que o menino usa o uniforme de uma escola montessoriana, que custa uns 1200 euros por mês por cada criança, incluindo alimentação e transporte, mais 2 mil de matrícula e seiscentos como caução (eu catei no google, sou desse tipo), calculo que cada torrão de barro petrificado nas pernas da calça custa a essa família uma bela grana. No entanto — penso também, fazendo hora na porta até meu filho chegar, razoavelmente limpo —, isso já deve estar contabilizado. Esses torrões provam também que a criança passou o dia rolando em áreas externas, tocando nas coisas, e não sentado numa sala de aula como os filhos dos menos afortunados.

Existem escolas montessorianas em todo o mundo, quase todas privadas e a maioria muito caras, além de um negócio multimilionário paralelo de produtos montessorianos no qual cabe tudo, desde blocos luminosos para construir até facas de autonomia (pensadas para que as crianças possam utilizar sozinhas), passando por caixas de areia e quebra-cabeças.

Em geral, qualquer objeto com a etiqueta "montessoriano" é automaticamente uns 40% mais caro que seu equivalente não montessoriano.

Alguns dos estudiosos do método educativo apontam frequentemente o paradoxo de uma pedagoga revolucionária, que começou a testar seus métodos com os filhos do lumpemproletariado do bairro de San Lorenzo de Roma, ter acabado dando nome ao que agora é, na prática, sobretudo um sistema de formação das elites. O homem mais rico do mundo, Jeff Bezos, foi educado numa escola montessoriana e costuma dizer que sem essa educação jamais teria fundado a Amazon. Atualmente, ele mesmo está abrindo academias montessorianas nos Estados Unidos. Larry Page e Serguei Brin, do Google, também se formaram no método. Esses dados podem ser lidos em cerca de duzentos artigos disponíveis na internet intitulados mais ou menos "O que todos esses multimilionários têm em comum".

Muitos docentes formados no método e teóricos da pedagogia lamentam esse abastardamento da marca Montessori. O método não consiste nisso, insistem. Os próprios pedagogos se espantariam se entrassem num chat de mães de classe média e vissem com quanta leviandade e pouco conhecimento é utilizada a etiqueta "montessoriano", que ficou incorporada a essa coisa meio atroz que é o humor escolar. "Hoje estou Montessori total", serve para quando se acaba cometer um ato pedagógico antiquado e contraproducente, tipo dizer a uma criança que ela vai repetir o quinto ano se não parar de escrever as letras espelhadas. Ou o comentário "Bem, pelo menos é muito montessoriano", quando a criança quebra o brinquedo que acabou de ganhar. A pedagoga italiana dizia

Maria Montessori, o filho e o método 209

que a coisa mais natural para uma criança fazer com um brinquedo é destruí-lo para descobrir o que tem dentro.

Antes de ser uma piada ruim, um método e uma marca muito rentável, Maria Montessori foi uma mulher, uma mulher complexa, erudita, muito singular para seu tempo, e uma mãe que não pôde aplicar suas ideias educacionais em seu próprio filho, pois não estava presente em sua infância.

A futura pedagoga só teve um filho, Mario, quando ainda se dedicava à medicina. Em 1898, Maria tinha 28 anos e alcançou o que bem poucas mulheres tinham conseguido na Itália até então: ser médica e com especialização em pediatria. Tinha acabado de defender sua tese e já codirigia um hospital dedicado ao que então se chamava de "crianças oligofrênicas", etiqueta em que se embolavam todas as necessidades especiais educacionais. O outro líder do centro era Giuseppe Montesano, psicólogo, pioneiro da neuropsiquiatria infantil e fundador da Liga Nacional para a Proteção da Criança. Os dois, Giuseppe e Maria, mantinham uma relação pré-matrimonial pouco frequente em seu meio, pois nada era habitual em Maria Montessori.

Quando Maria soube que estava grávida sendo solteira, a notícia caiu como um raio. Podia forçar um casamento às pressas com Giuseppe e dedicar-se à criação do filho, mas isso implicaria, quase certamente, abandonar seu trabalho e suas pesquisas. Ao contrário do que se poderia esperar naquela época, a mãe de Maria não trabalhou a favor desse casamento, que teria feito de sua filha uma mulher respeitável. Renilde Stoppani não tinha recebido uma educação formal, mas era uma mulher culta e via os sucessos da filha como uma vitória por procuração. "Você fez o que nenhuma mulher fez pela

Itália: é uma cientista, uma doutora, você é tudo e agora vai perder tudo por um filho", escreveu ela naquele período. Foi Renilde, uma mãe que sabia o preço que sua filha pagaria por transformar-se em mãe, quem se encarregou de tudo. Resolveu que Maria teria o filho e que afastariam o bebê assim que nascesse. O recém-nascido, a quem deram o nome de Mario, seria entregue a uma família de agricultores em Vicovaro, povoado a cerca de 45 quilômetros de Roma, uma distância considerável, e haveria uma mulher para amamentá-lo. Na certidão de nascimento de Mario consta um sobrenome inventado, Pippili, pois Guiseppe só veio a reconhecer o filho sete anos depois.

Em *Il bambino è il maestro: Vita di Maria Montessori*, biografia escrita por Cristina de Stefano, a autora compara a situação da pedagoga com a de outras mulheres da época, algumas feministas como ela, que conseguiram se emancipar e com a daquelas para as quais um filho fora do casamento representou um obstáculo insuperável. Anna Kulishova, médica, anarquista e uma das fundadoras do Partido Socialista Italiano, uma judia russa que teve que fugir de seu país, teve uma filha, Andreina, com um companheiro de partido, Andrea Costa, e resolveu tê-la e criá-la sozinha. Depois disso, nunca mais conseguiu trabalhar num hospital. Dedicou-se à ginecologia e, embora tenha feito enormes avanços na pesquisa — em sua tese de doutorado descobriu a origem da infecção puerperal, o que salvou a vida de inúmeras mulheres —, teve que exercer a medicina sempre à margem do sistema, razão pela qual ficou conhecida em Roma como "a médica dos pobres".

Mas Kulishova vivia fora das normas desde a juventude. Teve um primeiro casamento e divorciou-se, depois de ter sua

Maria Montessori, o filho e o método 211

filha, e uniu-se a outro socialista, Filippo Turati, porém nunca quis casar com ele. Mas esse não era o modelo que Renilde e a própria Maria desejavam. Montessori tinha inquietações feministas e planos para o progresso da classe trabalhadora, mas carecia de qualquer pulsão antissistema. Não alimentava nenhuma intenção de sair mais que o necessário das expectativas burguesas. E mais que isso: ao longo de toda a vida, soube cercar-se sempre de gente poderosa em cada país que visitou. Às vezes perigosamente poderosa.

Diante do problema — a gravidez inesperada fora do casamento — ela escolheu, ou escolheram por ela, uma opção que era não a mais conveniente, mas a que não a afastaria do caminho que havia traçado. Entregou o filho e continuou suas pesquisas, intrigada com os trabalhos de Édouard Séguin, pedagogo autodidata que fez sua formação com Jean Itard, educador do "garoto selvagem" de Aveyron — cujo relato serviria de base para o filme de François Truffaut —, e que mais tarde implantaria todo um sistema para ensinar as crianças denominadas "oligofrênicas" através do trabalho sensorial. Antes de morrer e cair no esquecimento, Séguin escreveu um manual em que sugeria que seu método podia, na realidade, ser aplicado a todo tipo de criança. Maria Montessori puxou esse fio e continuou trabalhando com Guiseppe Montesano, sem que ninguém soubesse que aqueles dois jovens médicos idealistas tinham um filho em segredo.

Esse arranjo precário manteve-se até setembro de 1901, quando, de repente, Giuseppe reconheceu o menino e lhe deu seu sobrenome. Dias depois, sem dizer uma palavra àquela que havia sido sua companheira, casou-se com outra mulher, chamada Maria Aprile. Montesano cedia assim à pressão da família, que queria para ele um casamento mais convencional.

Sentindo-se traída, Montessori cortou todas as colaborações com aquele que tinha sido seu companheiro de vida e de pesquisa. A nova situação a deixava, além de tudo, ainda mais distante do filho, pois o pequeno Mario já tinha oficialmente um pai, mas não uma mãe. De vez quando tomava uma condução e ia até Vicovaro, levando brinquedos para o menino. Ficava observando o filho brincar com seus irmãos de leite, sem se atrever a tocar nele, e retornava depois a Roma pior do que tinha saído.

Quando Mario completou sete anos, o pai mandou-o para um colégio em Castiglion Fiorentino, perto de Arezzo, a mais de duzentos quilômetros de Roma. Para saber dele, Maria tinha que contactar um padre que conhecia a ama de leite de Vicovaro, que de vez em quando recebia cartas que o menino mandava do colégio. Também pedia notícias a amigos que tinham filhos internos no mesmo colégio. Todos diziam que o menino estava bem e estudava muito. Nas cartas ao pai, Mario perguntava pela mãe e ele respondia que ela estava muito ocupada, mas que ia aparecer um dia.

Naqueles anos, Maria Montessori dedicou-se ao desenvolvimento de seu método e fundou a primeira Casa das Crianças, como seriam chamadas daí em diante todas as suas escolas, nas quais aplicava um método centrado na criança, que não consistia em aprender brincando, como muitos pensam, mas em "desadultecer" o ensino. Embora conservasse traços de seu socialismo original, Maria sentia-se cada vez mais católica. Tinha uma vida espiritual arrebatada e via as jovens discípulas que ia ganhando, jovens aprendizes da mestra que

Maria Montessori, o filho e o método

pretendiam ser como ela, como uma espécie de congregação laica, monjas da pedagogia.

Na véspera do Natal de 1910, Maria e algumas de suas discípulas chegaram a pronunciar votos diante do altar. Quando uma delas, Anna Maria Maccheronni, teve que tirar os ovários e ficou estéril, Montessori considerou que era um sinal divino. "Quem se dedica à minha obra tem que abandonar todo o resto, sacrificar-se e seguir-me", dizia às suas vestais, com as quais vivia num arremedo de comuna feminina nada erótica. De certa maneira, pedia que fizessem o mesmo que tinha feito, que renunciassem aos filhos, que no caso das discípulas eram hipotéticos mas no seu, muito real.

"Muitos que não me entenderam pensam que sou uma sentimental romântica, cujo único sonho é estar com as crianças, beijá-las e contar histórias, que vai visitar todas as escolas para contemplá-las, acariciá-las e distribuir bombons", escreveu Montessori. "Em geral, elas me cansam! Sou uma pesquisadora científica rigorosa, não um literato idealista como Rousseau, e pretendo descobrir o homem na criança, ver no autêntico espírito do homem o desígnio do Criador: a verdade científica e religiosa." Montessori não se cansava de esclarecer que não era uma espécie de mãe universal, uma ama-seca movida apenas pelo amor à infância, mas uma pesquisadora, uma cientista em busca de uma fórmula. Nesse caso, um método que servisse para educar da melhor maneira qualquer criança do mundo, extraindo o melhor dela e respeitando sua individualidade.

Enquanto escrevia tudo isso, continuava teorizando, com sua peculiar e italianíssima mescla de fé, ciência e política, sobre a emancipação feminina e a necessidade de "socializar a função materna", como ela dizia. Queria que as operárias pudessem deixar os filhos nas escolas, como as ricas faziam, sabendo que lá teriam uma professora e uma enfermeira.

Durante esses anos tão frutíferos e ocupados para ela, Montessori carregava a culpa constante de ter um filho secreto, que não podia ver e do qual ela não podia falar com ninguém, nem mesmo com sua mãe. Renilde nunca quis conhecer o neto, nem vê-lo de longe, como Maria fazia de vez em quando. A pedagoga teve que esperar que a mãe morresse, em 1912, para tentar reverter a situação.

Sem o bafejar constante de Renilde em seu pescoço, Montessori atreveu-se, por fim, a tentar recuperar Mario, e fez isso da maneira mais ágil. Escreveu uma carta para ele, já com quinze anos, que respondeu que tinha esperado por aquele momento a vida inteira e que não guardava rancor. Um pouco depois, Maria organizou o que foi, na prática, uma espécie de sequestro, pois naquele momento ela não tinha nenhum poder legal sobre o menino. Aproveitou uma excursão do colégio a Arezzo, esperou por ele e levou-o para Roma no carro de uma amiga e patrocinadora. O pai, que nunca chegou a conviver com o filho, aceitou a situação como um fato consumado. A partir de então, a mãe compensou o passado dedicando toda a sua devoção ao filho, a quem chamava de "obra perfeita de Deus", "peixinho", "tesouro" e "santo favorito de Deus". Escreveu em cartas que Mario era puro, sábio, generoso, forte, amável, apaixonado. Embora continuasse a atrair uma corte de mulheres jovens em torno de si, Maria afastou a ideia da "Regra", da congregação laica de montessorianas organizadas em pequenas comunas de mestras, e concentrou-se em dar solidez à herança pedagógica, mas também econômica, que queria deixar para o filho. Ela escreveu em seu diário: "Essa é a herança do meu filho. Garantir seu futuro! Feliz, compensado pelo que sofreu: e somente eu lhe darei tudo". Aonde quer que fosse, ela o apresentava como seu sobrinho.

Depois do reencontro, mãe e filho passaram a fazer tudo juntos. Mario pertencia a essa estirpe de filhos de grandes figuras, como Dimitri Nabokov ou Christopher Tolkien, que dedicam toda a vida a aperfeiçoar e santificar o legado de seus pais, salvo que, nesse caso, tratava-se da mãe, coisa que quase nunca acontece. Isso transforma Mario Montessori numa figura bastante particular, o filho da Mestra.

Vários biógrafos de Maria sugerem que foi ela, a quem todos atribuem uma determinação extraordinária e um caráter dominador, quem escolheu a primeira esposa do filho. Em plena Primeira Guerra Mundial, Maria quis que Mario permanecesse, de início, na Espanha, que era solo neutro, para evitar que fosse convocado. Havia em Barcelona um importante centro montessoriano, conduzido por uma das primeiras discípulas de Maria, favorecido pelo governo local da Mancomunitat de Catalunya e muito mais inclinado à espiritualidade católica que o montessorianismo internacional. Mais tarde, transferiram-se para a Califórnia, onde havia décadas ela aplicava seu método, em várias escolas. Mario, que tinha só dezenove anos, conheceu uma moça americana chamada Helen Christy. Embora a família dela não aprovasse, Maria abençoou um casamento rápido e enviou os noivos a uma lua de mel pela América do Sul enquanto a guerra durasse. Na época, a venda dos materiais montessorianos, que já eram muito caros e lhe rendiam 20% de comissão, permitia que a família vivesse sem apertos econômicos.

Mario e Helen tiveram quatro filhos: Marilena, Mario, Rolando e Renilde. Maria costumava chamá-los de seus "bonecos montessorianos". Já adulta, Marilena explicou que sua avó não era uma avó comum, mas um totem, um núcleo irradiador, o princípio e o fim de tudo que acontecia com aquela família.

Atribui-se ao filho Mario a responsabilidade por fazer o contato que obscurece o nome de Maria Montessori quando se fala dela, ou pelo menos quando se fala dela à margem da hagiografia montessoriana, que também é muito ampla. Em 1922, a família inteira transferiu-se de novo de Barcelona, onde os filhos tinham nascido, para Roma, e foi Mario, primeiro-ministro oficioso do império Montessori, quem fez contato com Benito Mussolini para que o país que vira nascer o método já famoso no mundo inteiro voltasse a aplicá-lo seriamente. O ditador, que tinha sido professor quando jovem, entusiasmou-se com a ideia de encher a Itália de laboriosos alunos montessorianos e assumiu pessoalmente a tarefa de impor em todas as escolas do país o sistema, que não aceita meias-tintas (não se pode educar "um pouco à Montessori", é tudo ou nada). Diante da resistência de muitos professores italianos, em pouco tempo Mussolini desinteressou-se pelo projeto, contudo a adesão do movimento pedagógico ao fascismo foi muito real. Foram preservadas cartas nas quais Maria chama o Duce de "salvador da raça". A própria fundadora aceitou que as escolas que ensinavam seu método incluíssem também uma disciplina dedicada à cultura fascista, e uma professora que fez um comentário crítico a Mussolini foi imediatamente atacada e afastada de seu cargo.

Maria Montessori, o filho e o método 217

Já idosa, Maria providenciou também uma segunda esposa para Mario, que estava divorciado de Helen. Casou-o com uma de suas discípulas, uma professora holandesa chamada Ada, que não tinha muito mais idade que seu neto mais velho e que contava com sua completa aprovação.

Montessori passou seus últimos anos levando a vida errante que levava desde que se tornou adulta, passando por Holanda, Inglaterra, Índia, recolhendo homenagens na França, na Escócia, às vezes até na Itália. Foi candidata ao Nobel da paz, mas não ganhou, certamente por sua turva associação com o fascismo. Antes de morrer, em 1952, designou o filho como representante plenipotenciário de toda a sua obra; ele viveu mais trinta anos, sempre dedicado ao apostolado montessoriano.

O amor entre mãe e filho, segundo uma das filhas de Mario, Marilena, "abarcava tudo, dominava toda a sua existência". À distância, parece opressivo e um pouco tóxico, uma bolha como a que Maria e sua própria mãe criaram para si, na qual não cabia mais ninguém. É um caso evidente de sobrecompensação do filho abandonado durante a infância. Assim que o recuperou, Maria quis lhe dar tudo: viagens, luxos, um Lancia Lambda para percorrer as ruas de Roma, uma esposa, uma carreira, outra esposa, uma missão, um império. E o filho foi aceitando tudo, tal como vinha, aparentemente feliz em ajustar-se ao estereótipo do filho que passa a vida inteira agarrado ao seio materno, o filho que nunca cresce. Tentando, quem sabe?, apagar os quinze anos em que foi um filho renegado.

Mercè Rodoreda, pássaro do bosque

DE MERCÈ RODOREDA GOSTO não apenas dos livros, mas de sua presença. A ideia dela, de que exista. E exista num tempo tão próximo e numa literatura como a catalã, onde uma figura assim cabe muito bem: uma assinatura incontestável, com muitas doses de drama. Olhando bem, não falta drama à literatura catalã. Quantas línguas menores têm em seu panteão desde poetas ilustres até alguém como Jacint Verdaguer, um padre exorcista que foi, em vida, um ídolo de massas com um culto quase pop?

Ainda assim, o nível de Rodoreda era outro. Quando morreu, em 1983, já era plenamente aceita como um clássico contemporâneo. Seu romance mais conhecido, *A praça do diamante*, havia sido adaptado para o cinema apenas um ano antes. A própria Rodoreda assistiu à estreia, com um de seus característicos casacos de vison e aquela nuvem de cabelo branco que parecia ter nascido com ela — o cabelo e o casaco, chaves da iconicidade de Rodoreda, estão para ela assim como o delineador e o cigarro estão para Clarice Lispector —, e cumprimentou Jordi Pujol e Marta Ferrusola, que também foram, conscientes de que aquilo era uma maneira grandiosa de *fer país*.*

---

* Em catalão no original: "fazer país", referindo-se ao movimento pela consolidação da identidade catalã. (N. T.)

Já naquela época, nenhum estudante terminava o ensino médio sem ter lido pelo menos um de seus livros. Geralmente, o próprio *A praça do diamante*, mas também *Aloma*, seu romance de juventude, que é curto, ou *Espelho partido*, que funcionou especialmente bem em minha turma de terceiro de BUP,* opção Letras, formada por 28 meninas e dois meninos. Durante algumas semanas, naquele gineceu hiper-hormonizado, os incestos e desventuras de Teresa Goday e dos Valldaura foram discutidos com o escândalo e o prazer mórbido que reservamos habitualmente para os falatórios da escola.

No final de seus dias, Rodoreda finalmente tinha dinheiro e pôde construir uma casa com jardim, o jardim que perdeu na infância, em Romanyà de la Selva. Aquela mulher, que viveu amores amargos e passou fome no exílio, se deixava admirar pela relativamente recente imprensa catalã e também, mais à distância, pela de Madri. Saía na televisão e nas revistas, e onde quer que fosse soltava frases para alimentar a lenda. Não se interessava nem um pouco por ficar bem na fita, mas sim pela grandeza. "Sou uma pessoa insuportável, mas meus livros, não", disse numa entrevista. Escreveu à escritora Rosa Chacel, que ela admirava e com quem se correspondia: "Se ouviu falar bem de mim como pessoa foi por engano de quem falou de mim. Se a bondade é harmonia e a maldade é desordem, sou uma pessoa absolutamente má por causa das desordens que provoquei em minha longa e já decadente vida".

---

* Bacharelado Unificado Polivalente, com três anos de duração, foi a denominação oficial do ensino secundário na Espanha de 1975 a 1995. (N. T.)

O que Mercè Rodoreda tinha feito para sentir-se assim tão pérfida? Estava se referindo, com certeza, às suas relações difíceis, a uma vida complexa que fez com que ganhasse alguns inimigos. Minha própria leitura interessada, que liga a escritora catalã às outras autoras que aparecem nessas páginas, aponta para a relação fracassada com seu único filho, Jordi.

Em 1939, consumada a insurreição fascista, Rodoreda partiu para o exílio e deixou o filho, que contava então nove anos, em Barcelona. Devido à penúria econômica e ao modo como se encaminharam suas vidas, mãe e filho não tornariam a morar sob o mesmo teto e, com Jordi já adulto, romperam definitivamente por causa de uma herança. Não voltaram a se falar. Na meia-idade, ele foi diagnosticado esquizofrênico, quando já era pai de quatro adolescentes. Passou as últimas décadas de sua vida internado no hospital psiquiátrico Pere Mata, em Reus, do qual saiu apenas para uma residência de idosos.

São surpreendentes os paralelismos entre as vidas de Muriel Spark e Mercè Rodoreda. Duas escritoras hiperdotadas, de êxito improvável, duas guerras, dois filhos únicos, duas heranças econômicas em disputa, dois fios rompidos. E também dois ocasos tranquilos, as duas acompanhadas por outra mulher.

Quando Rodoreda faleceu, as cerimônias foram importantes. Uma câmara-ardente foi improvisada em Girona. Todo o funeral foi gravado. Os obituários foram longos e até certo ponto assépticos, como costumavam ser até pouco tempo atrás na imprensa catalã e espanhola. Esses textos me exasperam. Como leitora intrometida, interessada no lado nebuloso da vida, me irritam — e creio que é também uma reação geracional, que compartilho com muitos de meus contem-

Mercè Rodoreda, pássaro do bosque 221

porâneos — esses artigos que, emulando respeito e buscando uma suposta elevação intelectual ("Nós aqui não nos metemos nessas coisas") caem quase na negligência profissional, pois pintam retratos tão parciais do falecido que é impossível saber de sua vida, daquilo que o derrubou, daquilo que o sacudiu intimamente. Há alguns suprassumos desse gênero, que intimamente chamo de "obituário pulcro" que, por sorte, está em decadência. O do psiquiatra e escritor Carlos Castilla del Pino, que teve que encarar a morte de cinco de seus sete filhos, é um exemplo. É bem verdade que o próprio Castilla del Pino, um sujeito tão brilhante quanto, sob todos os aspectos, execrável, tratou de minimizar o impacto dessas mortes em algumas entrevistas muito marcantes e polêmicas. Mas ler artigos que condensam essas cinco tragédias, cada uma com suas causas e suas circunstâncias, num único parágrafo — numa única frase! —, tratar da morte de cinco filhos como quem fala de uma mudança, tem algo que beira a sociopatia. Ninguém sai ganhando com uma biografia pulcra.

Assim, o que se escreveu sobre a grande escritora foi solene demais. Mas por baixo dos panos se falava, e muito. Se Rodoreda, em seus últimos anos, havia sido membro da ordem rosa-cruz, uma seita cristã que às vezes se confunde com a maçonaria — ela não foi, embora tenha se interessado por esse universo —; sobre a natureza exata da relação que a unia a Carme Manrubia, a mulher com que viveu quatro anos em Romanyà de la Selva, no penúltimo capítulo de sua vida, e que se encarregou de pagar todos os gastos da Clínica Muñoz, de Girona, quando a escritora foi internada com câncer, à beira da morte. Quem estava muito envolvida com a seita dos rosa-cruz era Manrubia, a ponto de ter em seu chalé, El

Senyal, onde passaram tantos momentos juntas, um *sanctum*, uma sala para reuniões iniciáticas dos rosa-cruz.

Rodoreda e Manrubia conheceram-se nos anos 1930 quando trabalhavam para a Generalidade da Catalunha e perderam o contato durante o exílio. Manrubia, andaluza de origem, foi para a Venezuela, onde ganhou bastante dinheiro com um negócio de perfumes. Já mais velhas, reencontraram-se na Catalunha. A filóloga Mariàngela Vilallonga, especialista em Rodoreda a ponto de converter-se em sua médium digital — ela administra a bem-sucedida conta de Twitter que leva o nome da escritora —, conheceu Mercè Rodoreda e Carme Manrubia juntas. Elas a chamavam de "menininha" e, de fato, Vilallonga acabou comprando, em 1984, a casa de Carme Manrubia em Romanyà. A seu ver, a relação das duas era um amor platônico, sobretudo por parte de Manrubia, que ela define como "muito possessiva". Para Vilallonga, Manrubia foi uma das grandes mentoras de Rodoreda, a mais tardia, e teve uma influência fundamental em suas últimas obras.

Os que escrevem sobre elas costumam qualificá-las assepticamente como "amigas" e provavelmente nunca ficará claro até que ponto isso é um eufemismo. Existem até hoje muitas reticências quando se trata de falar das relações sáficas de muitas outras autoras, sobretudo na Espanha, onde, no século XX, foram muitas as escritoras que permaneceram no armário ou "semiarmarizadas" e que foram exercendo umas sobre as outras uma espécie de tutela silenciosa e muito fértil. Certo é que a relação entre as duas esfriou nos últimos anos, mas Manrubia estava na clínica de Girona quando Rodoreda morreu e as duas estão enterradas no pequeno cemitério de Romanyà, não lado a lado, mas uma atrás da outra.

O outro grande tabu em torno da escritora e símbolo nacional é seu único filho, Jordi. Para poder assistir ao sepultamento da mãe, cheio de escritores e políticos, ele foi retirado do hospital psiquiátrico onde estava internado há anos. Tinha a aparência desorientada das pessoas muito medicadas, e no meio da missa do funeral invadiu o altar e pôs-se a gritar: *"Sóc el fill de la Mercè, sóc el fill de la Mercè"*,* até que alguém da família o retirasse e o sentasse no banco.

Ele não foi mais visto em público até 2004, quando apareceu, já bem idoso, no programa *El Meu Avi*, da tv 3. Colocá-lo diante das câmeras foi um ato deliberado da família, que com isso pretendia deixar claro que Rodoreda teve descendência e que eles não tinham vergonha daquele homem doente. "Me parece uma barbaridade escondê-lo", disse, no programa, o seu filho Josep Maria, um dos quatro netos de Mercè. "Tenho orgulho de minha avó e de meu pai, embora digam que exibir seu filho pode prejudicar a imagem de minha avó."

Na extensa bibliografia sobre a escritora, contudo, Jordi permanece semiescondido, quando não diretamente ignorado. Há livros inteiros sobre Rodoreda que mal o mencionam, reduzindo-o a um número solitário no índice onomástico, uma nota biográfica sem maior importância. Sou tentada a considerá-lo um triunfo anômalo do feminismo: eis aqui uma mulher, Mercè Rodoreda, que não foi definida pelo familiar, uma autora cujo papel de mãe importou tão pouco aos estudiosos quanto o de pai costuma interessar aos biógrafos dos escritores homens. Ou é isso ou é pura falta de interesse.

---

* Em catalão no original: "Sou o filho de Mercè, sou o filho de Mercè!". (N. T.)

Também é verdade que existe bem pouca coisa a que se agarrar. As cartas entre mãe e filho não foram publicadas até 2017 e não são especialmente explícitas. E ninguém teve a ideia de entrevistar Jordi Gurguí antes que a doença o atacasse.

"TANT DE BO ES MORÍS." Quem dera que morresse. Entre o pouquíssimo que sabemos sobre o que Mercè Rodoreda disse sobre seu filho Jordi, está essa frase enregelante. Não sabemos com certeza se ela de fato a pronunciou. Temos que confiar em sua grande amiga, Anna Murià, que foi quem a revelou. No prólogo do livro que reúne a correspondência das duas, *Cartes a l'Anna Murià (1939-1956)*, ela assim descreve o momento em que Mercè foi mãe: "Soube pela boca dela que a chegada do filho não foi motivo de nenhuma emoção terna, mas de contrariedade, desgosto, rejeição. Ela disse que chegou até a pensar: 'quem dera que morresse'".

É legítimo perguntar por que disse isso, se é que o disse. A escritora teve o filho nove meses e dezenove dias depois de casar e o pai da criança era seu tio de sangue, irmão de sua mãe. Não é difícil imaginar uma Rodoreda de vinte anos, quase sem amigos fora do círculo familiar, vivendo essa gravidez com terror, com autêntica apreensão em relação ao produto dessa união tão próxima do incesto que até exigiu uma bula papal.

Até aquele momento, Rodoreda vivia como uma flor de estufa. Nascida em 1908, numa Torre de Sant Gervasi que ainda era um povoado independente de Barcelona, ela dedicaria o resto de sua vida a construir uma mitologia pessoal em torno dessa infância perfumada e retraída. Eis como ela a descrevia à jovem Montserrat Roig, em 1973:

Mercè Rodoreda, pássaro do bosque 225

Minha família pertencia à pequena burguesia. Em minha casa, havia duas pessoas geniais: minha mãe e meu avô. Meu pai era contador na rua Ferran e era o que agora chamamos com essa palavra tão feia: um *letraherido* [um aficionado das letras]. Lia em voz alta para mim quando eu era pequena e imprimiu a língua catalã em minha cabeça e em meu coração.

O avô adorado, que havia sido antiquário, pendurava pratos antigos na fachada da casa familiar, a famosa torre — na Catalunha, chamava-se assim qualquer casa unifamiliar de tamanho considerável —, e quando ventava tudo vibrava com o tilintar dos mil pratos. Quando o avô Pere sofreu uma apoplexia, a mãe tirou Mercè da escola, à qual até os doze anos ela só retornou de maneira errática. Rodoreda sempre sentiu inveja dos estudantes e uma certa vergonha de sua formação, tão anárquica, mas tão profunda. A menina Mercè lia sem parar não só os clássicos catalães, mas tudo o mais, velho e novo. Adorava Virginia Woolf. Leu Proust e Joyce. Sentia por Katherine Mansfield aquela inveja tão particular que os bons escritores sentem por outros bons escritores, vivos ou mortos, quando leem uma frase sua pela qual dariam um braço.

Quando jovem, começou a ter contato com o mundo literário e quis ser jornalista. Encontrou-se com o diretor da revista *La Rambla*, que lhe disse, não sem condescendência com aquela menininha de Sant Gervasi: "Primeiro viva, depois escreva". Ela não lhe deu ouvidos porque estava muito entediada, escrevia porque estava plena de tédio.

E então veio aquele casamento condenado. Mais uma vez, Rodoreda irmanada com Spark. Teriam as duas se casado tão jovens com homens muito mais velhos, os quais pelo visto não amavam, pela razão por que tantas coisas são feitas na vida: para fazer algo, para introduzir uma guinada narrativa na monotonia de seus dias?

Joan Gurguí, futuro marido de Rodoreda, emigrou para Buenos Aires quando era apenas um menino. Reza a lenda familiar que foi enviado com treze pesetas, uma trouxinha com um queijo e uma carta de apresentação para um amigo do pai, padeiro, que ele descobriu que já estava morto há anos. O novo proprietário da padaria acolheu o menino catalão e lhe deu o trabalho de fazer entregas. Segundo a história contada pelos Gurguí — um relato que parece com o de tantos imigrantes afortunados, cujas histórias são contadas puxando sempre pela fabulação e pela síntese, poupando detalhes que estrupiariam a narrativa —, em poucos anos Joan, que tinha boa cabeça para a matemática, fez fortuna no setor imobiliário e acumulou dinheiro suficiente para voltar a Barcelona triunfante, em 1921. Sua sobrinha Mercè, única filha de sua irmã Montserrat, tinha treze anos.

O dinheiro que Joan Gurguí fez na América do Sul elevou o perfil da família inteira, que até então fazia parte de uma classe média com aspirações. Quando o tio "americano" voltou, introduziu uma ordem, um bom-tom e também um certo ar sinistro na casa. Para Mercè, a chegada do tio marca o fim da infância: de um dia para outro deixou ser a menina da casa para transformar-se em futura noiva.

Há quem diga que a ideia desse casamento entre tio e sobrinha tenha sido urdida pela mãe de Mercè, com o único objetivo da garantir que o dinheiro ficasse na família. A nora de Rodoreda, Margarida Puig, sempre sustentou essa teoria. É um motivo de discordância entre os biógrafos, pois a escritora

Mercè Rodoreda, pássaro do bosque 227

nunca demonstrou rancor em relação à mãe, sentimento que seria legítimo e esperável se ela acreditasse que Montserrat era culpada por aquele casamento absurdo. Suas cartas do exílio demonstram uma genuína preocupação com a mãe, até o final dos dias desta.

Em 1924, quando Rodoreda tinha dezessete anos, três anos depois da volta do tio da Argentina, a ideia já estava em marcha e parecia quase inevitável. A autora escreveu em seu diário: "Recordo que, ao dizer-lhe que casaria com ele ainda que não o amasse, ele me abraçou bem forte, me beijou e disse: vida minha, se você me amar, tudo o que tenho será para você, dinheiro, tudo, não negarei nada que me pedir". Pouco depois, ela escreveu mais uma vez sobre o tio: "Que mau gênio ele tem! Não sei se vamos nos dar bem. Tenho muito medo desse gênio, [...] é muito despótico, quer que a gente faça só o que ele manda".

Mas nada aconteceu que impedisse o casamento. Ninguém pensou melhor no assunto. Nenhum pretendente apareceu na vida de Mercè, nenhuma namorada na vida de Joan. E no dia 10 de outubro de 1928, tio e sobrinha se casaram na igreja da Boa Nova. A festa foi na torre em que Mercè tinha nascido e crescido. O noivo tinha 34 anos, a noiva completava vinte naquele dia. O documento de Roma que a família tanto esperava tinha chegado a tempo: a bula papal que tornava possível aquele casamento católico entre consanguíneos.

A família inteira deixou a torre por uma casa mais cômoda, no número 16 da rua Zaragoza. Os noivos passaram a lua de mel em Paris, onde Mercè percebeu que não podia contar com o marido nem para levar a vida despreocupada que sonhava. Contou às amigas que, numa loja da rua Saint-Honoré, onde ela experimentava uns casacos de vison, Joan ajoelhou-se no chão para pedir um desconto.

Nove meses e dezenove dias depois do casamento, então, em junho de 1929, nascia Jordi, o "filho não desejado", segundo Anna Murià. *Tant de bo es morís.*

Em 1985, perguntaram a Murià numa entrevista que foi incluída no livro de sua correspondência por que a amiga falava tão pouco do filho. E ela respondeu assim: "O nascimento do filho não lhe trouxe alegria, mas antes incômodo. Quando o teve, era muito jovem [...]. Casou cedo demais, teve o filho em seguida e, naquela idade, o bebê a incomodava. Mais tarde, é claro, talvez, quando se convive, se começa a querer bem à criança". Em certa ocasião, Mercè disse numa carta que ela, Anna, tinha sorte de ter um filho com o homem que amava. Talvez Rodoreda estivesse sentindo o mesmo que Muriel Spark: olhavam o filho homem e não viam naquele rostinho nada mais que a cara do marido. Talvez tivessem dificuldade de separar o filho do pai e do casamento infeliz e claustrofóbico que o gerou.

Não é fácil saber como transcorreram esses nove primeiros anos de Rodoreda como mãe. Ela os viveu encerrada numa torre, como uma Rapunzel do pré-guerra, com os mesmos parentes com os quais sempre tinha vivido, só que agora o tio era também marido e tinha duplicado o seu poder sobre ela. Ganhar um dinheiro próprio para garantir sua independência econômica era uma obsessão para Mercè. E ela conseguiu, em parte, trabalhando para o Conselho de Cultura da Generalidade da Catalunha, junto com outro escritor, Joan

Oliver. Escrevia todos os dias. Matriculou-se no Liceu Dalmau para suprir suas carências de formação. Publicou contos em revistas como *Clarisme* e peças de teatro. Toda essa atividade literária, que poderíamos chamar de pré-aquecimento, serviria para duas coisas fundamentais: dar-se conta de que a escrita era o que mais lhe importava e ampliar bastante o seu círculo, que até então era asfixiantemente pequeno. Passou a fazer parte de um grupo chamado Club dels Novel·listes, cujo objetivo era "promover o romance como eixo central de uma literatura moderna".

A eclosão da guerra civil coincidiu, para Rodoreda, com a desagregação final de seu casamento. Foi precisamente no entorno do Club dels Novel·listes que ocorreu o encontro com outra figura-chave da história daqueles anos, o político e sindicalista Andreu Nin, que também tinha uma vida dupla como intelectual. Nin encarregou-se de traduzir os grandes títulos da literatura russa para o catalão — *Crime e Castigo*, *Anna Kariênina*, obras de Tchékov — e enquanto isso, fundou o Partido Operário de Unificação Marxista e pregava o sindicalismo internacional.

Em sua biografia de Mercè Rodoreda, Marta Pessarrodona conta que já em 1935 constava que os dois se conheciam. Nin, que foi testemunha da Revolução Russa, tinha retornado à Catalunha em 1930, com uma esposa russa e duas filhas. E Rodoreda publicou na revista *Publicitat*, em 1935, um conto infantil intitulado "La noieta daurada" (A menina dourada), dedicado precisamente a Ira, uma das duas filhas de Nin. Mais uma vez, a principal testemunha do affaire, do qual não há muitos registros, foi Anna Murià. Segundo ela, foi "o drama mais intenso e mais secreto da existência de Mercè Rodoreda no ano de 1937". Murià diz também que aquele foi um amor não consumado: "Não tiveram tempo, ele foi morto". Nin desapareceu em junho daquele ano como parte de um expurgo antimarxista. O historiador Paul Preston sustenta que ele foi esfolado.

Consumada ou não, a relação com Andreu Nin foi suficiente para provocar a ruptura com Gurguí. Ele não conseguia acreditar que não havia sexo entre sua mulher e o revolucionário e ela lhe mostrou como prova a única carta dele que conservava. Ele picou a carta em pedaços, que ela recolheu e guardou. Durante dois anos (dois anos de guerra e de início do exílio), Rodoreda carregou consigo os pedaços da carta de Andreu Nin. Muriá relata assim as palavras da amiga: "Sigo pelo mundo com uma carta feita em pedaços". Gurguí, ao que parece, implorou à mulher durante dias que não fosse embora. Chorava, beijava seus pés (como Eladi faz com Sofia em *Espelho partido*). Também nesse período, Rodoreda teve oportunidade de estabelecer uma relação com o escritor Francesc Trabal, seu companheiro do Club dels Novel·listes e da Generalidade, com que partilhou uma viagem de trabalho a Praga.

As súplicas do marido não tiveram êxito. Em meados de 1937, Rodoreda pegou seu filho Jordi e terminou o casamento. Nunca chegariam a materializar o divórcio, mas a partir daí, para todos os efeitos, a escritora foi uma mulher separada. Mais uma vez como Muriel Spark: uma mulher sozinha com um filho, no meio de uma guerra.

No início de janeiro de 1939, já se considerava iminente a chegada das tropas franquistas a Barcelona, o que acabaria ocorrendo no dia 26 daquele mês. Todos que temiam represálias se ficassem tentavam desesperadamente cruzar a fronteira e chegar à França. O Conselho de Cultura organizou um plano de evacuação para escritores catalães, colocando-os nos *bibliobuses*, ônibus que serviam para levar livros à frente de batalha, com um passaporte coletivo rumo à fronteira. Rodoreda não tinha grande atividade política, mas era sindicalizada na União Geral do Trabalhadores, como todos os seus amigos escritores, e tinha um claro compromisso com a Catalunha. O melhor para sua segurança era ir embora. Poderia ter levado Jordi, que tinha nove anos na época? Alguns dos escritores que partiram nos *bibliobuses* levaram suas famílias. Tudo indica que Roderada não pediu para levá-lo. Muitos anos mais tarde, em 1985, essa pergunta foi feita diretamente a Anna Murià: a escritora fez alguma coisa para levar o filho para a França? E ela respondeu: "Não. Nada. Deixou-o tranquilamente com sua mãe. Não sabíamos que a coisa ia durar anos, pensávamos que seria por pouco tempo, não sabíamos nada, fugimos sem saber o que nos esperava".

Na época, Rodoreda já tinha muitos inimigos no mundinho literário catalão. Carregava uma fama de frívola e adúltera. Quanto mais famosa foi ficando — quanto mais evidente se fez o seu talento —, maior a má vontade dos adversários. Alguns escreveram sobre ela, como Carola Fabra, filha do linguista tido como o pai do catalão moderno, Pompeu Fabra, que disse que Mercè tinha roubado o lugar de seu pai no ônibus e que foi embora rindo "como se estivéssemos numa festa".

Os primeiros meses de exílio, quando o grupo de escritores instalou-se num albergue em Roissy-en-Brie, deviam estar e certamente estiveram carregados de dor e incerteza, mas para Mercè e Anna foram também seus dias mais excitantes, uma juventude compactada, um vaudeville primaveril de intrigas amorosas. Os diversos autores que lá estiveram usaram termos como "atmosfera erótica" e "paraíso equívoco" para falar daqueles dias.

Muito já se escreveu sobre as virtudes erotizantes da guerra, e aquele grupo de jovens escritores com seus parceiros tinham acabado de perder uma guerra e já intuíam a próxima. Em Roissy, Rodoreda começou a relação mais determinante de sua vida, com outro escritor, Joan Prat i Esteve, mais conhecido como Armand Obiols. Em suas cartas a Anna Murià, ela o chama às vezes de *"Monsieur de Madame per una estona"*, senhor da senhora por um tempo. Obiols também era casado, precisamente com Montserrat Trabal, irmã de Francesc, o qual também estava em Roissy e era, como dissemos, ex-amante de Mercè. O mundo das letras catalãs era propício a esse tipo de enredos e endogamias. A mulher de Obiols tinha ficado em Sabadell com a filha recém-nascida.

A união nascente entre os dois perturbou todo o grupo, que se dividiu entre partidários de Mercè, a amante, e de Montserrat, a esposa. A coisa chegou ao ponto de não permitirem que Rodoreda se sentasse à mesa na hora das refeições e o grupo foi obrigado a dividir-se. A escritora começava seu longo exílio com uma letra escarlate que, naquele momento, mais que molestá-la, a divertia.

A relação entre Rodoreda e Obiols prosseguiu durante décadas, com diversas intensidades, até a morte dele em Viena, em 1971. Os dois viveram penúrias econômicas — Mercè dedicou-se durante anos a costurar para fora — e perigos reais durante a ocupação nazista na França, quando Obiols foi preso e enviado para o campo de trabalho em Lindemann, embora sua estada ali e seus cargos posteriores em organismos internacionais como a Organização Internacional do Trabalho e a Unesco estejam cobertos de sombras. Pesa sobre ele a suspeita de ter colaborado com os alemães. Obiols também não se encontrou de novo com a família. Sua mulher e filha foram para o Chile, como tantos outros catalães, embora mais tarde, em 1948. Em 1971, quando ele já estava muito doente em Viena, onde trabalhava como tradutor para a Agência Internacional de Energia Atômica, Rodoreda foi visitá-lo e encontrou outra mulher na cabeceira de sua cama. Foi um duro golpe, mesmo para quem estava acostumada a eles.

E Jordi? Continua a ser o grande desaparecido na vasta literatura *sobre* Rodoreda, assim como na literatura *de* Rodoreda. As cartas que ele escreveu à mãe não foram conservadas, somente as que ela escreveu para ele do exílio. Foram incluídas no volume *Cartes de guerra i d'exili*, organizado em 2017 por Carme Arnau. São cartas pragmáticas. Todas elas falam de dinheiro: do dinheiro que Mercè envia à avó, do dinheiro que o filho pede ao pai e este não lhe dá, do dinheiro que precisa a fim de viajar para se verem ou para montar um negócio. Muitas falam também dos torrones que Jordi e a avó enviavam a Mercè todos os anos, no Natal, em Paris ou Genebra, onde quer que ela estivesse, e que muitas vezes se perdiam no correio ou demoravam a chegar. Da leitura das cartas depreende-se que havia um amor temperado entre mãe e filho, um afeto sem arrebatamentos nem recriminações, ao menos não explícitos. Na primeira carta conservada, de 1948, eles já estavam sem se ver desde a partida dela para o exílio, uma década antes. Mercè diz que lhe parece bem que ele se dedique ao comércio, em vez de estudar para uma carreira universitária, e minimiza seu sofrimento: "Você foi um jovem (como existem centenas, para não dizer milhares) um pouco destroçado pela guerra". Depois fala das festas que organiza e meio que promete que eles dançarão juntos.

O fragmento mais citado das cartas é aquele em que a mãe se define como um *"ocellot de bosc"*, pássaro de bosque, e diz que o filho é, ao contrário, um "canário de gaiola". O motivo do pássaro é recorrente: em outra carta, Rodoreda chega a desenhar um pequeno animal alado. Entende-se que a mãe desejaria um filho menos apagado, mais aventuroso. Ela o anima de divertir-se, a ser mais impetuoso. Talvez, embora não o diga, tenha se decepcionado por ele ter casado tão jovem e buscar formar uma família tão tradicional.

Além das cartas, para saber algo mais sobre a relação entre Mercè e Jordi é preciso confiar em Margarida, esposa dele. Já bem idosa, em 2016, Margarida Puig escreveu algumas páginas apropriadamente intituladas *A última palavra*. Sem ambições literárias, mas com um estilo que se mostra bastante esclarecedor, pois traz à luz todas as peculiaridades de seu tempo e de sua classe, Puig expõe toda a história de seu casamento e de sua relação com aquela sogra tão peculiar.

Margarida e Jordi conheceram-se em 1953, numa espécie de encontro às cegas arranjado pela tia dela e pela avó dele. Ela tinha obtido o diploma de professora de piano e ele trabalhava no comércio. Tiveram um namoro casto e controlado numa Barcelona provinciana, que recordava o que Carmen Laforet conta em *Nada*.

Segundo ela, Jordi era mais rancoroso em relação ao pai que à mãe. Contou-lhe que lembrava de ter fugido da casa familiar quando tinha quatro anos, por causa da discussão

Mercè Rodoreda, pássaro do bosque

dos pais em torno da famosa carta — impossível saber se Jordi sabia que o autor da carta era um famosíssimo esquerdista assassinado. Contou também que sua avó, que era ao mesmo tempo sua tia de sangue, tinha forçado aquele casamento.

Depois da guerra, o menino foi mandado para um internato, primeiro um colégio dos salesianos, depois de jesuítas. A família conseguiu reunir fundos para custear uma educação razoavelmente burguesa para o menino. É fácil imaginar o menino crescendo num internato e sentindo um duplo afastamento, primeiro da mãe, depois da avó que o criou.

Ainda assim, Jordi expressava sempre a sua admiração pela mãe ausente, tanto que a noiva, Margarida, começou a implicar com aquela senhora. "Minha mãe escreve romances." "Minha mãe vive em Paris", ouvia constantemente. E um dia finalmente apareceu a famosa *mamá*, como Jordi sempre se referia à mãe, usando uma fórmula considerada mais distinta que o *mare* das famílias de trabalhadores.

Assim, Margarida conheceu sua famosa sogra, que há alguns anos cruzava a fronteira esporadicamente para visitar a família. Naquela ocasião, ela viajou para conhecer a noiva do filho. O encontro foi breve, cordial, mas envolto numa certa formalidade. Margarida entendeu, e conta isso em seu depoimento, que a relação com sua sogra seria "política, provavelmente. Ou melhor, diplomática". Os dois casaram e tiveram quatro filhos. Existem fotos de Rodoreda no batizado de alguns de seus netos. "Mercè se divertia muito fazendo a avó excêntrica, à moda de Agatha Christie", escreve a nora. Gostava de aparecer de surpresa. Convidou o neto mais velho, que também se chamava Jordi, para fumar seu primeiro charuto. Deu uma bicicleta ao segundo. Foram os anos em que Rodoreda começou finalmente a ganhar dinheiro com suas obras e podia gastar no que desejasse, deixando trinta anos de privações para trás.

Jordi trabalhava na distribuição de produtos para lojas de ferragens. Ao que parece, não teve as leituras nem as preocupações literárias da mãe, que também não teve tempo nem espaço para transmiti-las. A linhagem *letraherida* — essa palavra que Rodoreda detestava — dos Gurguí terminou nela. A família mudou-se junto com o pai de Jordi para outra torre, na Bonanova. Quando vinha visitá-lo, Mercè se hospedava num hotel. Levavam uma vida tradicional de família de classe média alta catalã, que a própria Margarida descreve assim, citando cristãos e pagãos: "Santos, aniversários, a bênção das palmas no Domingo de Ramos e a celebração do Natal".

Morreram primeiro a avó Montserrat e depois, em 1971, o pai, Joan, o homem que chorou aos pés de Mercè Rodoreda. Foi aí que tudo se quebrou entre mãe e filho, por culpa de um fator muito rodorediano: um testamento. Joan deixou tudo que era seu por escrito para o filho, com uma condição: não podia vender nada até a morte de Mercè. Para ela ficaram as joias, que ela tinha devolvido quando saiu de casa com o pequeno Jordi, e também a quarta parte dos bens, a que tinha direito, pois nunca se divorciaram. Mas ela exigiu que o filho lhe cedesse uma parte maior e ele negou, argumentando que tinha quatro filhos para criar. Discutiram uma noite inteira, até que ela se foi e eles nunca mais se falaram.

Em seu depoimento, Margarida é estranhamente oblíqua ao falar do que chama de "comportamento" de seu marido. "Começou a mudar", diz, mas não explica como nem em que, de modo que não sabemos o que esse representante de

Mercè Rodoreda, pássaro do bosque 237

loja de ferragens e pai de quatro filhos começou a fazer para que lhe dessem um diagnóstico de esquizofrenia. O que sua mulher conta a seguir em seus escritos é que, "pressionada pelos médicos", foi obrigada a interná-lo no Sanatório Mental Pere Mata em Reus. Não é surpreendente que uma mulher de sua geração se expresse por meio de elipses e melindres em tudo que diz respeito à saúde mental, mas é difícil saber o que se passava na cabeça de Jordi Gurguí e se alguns desses problemas já tinham se manifestado anteriormente. Margarida enviou dois telegramas à sogra em Genebra para comunicar-lhe a internação. Segundo diz, ela não respondeu.

As duas mulheres se viram de novo mais uma vez. O neto mais velho, Jordi, ia casar e ficou sabendo pela TV que sua famosa avó Mercè estava em Barcelona. O jovem quis convidá--la e sua mãe, Margarida, foi encontrar a sogra na casa que ela havia comprado na parte alta da rua Balmes. Ela disse que não poderia ir ao casamento porque tinha uma entrevista "muito bem paga" — o que parece estranho, pois entrevistas não são pagas — com uma televisão suíça. Tocaram de passagem na situação do filho, ainda internado. "Essas coisas dos nervos são longas. Mas ele vai melhorar, você vai ver", foi tudo o que Mercè Rodoreda teve para dizer.

Jordi foi tirado da clínica para ir ao sepultamento da mãe. "Não esquecerei jamais desse dia, da figura do filho de Mercè Rodoreda", escreve Puig, referindo-se a seu próprio marido e pai de seus filhos com essa curiosa perífrase. "Envelhecido, doente, sem ideia do que acontecia a seu redor, olhando os restos mortais de sua mãe. Apontou-a com a mão e disse simplesmente: 'Minha mãe'. O que eu poderia dizer além de 'Sim, Jordi'? Não há palavras. Eu não soube encontrá-las."

Nos livros de Mercè Rodoreda, a maternidade tem sempre um componente turvo, quando não sinistro. Sua personagem mais famosa, a protagonista de *A praça do diamante*, é Natália, "Colometa", pombinha, como é chamada pelo marido. E temos aqui mais uma mulher obrigada a converter-se num filhotinho de animal, como a Nora de Ibsen. Natália é órfã de mãe desde menina. Quando fica grávida, sente-se incomodada, assim como a incomoda o sexo com o marido, que se torna doloroso. As duas gestações de Natália em *A praça do diamante* estão entre o que há de mais angustiante na literatura moderna. Para ela são como invasões que a transformam numa estrangeira em seu próprio corpo. Eis como ela descreve a gravidez de seu primeiro filho, Toni: "Minhas mãos inchavam, meus tornozelos inchavam e só o que me faltava era amarrarem uma cordinha em minha perna e me deixarem voar [...]. Era como se tivessem me esvaziado de mim mesma para encher-me com uma coisa muito estranha". Depois do parto, doloroso e esgotante, Natália não tem leite suficiente para amamentar. Sua amiga Julieta lhe diz que o bebê vai morrer, "que uma criança que não quer mamar é como se já estivesse morta". Em seu segundo parto, da menina Rita, Natália quase morre, esvaindo-se em sangue.

Mais tarde, quando a guerra se agrava e seu marido, Quimet, está na linha de frente, Colometa não tem outra alternativa senão ser uma mãe abandonadora. Envia o mais velho, Antoni, para passar um tempo na colônia para crianças refugiadas onde Julieta trabalha, embora ele não queira ir. Será que Rodoreda, já mais velha, pensou em seu filho Jordi ao escrever aquilo? Em suas muitas cartas — é curioso comprovar como ela economiza no estilo e guarda seus melhores

Mercè Rodoreda, *pássaro do bosque*

recursos para os amigos escritores, que pretende seduzir com sua prosa; não é o que todos nós fazemos, agora que somos grafômanos e trocamos mensagens instantâneas continuamente? Acaso não guardamos as melhores frases para aqueles que consideramos nosso público seleto? —, Rodoreda nunca passou a impressão de viver angustiada por causa da separação do filho, mas sim pela falta de dinheiro, por sua situação anômala com Armand Obiols e por uma vida literária que vê fugir enquanto costura camisolas. Não especialmente por uma criança que ela sabe que está bem cuidada em outra cidade e com quem troca cartas afáveis. Ainda assim, ninguém sabe nada de ninguém. Nem mesmo sua amiga Anna Murià, nem mesmo seus leitores.

O combate de Natália é pior que o de sua autora. Acabada a guerra, Colometa não consegue encontrar trabalho por ser mulher de um republicano e passa fome o tempo todo. É quando ela toma a decisão que marca o ponto mais cruel do romance. Como não consegue dar de comer aos filhos, decide matá-los. Vai duas vezes à drogaria para comprar ácido muriático e um êmbolo. O plano é envenenar primeiro os filhos e depois matar-se com o mesmo método. A primeira vez que vai à loja, não consegue, se arrepende e não chega a comprar o veneno. Mas retorna. Na segunda, o proprietário lhe oferece trabalho. É o mais próximo que *A praça do diamante* chega de um conto de fadas, sobretudo quando, quinze meses depois, os dois se casam. Há um bônus para Natália, que cancela definitivamente qualquer aspecto romântico ou convencional que possa haver em *A praça do diamante*. O novo marido ficou impotente na guerra. Não haverá mais penetrações dolorosas para ela, tampouco filhos. A ideia de um casamento estável, seguro e assexuado, que não poderá redundar de modo algum em maternidade, é a coisa mais parecida com um final feliz para essa mulher tão maltratada.

Jordi Gurguí, filho único de Mercè Rodoreda, morreu em 2005, depois de passar quatro décadas em instituições psiquiátricas. Sua mulher, Margarida, viveu até 2021. Um de seus filhos disse num programa da tv3 que não tinha nada para censurar à avó, que foi melhor ela ter se dedicado a fazer o que sabia, que era escrever. Atrevo-me a dizer que, nesse ponto, avó e neto estariam perfeitamente de acordo.

Se você tem filhos, meu bem

EM GERAL, se um pai não está criando seu filho, nem que seja meio a meio ou até um quarto, é porque ele não quer. Já uma mãe, é porque não pode. Em todo o mundo, a razão que separa diariamente as mães de seus filhos não é a dificuldade para realizar uma vida criativa ou intelectual, nem a incompatibilidade com uma nova relação amorosa, nem sequer uma separação. É o dinheiro. O dinheiro explica 98% dos casos em que uma mãe se separa de seu filho. E este livro tratou até agora sobretudo dos outros 2%.

Obviamente, essas porcentagens são inventadas. Não existe um levantamento.

Essas outras abandonadoras, as involuntárias, estão em toda parte. Mulheres que vão para longe, deixando os filhos a cargo de suas próprias mães, para chegar ao outro lado do mundo e dedicar-se, muitas vezes, a criar os filhos de outras. Suas histórias não são contadas, nem mesmo no jornalismo, embora estejam começando agora a encontrar espaço em alguns livros e filmes, relatadas muitas vezes do ponto de vista do ocidental que se beneficia desses cuidados.

Este capítulo de *As abandonadoras* esteve o tempo todo na corda bamba. Esteve várias vezes a ponto de ser eliminado, porque era diferente. Expliquei a Anna, a editora, que me esforçaria para que não fosse defendido por minha culpa branca, a mesma que sinto todo ano quando chega a hora de falar com a mãe do Kevin.

"Que Kevin", pergunta Anna, "do que você está falando?" Kevin é o menino que atormenta meu filho na escola desde o primeiro ano. Eles têm uma estranha fascinação um pelo outro, talvez porque não se parecem em nada em seu jeito de ser. Essa fixação, no entanto, não floresceu numa bela amizade capaz de fazê-los entender o valor da diferença, como aconteceria num filme infantil com mensagem edificante; geralmente tem como resultado que Kevin bate no meu filho e a mim me cabe ir reclamar com a escola e com a família dele.

A mãe de Kevin é uma mulher imigrante e mãe solo com uma história de vida muito dura. Cada vez que tenho que procurá-la para pedir que seu filho, se possível, bata menos no meu, sou invadida pela culpa branca e tenho plena consciência da cena que nós duas representamos na porta da escola. A mãe de classe média que sou e a mãe precarizada que ela é. Cada vez que isso acontece, tenho consciência de que naquele momento estou acrescentando mais um problema aos muitos que ela já tem, além de estar apontando como agressor o seu filho, de pele mais escura e mais pobre que o meu. Enfim, eu me mataria ali mesmo por encarnar aquele estereótipo horrível, uma dondoca catalã, uma mãe "avançada" numa escola pública de um bairro central, na qual a inclusividade às vezes é mais fácil de pregar que de praticar. Penso, então, no meu filho mais velho, talvez o menino mais doce do mundo, e digo a mim mesma que tenho que fazer isso e que certamente terei que fazer de novo daqui a algum tempo.

Essas abandonadoras involuntárias, como a mãe de Kevin, que também deixou um filho em seu país, merecem muito

Se você tem filhos, meu bem 243

mais que um capítulo. Merecem duzentos livros, se possível escritos e narrados por elas mesmas. Porém, seja ele o que for, este livro não estaria completo se não as incluísse.

De modo que, para escrever este capítulo, o estranho, o que não combina, o que não fala de escritoras nem de atrizes nem de pedagogas famosas, entrevistei mulheres imigrantes que trabalham hoje em diversos pontos da Espanha, na hotelaria e no serviço doméstico. E o que apareceu foi todo um catálogo de fissuras, de peças que não se encaixam. Crianças deixadas no país de origem; crianças que nasceram na Europa mas foram enviadas ao país de origem da mãe quando esta viu que era impossível cumprir doze horas por dia de trabalho doméstico e cuidar dos seus filhos; crianças que as mães conseguiram trazer depois de muitos anos de esforços, economias e preenchimento de pilhas de papéis, e que, em alguns casos, simplesmente não se adaptaram.

Ficou claro para mim que as mães que têm um oceano posto entre elas e os filhos são tudo, menos abandonadoras. Elas mal se permitem deixar que suas vidas cresçam aqui, ou encontrar um companheiro, pois isso é um problema. Muitas vezes, aplicam a si próprias e num grau extremo a máxima do sacrifício materno. São implacáveis consigo mesmas, recusando qualquer alívio, qualquer diversão que possa ter lugar longe de seus filhos, como se tivessem que se castigar por alguma coisa. Sua cabeça está sempre no lugar onde os filhos estão, para onde enviam também quase todo o seu dinheiro, que, nem preciso dizer, é muito pouco. Hoje a tecnologia permite que estejam muito mais conectadas que algumas décadas atrás, mas isso também gera novas obrigações, ritos nem sempre muito cômodos. Ligar à meia-noite depois de dez horas de trabalho, quando já não resta quase nada a oferecer; fazer quatro horas de deveres de casa por videoconferência; conversar horas a fio com uma criança que está jogando PlayStation, para que a voz de sua mãe não acabe soando estranha para ela; economizar durante anos para umas férias juntos que, quando chegam, são vividas com a angústia de saber que vão acabar logo.

Essas são as histórias de algumas dessas mulheres, tal como elas contaram. Seus nomes foram modificados por razões de privacidade. Agradeço imensamente a elas por sua confiança. Algumas titubearam no início, mas depois as palavras brotaram irrefreáveis.

Violet B., nicaraguense, 51 anos

No meu país, eu trabalhava num hospital, como secretária. Mas lá se ganha muito pouco. Um dia, uma amiga veio para a Espanha e nos animou. Dizia que devíamos vir, que na Espanha se ganhava muito mais. Eu vinha com uma outra amiga, mas ela deu para trás e eu já estava com a passagem na mão. Vim sozinha, sem conhecer ninguém. Era a primeira vez que saía do meu país.

Estou separada, meu bem. Tive minha filha sozinha e criei ela sozinha. É uma luta, a vida com filhos. Minha filha tinha dezesseis anos quando vim para a Espanha. Ela ficou lá com minha mãe e uma irmã minha. Durante seis meses ela só fazia chorar e chorar. Levaram ao psicólogo. Cada vez que nos falávamos, num cibercafé, nós duas chorávamos, e só de vê-la chorar já me dava um sentimento. Até que um dia minha

Se você tem filhos, meu bem

irmã me disse: "Pare com isso, que é pior". Então eu fazia das tripas coração.

Minha filha me dizia: "Você fugiu e me abandonou". É duro ouvir isso de uma filha.

Eu vim com metas, com o objetivo de melhorar. Ajudar minha família, para que ela estudasse, fazer minha casa na Nicarágua. É para isso que a gente vem, pelo menos as que somos responsáveis. Muitas mulheres vêm e fazem a festa, o *yoquepierdismo.** Abandonam até os filhos, deixados à própria sorte. *Habemos* de tudo.

Não vi minha filha, Stephany, durante seis anos, até conseguir os papéis. Ela já tinha vinte ou 21. Foi bonito, mas você perde muita coisa. Ela só falava com a avó, olhava para mim como se eu fosse uma estranha. Isso doeu muito. Fiquei só um mês, o que foi ainda mais duro. Você vê a diferença. Não há mais aquela confiança. E quando eles são pequenos é ainda pior. As crianças não te reconhecem. É como se você fosse um objeto que está ali.

Se você tem filhos, meu bem, não os deixe nunca. É a coisa mais triste que há.

Na Espanha, fiz de tudo, minha irmã, menos piranhagem. Cuidei de velhos. Limpei casas. Agora trabalho numa residência. Cuidei de famílias com filhos. Criei uns gêmeos. É duro cuidar de outras crianças. Somos pagas para cuidar deles, alimentá-los, e o amor que você tem você dá aos filhos dos outros. Esses gemeozinhos, a mãe me entregou quando nas-

---

* Expressão usada na Nicarágua para designar comportamento irresponsável, derivada de *"¿Yo que pierdo?"*, que corresponderia em português a "O que tenho a perder?". (N. T.)

ceram e cuidei deles por dois anos. Se você contrata alguém mas se desliga de seus filhos, minha irmã, as crianças se apegam a quem cuida delas. E esse dois estavam muito apegados a mim. Era eu que recebia os dois às oito da manhã e deixava, já dormindo, à noite, de segunda a sábado. Os pais não podiam com seus próprios filhos. Era eu quem dava banho, dava de comer, era eu que fazia tudo. A menina era espertinha, mas o menino, eles diziam que era bobo, mas não era nada bobo. A mãe deu de ter ciúme. Dizia ao menino, quando ele tinha quatro meses: "Mateo, a sua mãe sou eu, não a Violet". Eles não a chamavam de mãe, chamavam de "Bertaaa, Bertaaa". O pai me dizia que ia me pagar os domingos também. Sozinhos eles não aguentavam. Com eles os pequenos não paravam de chorar.

Eu falava com eles e eles reconheciam minha voz, se acalmavam. As crianças deixavam eles loucos. Mas no fim o psicólogo disse aos pais que precisavam separá-los de mim, que um dia eu não estaria mais ali. Colocaram os dois numa creche e quando eles voltavam, deixavam eles num quarto. As crianças lutavam para abrir a porta. Eu sofria. Eles sofriam. Mas a mãe me separava. Até que o senhor me explicou: "O psicólogo nos disse que tínhamos que separar as crianças de você. Como eles já estão na creche, não vamos mais precisar de você". Sofri um mês inteiro. Você dá *amorsito* às crianças, carinho, ternura. Dá de comer, ouve as primeiras palavras, vê os primeiros passos. Tudo isso fui eu quem desfrutei.

Depois dos gemeozinhos, não queria mais cuidar de crianças. Prefiro gente mais velha.

Minha Stephany também ficava com ciúme quando eu trabalhava com crianças, porque, embora ela já seja mais velha,

Se você tem filhos, meu bem 247

a mentalidade da minha filha é assim. Ela teve um probleminha ao nascer e não era uma adolescente normal. Tinha um problema de aprendizagem. Não sabemos realmente quantos anos tem a sua mente.

Agora, há mais ou menos dois anos, consegui trazê-la para a Espanha. Não foi bom. Quando andávamos na rua, meu bem, ela caminhava na frente e eu atrás, como se fosse um cachorro. Ela não se sentia bem comigo. Olhava para mim como se fosse uma pessoa estranha. Não tinha aquele apego de uma filha. Até que um dia me aborreci porque ela me fez uma desfeita e briguei com ela. Seja eu o que for, sou a puta que a pariu. Sou sua mãe e disse que ela não podia me tratar como um cachorro. No fim das contas, ela retornou. Tinha um namorado lá e preferiu as cuecas que as tetas da mãe.

Eu não tive namorados aqui. Não quero confusão. Quero ficar tranquila. Estou numa idade em que já cumpri meu objetivo. Fiz minha casinha lá no meu país, que está alugada. Mas já tem muitos anos que estou aqui, cedo ou tarde tenho que ir embora.

Se você tem filhos, meu bem, não os deixe.

Caslissha C., nicaraguense, 36 anos

Meu marido e eu somos engenheiros e trabalhávamos para a mesma empresa. Quando o governo do meu país começou a reter a matéria-prima, a empresa começou a perder dinheiro. Fui mandada embora primeiro, porque era chefe de uma área e nós, os chefes, ganhávamos um pouquinho mais. Já estávamos pensando que um dos dois teria que sair do país. Foi uma decisão dura, mas quem saiu fui eu, porque as opções nesse país são mais acessíveis para a mulher, com todo o trabalho doméstico. Se é um homem, de início não consegue nada.

Foram seis meses de luta até me decidir. Para mim foi como um trago amargo. Não bebo, mas imagino o que seja um trago amargo.

Já estava dizendo à menina, com seus quatro aninhos, que a mamãe ia ter que sair do país, que não íamos mais ficar juntas. No final, deixei ela dormindo. Não consegui me despedir. Nem da menina, nem da minha família, nem de ninguém. Nem da minha avó, que cuidou de mim como uma mãe. No aeroporto, também não me despedi muito do meu marido. Preferi entrar logo para o embarque. No caminho, fui segurando as lágrimas e não chorei durante todo o voo. Até hoje, ainda não chorei. Se chorar, o que vou conseguir? Tenho a sensação de querer chorar, mas não posso. No máximo quando voltar. Aí pode ser que me dê um ataque de choro.

Quando cheguei ao aeroporto de Barcelona, a primeira coisa que pensei foi que queria voltar. Pensei: "Senhor, o que estou fazendo aqui?". O mais longe que já tinha estado de minha cidade foi um município que fica a uma hora e meia. Eu me senti morrendo no avião.

Com minha filha, ela se chama Yasmine, falo todo dia. Conversamos, fazemos os deveres da escola. Botei ela numa escola de manhã e à tarde ela tem duas horinhas com uma professora particular, com quem tenho um chat de WhatsApp. Comprei um celular para minha filha, e, se fosse por ela, passaria as 24 horas do dia ligada no telefone. Isso a gente não perdeu.

No início, quando vim, ela não entendia. Pensava que eu ia voltar a qualquer momento. Achava que eu estava

Se você tem filhos, meu bem 249

perto mas não conseguia chegar. Agora já tem um pouco mais de discernimento. Estou aqui há dois anos. Eu disse que ia voltar, mas o idoso de quem eu cuidava morreu e fiquei sem trabalho. Não posso voltar sem dinheiro. Então ela me disse: "Volta, papai pode sustentar nós duas". Ela é muito inteligente e muito sabida. Anda muito perguntadeira. Diz que quando eu voltar da Espanha ela vai dormir amarrada comigo. Imagino que, quando eu voltar, ela não vai conseguir dormir, pensando que vou deixá-la de novo quando estiver dormindo.

Cuidei de crianças aqui. Primeiro um bebê e depois um de quatro anos. Não me criou nenhum conflito. Eu tinha muito claro que uma coisa é o trabalho e outra, a minha filha. Tenho carinho por eles, sim, mas não um carinho de mãe. De todo modo, tenho que ter um afeto por eles porque é meu trabalho, mas não é carinho de mãe. Carinho de mãe você tem por sua filha.

O que não posso fazer é sentar nos parques, porque me dá muita nostalgia. Mas não choro, viu? Para que chorar?

Noemy R., colombiana, 45 anos

Eu era bem jovem quando tive minha filha. Meu pai era um pai machista, que não fazia questão que a gente estudasse. Eu trabalhava de garçonete no restaurante dele e depois fiquei grávida quando tinha vinte, 22 anos. Quando a bebezinha nasceu, entreguei para os meus pais criarem. Várias amigas que estavam vindo viver na Espanha me disseram que tinha trabalho e então eu vim. Já tinha visto que a menina ia precisar para fazer seus estudos e suas coisas. Ela tinha dois ou três anos quando parti. Cheguei a Oviedo sozinha, sem conhecer ninguém. Era o ano de 1998 e na época não tinha WhatsApp como agora, não tinha Facetime nem Skype. Comprávamos uns cartões que se chamavam *Llama Ya* e dava para falar uns minutos com a Colômbia. Eu ligava para ela todo dia.

Comecei a trabalhar cuidando de velhos e crianças. Era o que tinha, porque a gente não tinha papéis. Apaixonei-me e consegui um namorado espanhol que me prometeu o céu e a terra, que íamos casar, que ele me daria tudo... Fomos viver numa cidadezinha nas Astúrias, mas só durou cinco anos. Por sorte, quando me separei dele saiu a regularização dos imigrantes do presidente Zapatero. Conheci uma moça que me fez um contrato de trabalho como cuidadora da avó dela e foi assim que consegui meus papéis.

Então, pude ir à Colômbia para ver a menina quando ela já tinha sete anos. E encontrei uma mocinha. Uma menina inteligente, esperta. Minha mãe colaborou muito. Quando ela era pequena, ela sempre dizia: sua mãe foi para lá para que você pudesse ter todos esses brinquedos. Ela quem mandou isso e aquilo.

Eu trouxe a menina para cá com doze, treze anos, mas ela não se adaptou. Ela vivia numa cidade pequena na Colômbia, tinha contato com os professores, que tinham carinho por ela, que a levavam para passear... Aqui ela chorava. Era muito desenvolvida para sua idade, era muito grande comparada com as outras crianças. Na época, eu tinha dois trabalhos. De manhã, de oito ao meio-dia, numa casa, fazendo faxina e cuidando de uma menina; de tarde, de três à meia-noite,

Se você tem filhos, meu bem

numa cafeteria. Quase não nos víamos. Minha amiga levava ela para passear e, à tarde, ela vinha fazer os deveres no bar onde eu trabalhava. Estava muito sozinha. Ligava para minha mãe na Colômbia e dizia: vivo num oitavo andar e quando saio não vejo ninguém. Ela estava acostumada a sair de casa e ver seus amigos.

O colégio foi difícil para ela, os trabalhos. Além disso, começou a ficar mulher e a trazer meninos para casa. Tínhamos que nos adaptar uma à outra. Eu a deixei tão pequenininha na Colômbia que, embora ela soubesse que sou sua mãe, na realidade eu era uma desconhecida. Tínhamos muitas brigas; ela era muito rebelde. Às vezes, me dizia: "Você não é minha mãe, você não me criou".

No fim, acabei saindo do emprego de garçonete por problemas com o dono, que era difícil e racista. Foi exatamente aí que começou a crise espanhola. Umas amigas disseram que podíamos conseguir trabalho na Itália e resolvi ir para lá. Deixei minha filha em Oviedo, com o namorado. Ela tinha quinze anos e eles já estavam vivendo juntos. Eu ia e voltava a cada três semanas, até que ela me disse que queria voltar para a Colômbia, com suas tias e sua avó. Eu disse que sim, mas ela não voltou. Pode ser a falta da figura paterna, mas sempre lhe importou muito ficar com alguém, ter namorados. Agora mesmo ela está vivendo com um rapaz no México. Sempre foi precoce e viajadeira, como a mãe. E já se estabilizou. Falamos muito por telefone, passamos horas, como duas amigas. Hoje penso que gostaria de ter tido mais tempo com ela. Ela ainda estaria aqui.

Cristina, colombiana, 37 anos

Em breve vai fazer cinco anos que estou em Madri. Na Colômbia eu trabalhava numa empresa de saúde, mas a firma faliu e foi fechada. E como o trabalho lá está extremamente difícil, eu vim para cá em busca de novos horizontes. Minha irmã já estava aqui e uma amiga me falou: "Cristina, vem que tem muito trabalho em Madri". Só que não era verdade. Ao chegar, fiz de tudo. Jardinagem, limpeza, empanadas colombianas... até conseguir ficar mais fixa numa cafeteria. Mandar dinheiro para meu país é sagrado, para ajudar meus pais.

Meu filho tinha quatro anos e meio quando vim embora e agora já está com nove. Ele ficou com o pai, pois nós estamos separados, e com meus pais, que o criaram. Ligo para ele todo dia e ele me conta coisas. Com a pandemia, começaram a ter aula virtual. Toda segunda, eles mandam as planilhas por WhatsApp e eu meio que sou a professora dele. Às vezes estou exausta, mas vejo que ele tem deveres para entregar e então faço um esforço. Ciências, inglês, matemática, religião, tudo. Tem dias em que às duas da manhã ainda estou fazendo deveres. Ligo para ele por volta das dez da noite, quando acaba meu trabalho, lá são duas da tarde e passamos horas.

Outras vezes ele joga PlayStation e eu vou conversando com ele. Ou vai para o chuveiro e eu falo. Com o passar dos anos fica difícil, porque você sente que está perdendo muita coisa.

Quando vim para cá, disse a ele: "Filho, é para você ter uma vida melhor", tentando explicar a situação. Aparentemente, ele entendeu, mas às vezes me dou conta de que ainda tem umas coisas aí. Quando fazemos os deveres de ética e valores e coisas assim, que são respostas de consciência, você começa

Se você tem filhos, meu bem 253

a ver as respostas e percebe que aquilo que parecia fácil não foi tanto assim. Um dia ele me disse: "Sou uma pessoa muito triste". Nessas horas me dá vontade de chorar.

Margarita, peruana, 50 anos

Nasci no sul do Peru, em Apurima, na parte da Sierra. Meus pais tinham muitos filhos, eram pobres e então me entregaram para uma senhora da cidade, que já tinha filhos muito grandes. Naquele tempo se usava dar os filhos para outra mulher. Eu fui dada quando tinha sete anos e chamava a senhora de madrinha. Éramos várias crianças, ela nos mantinha em casa e nos tratava como empregados. E nunca estava contente com nada. Agora que sou adulta, vejo que a primeira coisa que uma criança necessita é amor, abraços, e isso eu não tive. Quando penso, sinto uma dor muito grande.

Assim que pude, saí da casa da minha madrinha, porque ela não me dava liberdade: me mandaram com o filho dela para outra cidade, Trujillo. Eu estava a serviço dele, mas não me pagavam salário nenhum, era em troca de casa e comida. Me botaram para estudar, mas eu não tinha tempo, porque tinha que fazer todas as coisas da casa. Assim, não podia estudar, mas consegui pelo menos terminar o secundário. Aos dezoito anos conheci um rapaz, me enchi de coragem e disse ao senhor que ia embora. Tive que assinar um papel dizendo que ia por vontade própria e que, se me acontecesse algo, eles não eram responsáveis.

Com esse menino não durou muito, mas comecei a trabalhar numa casa. Com salário, já era diferente. Não precisava ter medo da senhora, como tinha da minha madrinha. Fiquei três anos nessa casa. Entrou uma outra moça que me passou a vontade de ir para a Argentina procurar trabalho. Eu disse: é isso, valeu, vamos! Tiramos o passaporte e fomos para lá. Na época, eram três dias de viagem de ônibus, cruzando o Chile até chegar à capital, Buenos Aires. O pouco dinheiro que tínhamos estava indo embora. Pegamos o primeiro trabalho que apareceu. Eu, passando roupa. Um dia chegou à pensão onde morávamos aquele que hoje é meu marido, que também é peruano e, na teoria, estava de passagem pela Argentina a caminho do Paraguai. Sempre digo a ele que o destino o levou até lá para que me conhecesse. Eu o tratava com respeito, de senhor, porque era mais velho que eu. Começamos a namorar e fomos morar numa cidadezinha, San Fernando. Ele trabalhava numa fábrica de plásticos. Um dia minha sogra veio nos visitar, sobretudo para me conhecer. Lembro que me disse: "Não engravide".

Engravidei. Nós não tínhamos família ali. Eu pensava: "Meu filho vai nascer e quem vai cuidar dele?". Então, quando eu estava de sete meses, voltamos para o Peru e fomos viver com minha sogra e meus cunhados. Lá não tinha trabalho, o pouco dinheiro que levamos estava acabando e eram só gastos, gastos, gastos. Minha sogra nos dava casa e comida, mas o neném precisava de coisas. Lá não tem previdência, como aqui. Foi assim que voltamos para a Argentina para trabalhar, quando meu filho Fernando, Fer, tinha seis meses. Ele ficou com minha sogra e nunca vou esquecer isso. Não gosto de falar no assunto porque sempre choro. Eu me sinto culpada por ter deixado meu filho tão pequeno.

Só voltei a tê-lo comigo quando ele tinha oito anos. Meu marido viajava de três em três anos para vê-lo. Não podíamos

Se você tem filhos, meu bem 255

ir juntos porque era muito caro. Eram cinco dias de viagem de ônibus. Viajei uma vez para vê-lo quando tinha três anos e ele veio nos visitar quando tinha cinco. A ideia era que ficasse conosco, mas depois de dois meses ele não tinha se acostumado. Eu trabalhava nas casas das pessoas e não podia vê-lo nunca, de modo que minha sogra levou ele de volta. E continuamos assim, mandando dinheiro para sua manutenção, até que estourou a crise e o *corralito* na Argentina. Meu marido veio para a Espanha com um contrato de trabalho que uma prima conseguiu para ele e eu fiquei na Argentina mais alguns meses, para poupar algum dinheiro, e depois fui para o Peru com meu menino, que já tinha oito anos. E aí nós ficamos como mãe e filho. Eu podia levá-lo para a escola e pegá-lo, mas no início foi difícil. Ele havia sido criado para mim muito bem e com muito carinho, ainda mais porque era o filho do único filho homem, mas eu queria estabelecer minhas regras e ele estava acostumado com as delas, sua Mamá Lucha, como ele dizia, e sua Mamá Tita, que era sua tia. Assim ficamos dois anos, vivendo todos com meus cunhados, até podermos nos reunir de novo aqui na Espanha. No aeroporto, meu filho começou a chorar porque tinha que se separar da avó, que o tinha criado a vida inteira. Deve ter sido duro para ele também.

Mas ele ficou encantado também por reencontrar o pai. Vivíamos numa casa com as primas. Fernando se acostumou rápido com a escola. Aprendeu catalão rapidíssimo. Depois de seis meses, disseram que não precisava mais voltar à "aula de acolhida", que as crianças de fora frequentam até aprenderem catalão. Meu marido não desfrutava muito da presença do filho, porque cuidava de um senhor mais velho e dormia no emprego, só podia vê-lo nos fins de semana. Eu também comecei a cuidar de uma senhora já idosa com síndrome de Down e conseguimos que a família dela nos alugasse um apartamento que era deles. Eles me pagavam setecentos euros e o aluguel era setecentos e cinquenta, de modo que não podíamos poupar muito. Nos sábados e domingos, eu levava a senhora para passear e eles pagavam um extra. O que aconteceu foi que fiquei grávida do meu segundo filho e a senhora não gostou, me tirou meus extras.

Eu sempre pensava que tinha que dar um irmãozinho para meu filho, que não podia deixá-lo sozinho como eu, que me criei sem família. Eu queria, mas fui adiando, adiando. Já mais velha, com mais de quarenta, fiquei grávida, mas caí numa escada e perdi o bebê. Pensei que não era para ser, mas dois meses depois fiquei grávida de novo. Pensei: "Se nascer, nasceu. Mas não vou poder me cuidar nem nada, porque não posso deixar de trabalhar". Trabalhei até o último dia, com meu barrigão. E nasceu. Eu com 42 anos, com um bebê e outro filho já com dezoito, entrando na universidade. Ele sempre foi muito estudioso. Fez uma graduação dupla em Economia e em Estatística, tudo com bolsa. Queriam nos tirar do apartamento e eu não queria que nos despejassem, para os meus filhos não passarem vergonha.

Notei a diferença entre os dois meninos, porque não pude criar o mais velho, mas com esse também é muito duro. É bem duro criar um filho em Barcelona sem família. Você trabalha só para pagar alguém para cuidar da criança, e às vezes você tem o dinheiro mas não encontra ninguém que possa ficar com seu filho. A sorte é que agora ele já tem nove anos e pode ficar sozinho umas horinhas. Também não tenho ami-

Se você tem filhos, meu bem 257

gas, só uma outra mãe da escola, a Laura, que é muito boa. É bem difícil criar um filho em Barcelona. O menino ficava doente com frequência e, não sei como, me veio uma depressão. Fiquei três anos tomando remédio, mas finalmente estou saindo.

Às vezes conto minha vida para meus filhos e não tem comparação com a deles. Eles receberam carinho, amor, abraços, a mim não me deram nada. Me faltava o principal, o carinho de uma mãe.

No momento, estamos felizes entre aspas. Eu não me perdoo por ter deixado o maior. Ele me diz: "Mamãe, não se sinta mal, me deram carinho". Mas sempre me sinto mal quando falo desse assunto. No pequeno sempre dou beijos e abraços e pergunto: "Você é feliz? É feliz?". E ao mais velho também. Mas vejo que está feliz, com sua companheira e seu trabalho. Digo a ele: "Fer, você já não vai mais ser pobre".

A conversa subterrânea

Enquanto gestava este livro, entrevistei uma autora um pouco mais jovem para uma revista. Ela tinha escrito um romance deslumbrante e singular que eu não me cansava de recomendar. A conversa foi boa, uma dessas entrevistas que é melhor para a lembrança pessoal que para redigir. Mais tarde, quando você ouve a gravação para transcrever, percebe que é longa demais, que você não soube buscar as declarações necessárias para dar a seu artigo um bom título e um fio condutor. Que aconteceu de novo, você se deixou levar pelo encanto estimulante que é ter à sua frente alguém que, naquele momento, parece estar ali com um café na mão por sua própria vontade, porque quer ser sua amiga, e não porque é obrigada pelas exigências da divulgação. Essas conversas são também uma autorrecompensa num ofício tantas vezes ingrato.

No final da entrevista, quando já tinha desligado o gravador do iPhone e estávamos nos despedindo, a escritora jovem (mas nem tanto) e brilhante (muito) perguntou por meus filhos, mencionados anteriormente. "É possível, não? Escrever e ter filhos? Muita gente faz isso", disse, hesitante. Contou que antes pensava que não queria ser mãe, mas que nos últimos tempos começou a ter dúvidas, porém não tinha clareza de como encaixar todas as peças de sua vida e acrescentar mais

A *conversa subterrânea* 259

essa. Durante alguns minutos, mantivemos com sons saídos de nossas gargantas uma conversa que, na realidade, já estava acontecendo entre nós anteriormente, de maneira implícita, quando falamos de outros temas relacionados a seu livro. Não me surpreende.

Às vezes penso que todas nós, mulheres do Ocidente das classes médias algo ilustradas, que via de regra temos filhos entre os 34 e os 42 anos, passamos uma década mantendo essa conversa subterrânea.

Mesmo quando não falamos disso estamos, na realidade, falando disso. Quer ter um filho? Quer tê-lo agora? Quer ter *outro* filho? Você pode? Como vai fazer exatamente para chegar a essa hipótese de filho que anda roubando seu sono e suas horas? Bolou um bom plano? Já tem alguém para inseminar você? Vai ter em casal, sozinha ou inventando um arranjo sociofamiliar inovador? Já pensou como vai fazer para criar um filho sem deixar de trabalhar, dormir e comer?

Nem às mulheres que não querem ter filhos é permitido ficar fora dessa conversa subterrânea, porque se exigem delas argumentos, uma resposta, um plano que justifique a decisão de não ter filhos. Em muitos casos, passam anos dedicadas "à conversa" até chegarem a seu convicto "não".

Tenho consciência de que na última década de trabalho como jornalista gastei muitos minutos das minhas entrevistas com mulheres interessantes — que escrevem romances, que pesquisam doenças raras, que projetam museus, que fazem filmes e administram coisas — abordando as diversas versões da conversa subterrânea. Às vezes era eu quem começava, mas em muitas ocasiões eram elas que o faziam, talvez porque intuíssem que tinham diante de si um público receptivo, que eu mesma também estava envolvida em tudo isso. Outra ensaísta de sucesso perguntou muito sobre meus filhos quando nos encontramos para falar de seu livro e, três meses depois, fiquei sabendo que ela estava grávida. Parece claro que se encontrava em fases avançadas da conversa.

Imagino que muitos de meus colegas não passam por isso, e que eles e elas investiram todos esses minutos, que se somarmos uma década inteira são muitos, em continuar a falar com seus entrevistados sobre suas ficções especulativas, seus ensaios sobre o *burnout*, sobre urbanismo sustentável, sobre a aceleração do aquecimento climático, sobre a cultura do cancelamento e sei lá mais o quê. Enquanto isso, eu desperdiçava uma porcentagem do tempo agendado com algumas das mentes mais lúcidas da época em que me coube viver falando de coisas das quais poderia falar com minhas amigas num bar.

Na realidade não lamento muito, não. Muitas vezes, é o que mais lembro dessas entrevistas. E em outras, falar dos filhos serviu para que o entrevistado se abrisse e mostrasse aspectos de sua vida que iam além das frases preparadas para a divulgação de seu trabalho, às quais até os entrevistados mais generosos costumam recorrer, pois é impossível oferecer material novo a cada jornalista que aparece na sua frente. Um autor de sucesso estava me colocando nas cordas, respondendo com monossílabos, evitando meu olhar e me tratando com displicência até que uma mensagem de seu filho chegou em seu celular e ele me mostrou. "Chega um momento em que só te escrevem para pedir dinheiro", comentou. A partir desse momento, a entrevista teve uma reviravolta e o escritor passou a falar comigo um pouco mais como uma pessoa com suas fraquezas e menos como um egocêntrico prócer das letras.

A conversa subterrânea

Pensando na conversa subterrânea, lembro também de uma cena banal de um dia qualquer, um instante nos bastidores de um festival literário, naquele lugar em que os participantes da organização descansam antes e depois de entrar e sair de cena e onde costuma haver uma mesinha com sanduíches e bebidas. De maneira espontânea, formaram-se grupinhos divididos por gênero — a persistência desse costume nunca deixa de me surpreender — e as mulheres ali presentes, escritoras, editoras, uma cantora bastante famosa e um par de jornalistas de cultura acabaram (acabamos) falando de nossos filhos, reais e hipotéticos, enquanto os homens, dois metros adiante, discutiam, suponho, algo relacionado à agenda do festival ou falavam, quem sabe?, de seus respectivos podcasts.

Para todos os efeitos não estávamos todas ali imprimindo dinamismo às coisas, fazendo ferver o caldeirão do setor cultural, como se diz em catalão? Por que, então, comentávamos a semana de adaptação na creche? O que acontecia com nossos cérebros exaustos no momento em que completávamos 35 anos? É verdade que não dávamos para mais nada? Ou será que esse era justamente o "a mais" a que devíamos chegar? Acaso tínhamos conseguido dar uma importância central à tão falada atividade de cuidar? E se era assim, por que todas nós tínhamos a mesma cara de cansaço, as mesmas olheiras violáceas? Naquele momento não parecíamos nem dinâmicas nem dinamizantes, a bem da verdade.

Certa vez, perguntei a uma autora norte-americana se o fato de ter uma filha tinha mudado sua perspectiva ou até sua maneira de escrever. Era um debate em voga naquele momento. Várias autoras tinham dito que ter filhos tornara seus livros mais fragmentários, que depois que se transformaram em cuidadoras primárias escreviam em parágrafos mais breves e sincopados, devido às constantes interrupções. A autora negou-se a responder e informou que considerava a pergunta ofensiva e machista. Concretamente, ela disse: "A gente sempre pergunta isso às mulheres escritoras. Quando você começar a fazer essa pergunta aos homens, terei mais vontade de responder-lhe demoradamente".

Fiquei aborrecida quando recebi essa resposta, claro. E o que a senhora sabe sobre isso?, pensei. Há apenas duas semanas estive falando com Richard Ford sobre sua absoluta convicção de que autores não devem ter filhos nunca. Tenho minhas credenciais feministas perfeitamente em dia, todos os papéis em regra. A senhora pode verificar. Fiz todos os cursinhos.

Hoje, passados alguns anos, vejo que ela também tinha razão e que é injusto e reducionista arrastar para a conversa subterrânea mulheres que legitimamente não têm o menor interesse em participar dela. Mas também nos enganamos se pensarmos que ela não existe, se tentarmos negar que boa parte das pessoas gestantes passamos essa década resolvendo se queremos ou não, e como, nos reproduzir. E que isso suga os nossos recursos neuronais, rouba oxigênio de todas as outras ideias que poderíamos ter. A mim me interessam as maternidades (e também as não maternidades) de minhas amigas e das mulheres com as quais vou topando na vida, assim como me interessam suas ideias e seus romances.

Algumas das mulheres que apareceram neste livro, minhas abandonadoras, com as quais acabo tendo uma relação íntima e um pouco tóxica, tentaram fugir da conversa subterrânea. Tentaram escapar, de maneira inteiramente compreensível,

A *conversa subterrânea* 263

da maldição biológica de serem definidas como mulheres e, por extensão, como mães. Entretanto, a conversa acabou se infiltrando em suas obras pelas frestas. Aconteceu com Doris Lessing, por exemplo, e com Mercè Rodoreda. Deixaram seus filhos em outro país, mas suas maternidades turbulentas impulsionaram sua obra.

Desconfio que muitas das abandonadoras destas páginas buscavam um impossível: ter filhos sem ter que se transformar em mães. Não consigo imaginar desejo mais compreensível.

Admito que passar meses lendo sobre todas elas para escrever meu livro teve um quê de autoindulgência. A escritora Elizabeth Wurtzel, controversa autora do ensaio geracional *Nação Prozac*, disse a uma colega, Emily Gould, quando esta se dispunha a escrever seu primeiro romance: "Pesquise muito e depois escreva sobre você mesma". Parece um bom conselho para escrever sobre qualquer coisa, inclusive sobre mulheres que em algum momento deixaram seus filhos.

Não sei se posso encerrar com uma conclusão limpa, dizer, por exemplo, "Agora entendo melhor as *minhas* abandonadoras". Sempre as entendi, como não? Parece evidente que Maria Montessori teria jogado fora sua carreira científica se tivesse casado e se dedicado a criar os filhos; que Doris Lessing precisava fugir da Rodésia e que não poderia levar adiante a sua vida literária com três filhos sob sua responsabilidade; que Joni Mitchell não tinha outra alternativa senão dar sua filha em adoção; que às vezes a relação entre uma mãe e um filho simplesmente tem coisas demais contra ela para que possa funcionar, como ocorreu com Muriel Spark e seu filho Robin, e com Mercè Rodoreda e Jordi.

Coisas aconteceram enquanto este livro ia tomando forma. Comigo, na realidade, não houve muita coisa. Só que para escrever sobre abandonadoras tive que ir abandonando, eu também, os meus filhos mais ainda que o habitual. Desaparecer nos fins de semana, sigilosamente, carregando meu surrado MacPro para me refugiar nas casas e nos escritórios vazios de minhas amigas. Meu objetivo era sempre madrugar muito e sumir antes que as crianças acordassem. Como os dois são dotados de radares hipersensíveis para detectar esse tipo de manobra, tive sucesso pouquíssimas vezes. Saíam da cama, pediam café da manhã, agarravam-se às minhas pernas e choramingavam. "Você sempre vai embora", diziam, com todo o melodrama de que uma criança pequena é capaz, que é muito. Depois que já estava algumas horas fora de casa, era minha própria mãe quem me mandava mensagens: "Ainda não em casa?". Não, ainda não.

Embora não se pareçam nem um pouco entre si, tem um gesto que meus dois filhos aprenderam a fazer quando eram bebês e com idêntica intenção: arrancar o carregador de bateria do meu laptop, identificado desde muito cedo como seu inimigo mais poderoso. Para poder escrever isto nos momentos que roubava de meus outros trabalhos, fiz o que tantas outras fazem: dormir pouco. Acordava de noite e cruzava o corredor às escuras, pedindo a bênção a Montserrat Roig, que nasceu e viveu muitos anos a uma quadra de onde eu vivo agora, num apartamento muito parecido com o meu, comprido e com muito corredor, como eles costumam ser nesse bairro.

Como ela fez para escrever quarenta livros em 45 anos, milhares de artigos e ao mesmo tempo criar dois filhos sozinha?, pergunto-me cada vez que passo diante do prédio onde morou e faço sabe-se lá o que nós, os ateus, fazemos em vez do sinal da cruz. Seus filhos contaram que, às vezes, ela passava a noite inteira em claro, escrevendo, e quando eles acordavam ela queimava suas torradas. Eu só sou capaz, no máximo, de botar o despertador para as 6h30. Oito em cada dez manhãs, assim que eu tinha tomado um café e ligado o computador ouvia uns passinhos no corredor ainda escuro e então surgia a cabecinha cabeluda do meu filho pequeno, cujos planos não incluíam voltar a dormir. Gostaria de poder dizer que sua aparição, seu corpinho miúdo e ainda quente com um pijama do Snoopy me fazia sorrir. Mas quase nunca era assim. Vê-lo ali, acordado, me irritava e me frustrava, porque naquele momento ficava evidente que o dia se descortinava diante de mim cheio de promessas de produtividade ameaçada, e eu me dava conta de que minhas horas de sono sacrificado seriam investidas em preparar uma tigela de flocos de aveia com leite para ele.

Esse é um traço-chave da turbomaternidade: a opção virtuosa sempre exige mais tempo e mais atenção que a opção culposa. A aveia sem açúcar é mais difícil de comer para uma criança pequena que os cereais industriais, o arroz integral demora duas vezes mais para cozinhar que o branco. Se você quer fazer tudo bem, se aspira à medalha olímpica na categoria mãe, terá que entregar mais tempo, atenção e energia ao altar da maternidade.

Tudo isso me passava pela cabeça naquelas manhãs diante do documento do Word intitulado *As abandonadoras*, que não seria modificado nos próximos vinte minutos, e nem nos trinta ou quarenta seguintes.

Comecei, igualmente, a ver abandonadoras por todo lado. Nos filmes, nos romances. Quando o remake da série de Ingmar Bergman, *Cenas de um casamento*, estreou, os roteiristas resolveram que uma maneira de atualizar o enredo era fazer com que fosse ela, e não ele, quem tomava a decisão de sair de casa. A personagem de Jessica Chastain, que tem a seu favor um salário altíssimo numa empresa tecnológica, vai para Israel com seu novo companheiro, mas deixa sua filha em Boston e organiza um sistema bem caro para continuar a vê-la de vez em quando. A adaptação de Maggie Gyllenhaal para *A filha perdida*, de Elena Ferrante, que estreou quando eu estava terminando meu livro, me tocou bem mais. Tenho camisas floridas e blazers xadrez como os que Jessie Buckley usa no filme. Nunca li Yeats, o poeta que ela traduz, mas entendo muito bem o que é ganhar a vida interpretando o que os outros escreveram. E, sobretudo, sei muito bem o que é viver na interrupção, como acontece com Leda no filme. Tanto ela quanto Nina, a outra jovem mãe do relato, veem suas filhas pequenas se apropriando de seu tempo e de suas ações de maneira caprichosa, sempre que têm vontade. E elas têm vontade sempre. Interrompem suas ligações de trabalho, enfiam a mão em sua boca quando elas tentam falar. Numa cena, as filhas surpreendem Leda quando ela tenta se masturbar na frente do computador. Tanto Gyllenhaal como Ferrante transmitem muito bem essa ideia de que cuidar de crianças pequenas é como viver de aluguel no seu próprio corpo.

No filme, Leda não para de topar com homens que não criaram seus filhos, que até viviam em outro continente enquanto eles eram criados pelas mães. Suas histórias são ba-

A *conversa subterrânea* 267

nais, comuns. Mesmo assim, eu também gostaria muito de conhecê-las.

Houve um momento em que todo o país começou a discutir se era lícito ou não que uma mãe cortasse o contato com seus filhos: quando Rocío Carrasco contou sua história numa série documental no canal Telecinco e a discussão sobre o que constitui uma mãe ruim ocupou o centro do *mainstream*. Deve uma mãe tolerar uma surra de sua própria filha? Deve perdoá-la imediatamente? De repente, milhões de pessoas na Espanha começaram a formular cruamente essas perguntas atrozes.

O formato do programa, baseado na tortura emocional, e a maneira como Carrasco foi obrigada a sangrar em público, a projeção de fotos gigantescas de sua mãe morta e de seus filhos ausentes — a expressão inglesa para esses casos, *estranged children*, filhos que se tornaram apartados, estranhos, sempre me comove — a centímetros de seu rosto enquanto ela ululava de dor, alerta e gera todo tipo de incômodo do mundo, assim como a intenção comercial da rede, tão turva e ao mesmo tempo tão transparente em seus objetivos. A tv não demorou a dar espaço para a segunda mulher do ex-marido agressor, o que reduziu todo o esforço pedagógico que havia sido feito até então ao clássico esquema machista de briga de mulheres. Mas o programa teve um efeito. Fez com que muitas pessoas que nunca tinham pensado no assunto, especialmente muitas mulheres criadas na idolatria maternal imposta pela cultura franquista e nacional-católica, se questionassem pela primeira vez sobre os limites do sacrifício materno. Foi como se a afirmação "Pelos filhos, tudo", tomada desde sempre como verdadeira, começasse a ser questionada a partir da Telecinco, em horário nobre.

268   *As abandonadoras*

Este livro está cheio de histórias de mulheres reais e inventadas que em algum momento pensaram que, talvez, pelos filhos, nem tudo e nem sempre. Que também precisavam viver e escrever e apaixonar-se e virar comunistas e deixar de ser comunistas e viver sua sexualidade sem se esconder. E que nem sempre puderam ou acreditaram que o melhor era arrastar seus filhos com elas por esses novos caminhos.

Vou continuar, receio, colecionando histórias de mães-limite e de mães-monstro. Lendo tudo o que encontrar sobre Anne Sexton, que dedicou alguns de seus poemas mais belos a suas filhas, Linda e Joyce, abusou sexualmente delas e suicidou-se ao 45 anos. Sobre Caroline Blackwood, aristocrática escritora inglesa e colecionadora de maridos ilustres (Lucien Freud e Robert Lowell, entre outros), que se inspirou em sua filha mais velha, Natalya, para escrever um livro chamado *The Stepdaughter*, sobre uma adolescente gorda e estúpida. Quando Natalya morreu, dois anos depois, aos dezessete anos, de overdose de heroína, até os amigos de Blackwood admitiram que a tortura psicológica e a infância caótica proporcionada por sua mãe tinham algo a ver com aquele tristíssimo final.

Lerei também, com piedade e tristeza, sobre Jean Rhys, que deixou seu bebê na sacada de seu apartamento em Paris enquanto bebia e também estava bêbada de champanhe quando ligaram do hospital para dizer que a criança tinha morrido de pneumonia. Mais tarde, teve outra filha e a relação entre elas foi o que há de mais parecido com uma catástrofe.

Minha fruição e interesse no consumo dessas histórias de fracassos maternais com pretexto cultural não se diferencia

A conversa subterrânea 269

muito dos espectadores da série documental sobre Rocío Carrasco. Quando busco informação sobre mães falidas, quero todos os detalhes sórdidos, e já.

Voltei também a *Carol*, a história que me abalou naquele domingo de hipermaternidade esgotante. No romance de Highsmith, fica claro que a rendição de Carol acontece em dois tempos. Primeiro, quando Harge, seu odioso marido, a chantageia com os áudios de suas conversas com a jovem amante Therese, ela se rende. Decide não brigar pela custódia da filha única, Rindy, em troca da promessa dos advogados do marido de que poderá vê-la algumas semanas por ano. Exigem que ela rompa com Therese e não volte a ver nenhuma outra mulher nunca mais.

Therese a compreende, mas ao mesmo tempo se sente diminuída, pois sua amante, seu amor, escolheu a filha em vez dela. Quando finalmente as duas se reencontram em Nova York, e Therese já não é a mocinha assustada que era quando se conheceram, mas uma mulher com ideias mais claras sobre seu próprio desejo, Carol conta que só vão permitir que veja a menina um par de tardes por ano. "Eles me venceram", diz, "porque me recusei a viver segundo uma lista de estúpidas promessas confeccionadas por eles. Parecia uma lista de crimes menores. Ainda que isso significasse que iam me afastar de Rindy como se eu fosse um ogro." Quase preferia, admite, não voltar a ver a filha. Não vai nem exigir vê-la, afirma. Therese deduz daí que Carol a quer mais que à filha. O que é claramente discutível.

Highsmith baseou o argumento de *Carol* na vida de uma ex-amante, uma mulher da alta sociedade da Filadélfia chamada Virginia Kent Catherwood, que perdeu a custódia da filha quando seu marido, um banqueiro poderoso, contratou um detetive para gravar suas conversas com uma amante.

No epílogo da edição dos anos 1980, a autora volta a dizer sobre seu próprio livro que foi "o primeiro livro gay com um final feliz", ao contrário dos romances escritos até então, nos quais, se dois homens ou duas mulheres se amavam, um deles tinha que terminar o relato "afogado voluntariamente na piscina de uma bela mansão" ou adotando uma vida postiça, heteronormativa, afastada do vício. Em vez disso, a escritora criou Carol e Therese com "uma dose razoável de esperança num futuro feliz". Desconfio que essas são as palavras menos Highsmith que Patricia Highsmith escreveu em toda a sua vida.

Também prefiro ver assim o desenlace entre Carol e Therese, não como um final feliz, mas como uma razoável dose de esperança, o que já é uma grande aspiração, aliás perfeitamente compatível com a "tristeza diária" de que falava Ingrid Bergman. Gosto de imaginar uma sequência do romance em que Rindy se despe pelo menos de uma parte das ideias do pai, contaminada por uma certa contracultura (afinal, Rindy ficará adulta nos anos 1960), e tenta reencontrar a mãe, que, quando menina, foi levada a ver como abandonadora.

Exercitando um pensamento ilusório como o das crianças que, quando as histórias chegam ao fim, pedem que você continue a narrativa, agora livre de todo o mal, imagino que as duas encontram uma maneira de se entender e que a filha nem sequer espera que Carol seja uma mãe, no sentido mais opressivo do termo. Não é preciso que cuide dela, basta que esteja ali. Sempre imperfeita, mas à mão.

Agradecimentos

Desconfiava, e pude constatar, que escrever uma coisa mais longa faz de você uma pessoa um pouco pior. Pior companheira, pior filha, pior mãe também. O documento que vive em seu computador rouba suas horas e sua atenção dos que lhe querem bem. Portanto, aproveito essas páginas dos agradecimentos para pedir desculpas aos prejudicados, a começar pelos três que mais me importam. *Thank you, my dear, for everything.*

Agradeço a Anna Soldevila, pelo alento e paciência. A Mariàngela Vilallonga por sua ajuda com o hermético mundo rodorediano e a Joan Bofill por partilhar suas lembranças de Cécile Éluard.

Não poderia ter chegado ao fim sem as mensagens de Noelia Ramírez, minha Kris Jenner no vídeo de Ariana Grande. Também estou em dívida com Leticia Blanco e Álex Vicente, por me aguentarem — e por me incentivarem insensatamente — quando me frustrava, e com Miqui Otero, que me deu de presente em minha mesa de jantar a ideia para um capítulo, assim como quem passa o pão. Ariana Diaz me ofereceu refúgio quando precisei e Aida Cabrera e Sílvia Clua sempre demonstraram seu calor. Agradeço também a Mar Garcia Puig pela leitura cuidadosa.

Sempre agradecida a meus pais pelo amor (e também pelos livros) e a minha irmã, coinspiradora na infância e depois.

Referências bibliográficas

Muriel Spark, vida de um escritor

Spark, M. "The Gentile Jewesses", *The New Yorker*, jun. 1963.

_____. *Bang, Bang You're Dead & Other Stories*. Londres: Bang Granada, 1981.

_____. *Curriculum Vitae: An Autobiography*. Londres: Lives and Letters, 1992.

_____. *La plenitud de la señora Brodie*. Valência: Editorial Pre-Textos, 2006.

Stannard, Martin. *Muriel Spark: The Biography*. Londres: Orion, 2010.

Mães ruins do bem e mães ruins do mal

Brody, J. E. "Parenting Advice from America's Worst Mom", *The New York Times*, 15 jan. 2015.

Chua, A. "Why Chinese Mothers Are Superior", *The Wall Street Journal*, 8 jan. 2011.

Donath, O. *Madres arrepentidas*. Barcelona: Reservoir Books, 2016.

Fischer, S. *Die Mutterglück-Lüge*. Munique: Ludwig Verlag, 2016.

Neal, M. "Why I Left My Child", 3 out. 2016. Disponível em: <https://neal-michon.medium.com/why-i-left-my-child-20a11ed296e6>.

Rizzuto, R. "Why I Left My Children", *Salon*, 10 mar. 2011. Disponível em: <https://www.salon.com/2011/03/01/leaving_my_children/>.

Tolentino, J. "The First Essay Boom Is Over", *The New Yorker*, 18 maio 2017. Disponível em: <https://www.newyorker.com/culture/jia-tolentino/the-personal-essay-boom-is-over>.

Waldman, A. "Truly, Madly, Guiltily", *The New York Times*, 27 mar. 2005. Disponível em: <https://www.nytimes.com/2005/03/27/fashion/truly-madly-guiltily.html>.

Gala Dalí e o tema da Mulher Magnética

Dalí, G. *La vida secreta: Diario inédito*. Barcelona: Galaxia Gutenberg, 2013.

De Diego, E. *Querida Gala: Las vidas ocultas de Gala Dalí*. Barcelona: Espasa, 2003.

Jamison, L. *Make it Scream, Make It Burn*. Minneapolis: Graywolf, 2019.

Montañés, J. Á. *El niño secreto de los Dalí*. Barcelona: Roca Libros, 2020.

Parker, D. *Narrativa completa*. Barcelona: Lumen, 2003.

Pérez Pons, M. "La hijastra de Dalí reivindica su lugar", *El País*, 2017.

Poirier, A. "Watching Boxing with Picasso and a Ménage-à-trois at Home: My Life with The Surrealist Elite", *The Guardian*, 15 abr. 2014.

Zgustova, M. *La intrusa: Retrato íntimo de Gala Dalí*. Barcelona: Galaxia Gutenberg, 2018.

Um ogro, uma princesa, uma imbecil: As mães abandonadoras na carreira de Meryl Streep

Carstens, L. "Sexual Politics and Confessional Testimony in *Sophie's Choice*", *Twentieth Century Literature*, n. 47, Duke Univesity Press.

Cusk, R. *Despojos: Sobre el matrimonio y la separación*. Barcelona: Libros del Asteroide, 2020.

Duras, M. *La vida material*. Madri: Alianza, 2020.

Ozick, C. "The Rights of Imagination and the Rights of History", conferência em Harvard.

Schulman, M. *Meryl Streep: Siempre ella*. Barcelona: Península, 2018.

Styron, W. *La decisión de Sophie*. Barcelona: Belacqua, 2007.

Ingrid Bergman, uma tristeza diária

Bergman, I.; Burgess, A. *Ingrid Bergman: My Story*. Nova York: Delacorte, 1980.

Björkman, S. *Eu sou Ingrid Bergman*. Documentário, 2015.

Longworth, K. "You Must Remember This. Gossip Girls: Louella Parsons y Hedda Hopper", podcast.

Referências bibliográficas 275

O terceiro filho de Doris Lessing

Diski, J. *In gratitude*. Londres: Bloomsbury, 2016.

Feigel, L. *Free Woman: Life, Liberation and Doris Lessing*. Londres: Bloomsbury, 2018.

"I have nothing in common with feminists. They never seem to think that one might enjoy men", entrevista de Doris Lessing a Barbara Ellen. *The Guardian*, 9 set. 2001.

Lessing, D. *To Room Nineteen: Collected Stories*. Londres: Jonathan Cape, 1978.

_____. *Un casamiento convencional*. Barcelona: Argos Vergara, 1980.

_____. *Dentro de mí*. Barcelona: Destino, 1998. [Ed. bras.: *Debaixo da minha pele*. São Paulo: Companhia das Letras, 1994.]

_____. *Un paseo por la sombra*. Barcelona: Debolsillo, 2008. [Ed. bras.: *Andando na sombra*. São Paulo: Companhia das Letras, 1998.]

_____. *El cuaderno dorado*. Barcelona: Debolsillo, 2021.

_____. *El quinto hijo*. Barcelona: Debolsillo, 2021.

Philipps, J. *The Baby on the Fire Escape: Creativity, Motherhood and the Mind-Baby Problem*. Nova York: W. W. Norton, 2022.

Winnicott, D. *Babies and Their Mothers*. Nova York: Hachette Books, 1992.

Momfluencers e a economia da turbomaternidade

Davey, M. *Maternidad y creación*. Barcelona: Alba, 2020.

Hays, S. *The Cultural Contradictions of Motherhood*. New Haven: Yale University Press, 1998.

Moscatello, C. "Un-Adopted. YouTubers Myka and James Stauffer shared every step of their parenting journey. Except the last". *New York Magazine*, 18 ago. 2020.

Piazza, J. "Under the influence", iHeartRadio, podcast.

Nora Helmer e Anna Kariênina, criaturas extraviadas

Cusk, R. *A Life's Work*. Londres: Faber & Faber, 2008.

Ibsen, H. *Casa de muñecas*. Barcelona: Austral, 2010. Trad. de Juan José del Solar.

Morson, G. S. *Anna Karenina in Our Time*. New Haven: Yale University Press, 2011.

Popoff, A. *Sofia Tolstoi*. Barcelona: Circe, 2011.

Tolstói, L. *Anna Karénina*. Barcelona: Alba, 2012. Trad. de Víctor Gallego. [Ed. bras.: *Anna Kariênina*. São Paulo: Companhia das Letras, 2017.]

Tolstói, S. *Diarios (1862-1919)*. Barcelona: Alba, 2010. Trad. de Fernando Otero Macías e José Ignacio López Fernández.

E se?: A canção cruzada de Joni Mitchell e Vashti Bunyan

Bean, J. P. *Singing From the Floor: A History of Brisith Folk Clubs*. Londres: Faber & Faber, 2014.

Malka, M. *Joni Mitchell in Her Own Words*. Toronto: ECW Press, 2014.

Walker, M. *Laurel Canyon: The Inside Story of Rock'n'Roll's Legendary Neighbourhood*. Nova York: Farrar, Strauss & Giroux, 2007.

Yaffe, D. *Reckless Daughter: A Portrait of Joni Mitchell*. Nova York: Sarah Crichton Books, 2017.

A culpa é das mães

Bettelheim, B. *The Empty Fortress: Infantile Autism and the Birth of the Self*. Nova York: Free Press, 1972.

Coontz, S. "When we hated Mom", *The New York Times*, 5 ago. 2011.

Dolnick, E. *Madness on the Couch. Blaming the Victim in the Heyday of Psychoanalysis*, Nova York: Simon & Schuster, 1999.

Harnett, E. "Married to the Momism", *Lapham's Quarterly*, 23 jul. 2020.

Lombrozo, T. "Using Science to Blame Mothers", *NPR*, ago. 2014.

Metzl, J. "The New Science of Blaming Mothers", *MSNBC*, 16 jul. 2014.

Pollak, R. *The Creation of Doctor B.: A Biography of Bruno Bettelheim*. Nova York: Touchstone, 1998.

Richardson, S. S. "Society: Don't Blame the Mothers", *Nature*, ago. 2014.

Referências bibliográficas 277

Richardson, S. S. *The Materal Imprint. The Contested Science of Maternal--Fetal Effects*. Chicago: The University of Chicago Press, 2021.

Wylie, P. *Generation of Vipers*. Funks Grove: Dalkey Archive Press, 1996.

Maria Montessori, o filho e o método

De Stefano, C. *El niño es el maestro: Vida de Maria Montessori*. Barcelona: Lumen, 2020.

Montessori, M. *Por la causa de las mujeres*. Madri: Altamarea, 2020.

Stanging, E. M. *Maria Montessori: Her Life and Work*. Londres: Penguin Putnam, 1998.

Mercè Rodoreda, pássaro do bosque

Arnau, C. *Cartes de guerra i exili (1934-1960)*. Barcelona: Fundació Mercè Rodoreda, 2017.

Ibarz, M. *Rodoreda. Exili i desig*. Barcelona: Empúries, 2008.

Pessarrodona, M. *Mercè Rodoreda y su tiempo*. Barcelona: Bruguera, 2005.

Rodoreda, M. *Mirall trencat*. Barcelona: Edicions 62, 1982.

_____. *La plaça del Diamant*. Barcelona: Club Editor, 2016.

_____. *Cartes a l'Anna Murià (1939-1956)*, org. de B. L. Vidal e M. Bohigas. Barcelona: Club Editor, 2021.

Rodoreda, M.; Sales, J. *Cartes completes (1960-1983)*. Barcelona: Club Editor, 2008.

Roig, M. *Retrats Paral·lels, una antología*, org. e prólogo de Gemma Ruiz e Albert Forns. Barcelona: Edicions 62, 2019.

ESTA OBRA FOI COMPOSTA POR MARI TABOADA EM DANTE PRO E
IMPRESSA EM OFSETE PELA GRÁFICA BARTIRA SOBRE PAPEL PÓLEN NATURAL
DA SUZANO S.A. PARA A EDITORA SCHWARCZ EM FEVEREIRO DE 2024

A marca FSC® é a garantia de que a madeira utilizada na fabricação do papel deste livro provém de florestas que foram gerenciadas de maneira ambientalmente correta, socialmente justa e economicamente viável, além de outras fontes de origem controlada.